本书为 2005 年湖南省社科基金项目"电子商务法发展趋势研究（05YB18）"的研究成果。

本书的出版获得湖南师范大学出版基金的资助。

电子商务法发展趋势研究

郑远民　李俊平　著

知识产权出版社

全国百佳图书出版单位

内容提要：

    近年来我国电子商务飞速发展，但相关立法却明显滞后。目前我国调整电子商务的主要是一些部委规章和地方性立法，存在效力层级不高、体系不清、内容不全、可操作性不强等问题，如不及时完善，将严重制约我国电子商务的进一步发展。有鉴于此，我们以全球化视角对全球电子商务立法历程进行了全面回顾，着重对近年来国际组织和各国电子商务立法的最新发展做了深入的分析，提出全球电子商务立法呈现全球化、统一化、民间化和法典化的趋势。在我国的电子商务立法中，我们应该大胆借鉴国际立法经验，根据我国电子商务发展的实际，加快建构本土化的电子商务法律体系。

责任编辑：王 辉

图书在版编目（CIP）数据

    电子商务法发展趋势研究/郑远民，李俊平著. —北京：知识产权出版社，2012.10

    ISBN 978 - 7 - 5130 - 1632 - 2

    Ⅰ.①电…　Ⅱ.①郑…②李…　Ⅲ.①电子商务—法规—研究　Ⅳ.①D912.290.4

    中国版本图书馆 CIP 数据核字（2012）第 251245 号

电子商务法发展趋势研究
DIANZISHANGWUFA FAZHANQUSHI YANJIU

郑远民　李俊平　著

出版发行：知识产权出版社

社　　址：北京市海淀区马甸南村 1 号		邮　　编：100088	
网　　址：http://www.ipph.cn		邮　　箱：bjb@cnipr.com	
发行电话：010 - 82000893 82000860 转 8101		传　　真：010 - 82000893	
责编电话：010 - 82000860 - 8129		责编邮箱：wanghui@cnipr.com	
印　　刷：知识产权出版社电子制印中心		经　　销：新华书店及相关销售网点	
开　　本：787 mm×1092 mm　1/ 16		印　　张：15.625	
版　　次：2012 年 11 月第 1 版		印　　次：2012 年 11 月第 1 次印刷	
字　　数：240 千字		定　　价：48.00 元	

ISBN 978 -7 -5130 -1632 -2/D · 1613（4478）

目　录

引　言

　　20 世纪 90 年代以来,随着计算机和互联网技术的迅猛发展和不断成熟,网络经济(Internet Economy)对传统经济的生产、流通、消费以及企业竞争模式产生了深刻的影响。互联网的跨国性、虚拟性与快捷性,对世界各国的商务形式和经济活动提出了严峻的挑战。这一信息技术、互联网与商务活动的结合,被喻为"电子商务经济"(E - Commerce Economy)、"知识经济"(Knowledge Economy)、"信息经济"(Information Economy)、"数字经济"或"新经济",并且成为经济全球化的显要特征之一。①

　　据统计,截至 2011 年 12 月 31 日,全球互联网用户已经达到 22.67 亿,占全球人口总数的 32.7 %。② 另据英国电子零售商的行业组织互动媒体零售集团(Interactive Media in Retail Group,IMRG)发布的报告显示,2011 年全球电子商务网上零售交易规模已达 6900 亿美元,较上一年度增长 20% ,并且预计未来一段时间还将继续保持快速增长,2013 年将有望突破 1 万亿美元。③ 相较于其他电子商务发达的国家和地区,我国电子商务虽然起步较晚,但是其成长速度及其对国内社会、经济、法律等各方面所带来的影响,已经远远超过了以往任何时代任何一项新技术的应用所带来的影响。据中国互联网络信息中心(CNNIC)发布的《第 30 次中国互联网络发展状况统计报告》显示,截至 2012 年 6 月,我国网民规模达到 5.38 亿人,④继续居世界首位。与此同时,我国电子商务市场规模也快速增长,2011 年中国电子商务市

---

　　① 徐振雄. 电子商务政策与法律理论初探[J]. 通识研究集刊,2008,(14):73 - 92.

　　② Internet World Stats. World Internet Usage And Population Statistics[EB/OL]. (2011 - 12 - 31)[2012 - 04 - 05]. http://www.internetworldstats.com/stats.htm.

　　③ Adrian Medland. Global e - commerce sales rise nearly 20% in 2011[EB/OL]. (2012 - 06 - 13)[2012 - 07 - 05]. http://www.myhermes1.co.uk/news/global - e - commerce - sales - rise - nearly - 20 - in - 2011 - 801383246.news.

　　④ 中国互联网络信息中心. 第 30 次中国互联网络发展状况统计报告[EB/OL]. (2012 - 07 - 19)[2012 - 08 - 01]. http://www.cnnic.cn/hlwfzyj/hlwxzbg/hlwtjbg/201207/P020120723477451202474.pdf.

场交易总额达 5.88 万亿,网上零售市场交易规模达 7825.6 亿元。①

电子商务改变了传统实体商务交易的模式,使当事人不再局限于传统的面对面交易模式,而仅需通过电子化技术与互联网就可以进行交易,大幅节省了交易成本,实现了经济效益的最大化。与传统的交易模式相比,电子商务具有巨大的发展潜力,在经济全球化快速发展的环境下,电子商务既是未来国际贸易的发展方向,也是各国实现自主创新、积极参与国际竞争的需要。面对这种正在发生的新的经济模式,各国无不从经济政策、电信基础建设、网络认证机制与交易安全等方面积极予以应对。同时,各国也格外地重视相关法律法规的完善,如在电子合同、电子签名、电子支付、交易安全、消费者权益保护等方面加强了立法,为电子商务的健康发展提供了法律框架。

实际上,联合国国际贸易法委员会(UNCITRAL)为促进和鼓励国际电子商务交易的发展,自 1995 年开始先后制订了《电子商务示范法》、《电子签名示范法》和《国际合同使用电子通信公约》,为世界各国和地区电子商务立法提供了一套符合电子商务发展规律的法律框架。其他国际组织如欧盟、世界贸易组织(WTO)、经济合作与发展组织(OECD)、国际商会(ICC)等也积极参与电子商务的国际立法,并取得了丰硕的成果。

同时,全球绝大多数国家和地区都纷纷把电子商务作为推动国家经济发展、增强国家实力、保持全球竞争力的战略举措,并为此相继制订了一系列具有针对性的法律法规,以保障和促进电子商务的健康发展。如美国、欧盟等发达经济体就制订了完备的电子商务法律体系。此外,新加坡、韩国、马来西亚、印尼、印度等新兴国家也不甘落后,将完善电子商务法作为国家实施信息化战略的重要内容。其中,马来西亚作为亚洲第一个制定电子商务法的国家,早在 20 世纪 90 年代中期就提出了建设"信息走廊"的宏伟计划,并先后制订了《数字签名法》、《电子交易法》等电子商务法律法规。

在我国,电子商务已经成为经济增长的强大引擎。为了适应电子商务

---

① 2012 年 5 月 29 日,首届京交会进入第二天,在当天举行的 2012 中国(北京)电子商务大会上,商务部发布了 2010 - 2011 年度《中国电子商务发展报告》。报告显示,2011 年中国电子商务交易总额达 5.88 万亿元人民币,同比增长近三成。中国网络购物用户达到 1.94 亿人,网络应用使用率达到 37.8%,实现网络零售总额 7825.6 亿元,在社会消费零售总额所占的比重达到 4.32%。参见:张轶骁. 2011 年电商交易总额近 6 万亿[EB/OL]. (2012 - 05 - 29) [2012 - 06 - 08]. http://www.aliresearch.com/? m - cms - q - view - id - 72721. html.

不断发展的需要,我国政府及社会各界高度关注电子商务的立法工作,并且已经在一些相关法律的制定和修改中加入了电子商务的相关内容。如,1999 年颁布的《合同法》引入了"数据电文"的概念,首次承认电子方式在合同成立中的效力;2005 年国务院办公厅颁布了《关于加快电子商务发展的若干意见》,提出要完善政策法规环境,规范电子商务的发展;2005 年制定实施的《电子签名法》则是我国在电子商务立法领域的一个重大成果,标志着我国电子商务立法已经进入一个新阶段。但是相对于电子商务快速发展的现状,我国电子商务立法具有明显的滞后性,目前还没有规范电子商务行为的综合性电子商务立法,有关电子交易、交易安全、电子支付、消费者权益保护等法律规则还未制订或完善,已制订的相关规范也存在内容不全面、体系不完整、效力层级不高、操作性不强等突出问题,无法对目前电子商务实践中的问题形成有效的引导和规范。如果不及时制订或修订完善,将严重制约我国电子商务市场的健康发展。[①]

　　值得注意的是,电子商务的发展一刻也不会停滞,全球电子商务交易规模每年仍在以两位数的增长速度向前发展。[②] 如果仍然固守老的思路,电子商务的立法工作将避免不了萨维尼所说的"任何一部法律一经制定便已经过时"的命运。因此,针对电子商务立法的研究需要具有一定的超前性,这就需要充分把握国际社会电子商务立法的前沿动态并分析其发展趋势。为此,本书从国际层面着手,以全球化的视角,对全球电子商务立法的历程进行了全面的回顾,对自 2005 年以来国际和各国电子商务立法的最新发展做了深入的分析。根据对全球最新电子商务立法的把握,我们提出电子商务立法已呈现出全球化、统一化、民间化和法典化的发展趋势。

　　因此,我国应该借鉴国际经验,大胆地引进吸收国际先进的电子商务规则,同时,根据我国电子商务发展的实际,加快建构本土化的电子商务法律

---

　　① 如十一届全国人大三次会议期间,全国人大代表徐龙领衔提出《关于制定〈中华人民共和国电子商务法〉的议案》。他建议,尽快制定电子商务法,保障和促进电子商务的科学发展,引导和规范电子商务活动,防范和减少网上交易风险。参见:徐龙提出议案电子商务亟需立法规范[EB/OL].(2010 - 04 - 06)[2011 - 05 - 06]. http://www. rmdbw. gov. cn/2010/0406/17264. html.

　　② Forrester Forecast. Online Retail Sales Will Grow To ＄250 Billion By 2014[EB/OL].(2010 - 03 - 08)[2011 - 11 - 06].

http://techcrunch. com/2010/03/08/forrester - forecast - online - retail - sales - will - grow - to - 250 - billion - by - 2014/.

规范,为我国电子商务的健康发展保驾护航。在电子商务立法模式的选择上,我们建议应采纳国际通行的做法,制定电子商务基本法,其中包括交易主体、电子合同、电子签名及认证、电子支付、网上商业行为、消费者权益保护、个人信息保护、争议解决等基本内容。从宏观上明确电子商务立法的思路和原则,使电子商务立法能够反映并服务于电子商务迅速发展的现实。

第一章　电子商务与电子商务法

第一节　电子商务概述

一、电子商务的产生与发展

电子商务(Electronic Commerce)的产生和发展是一个渐进的过程,[1]在此过程中,信息技术的发展运用和商务活动的现实需要,成为电子商务产生和不断发展的不竭动力。

电子信息技术在商务活动中的运用由来已久,早在19世纪40年代电报和电话刚刚出现的时候,人们就已经开始了在商务活动中运用电子技术的实践。电报和电话在商务交易中的使用,揭开了人类运用电子手段进行商务活动的序幕,标志着人类电子商务活动的开端。[2] 这一时期电子商务的主要特点是:采用手工填写文件和单据并由电子机械设备打印、电子通信设备传递。电子技术的应用节省了信息处理的时间,减轻了劳动强度,方便了交易过程。[3]

20世纪60年代,计算机的出现和普及使文件的处理从书面形式转变为电子形式。20世纪60年代末期,为了提高文件处理和数据传输的效率和准确性,美国商人开始考虑在贸易伙伴之间进行商务信息的自动传输和交换,并最终在20世纪70年代末期,开发出了作为企业间电子商务应用系统雏形的电子数据交换(Electronic Date Interchange,EDI)系统。[4]

---

① 才书训,王雷震. 电子商务概论[M]. 北京:科学出版社,2009:1.
② 赵立平. 电子商务概论[M]. 上海:复旦大学出版社,2000:1.
③ 才书训,王雷震. 电子商务概论[M]. 北京:科学出版社,2009:1.
④ 才书训,王雷震. 电子商务概论[M]. 北京:科学出版社,2009:2.

　　EDI 是一种在企业之间传输订单、发票等文件的电子化手段。国际电信联盟远程通信标准化组织（International Telecommunication Union Telecommunication Standardization Sector，ITU - T）将 EDI 定义为："从计算机到计算机之间的结构化的事务数据互换"。EDI 通过计算机通信网络将贸易、运输、保险、银行和海关等行业信息，用一种国际公认的标准格式，实现各公司与企业之间的数据交换与处理，并完成以贸易为中心的全部过程。EDI 包含了三个方面的内容，即计算机应用、通信网络和数据标准化。其中计算机应用是 EDI 的基础条件，通信网络是 EDI 应用的支撑环境，数据标准化是 EDI 的主要特征。这三方面相互衔接、相互依存，构成 EDI 的基础框架。由于使用 EDI 可以减少甚至消除贸易过程中的纸面文件，这使得贸易资料处理的效率大为提升。因此，EDI 又被人们通俗地称为"无纸贸易"或"无纸交易"。①

　　EDI 的出现及其在商业应用中体现出的优势，极大地推动了发达国家国内贸易和相关国际贸易的发展。但在 1991 年互联网（Internet）正式对商业活动开放之前，EDI 一直是通过租用专门线路在专用网络上实现的，这种专用增值网络（Value Added Network，VAN）的 EDI 在应用中存在诸多缺陷：②一是不同商业伙伴可能会选择不同的 VAN，但 VAN 之间可能会因为竞争等原因而不愿意互联；二是基于 VAN 的 EDI 往往发生在异种计算机的应用软件之间，EDI 软件与 VAN 的联系比较松散，效率比较低；三是这种 EDI 基于严格的事务处理标准集，其中包含了商业和贸易的规则，仅适用于特定应用，对于经常变动的商业规则不大适用，难于实现跨平台跨系统的数据交换；四是 EDI 不同使用者之间须达成一致意见，即购买（或开发）相应的应用软件，购买 VAN 服务，对现有系统进行改造。对于中小企业来说，EDI 的使用成本太高，因此，一般只有跨国公司或者大型企业才有能力使用 EDI。传统 EDI 的上述缺陷限制了其应用范围的扩大和普及。

　　真正使电子商务实现飞跃的是互联网（Internet），互联网起源于 1966 年美国国防部高级研究计划署（Advanced Research Project Agency，ARPA）建立的 ARPA 网。1991 年美国政府宣布 ARPA 网向社会开放，允许在网上开发商业应用系统，商业贸易活动开始正式进入到这个神奇的王国。1993 年，一

---

① 李琪. 电子商务概论[M]. 北京：高等教育出版社，2009：7.
② 才书训，王雷震. 电子商务概论[M]. 北京：科学出版社，2009：3.

种具有处理数据、图文、声像、超文本对象能力的网络技术——万维网（World Wide Web，WWW）在互联网上出现，使互联网具备了支持电子邮件接收与发送、信息浏览查询及多媒体应用的功能，全球通信网络在网内可以实现"三大统一"，即居住在任何国家的任意用户在任何时间用任意文本可以完成国际统一传输、国际统一图文存放和国际统一浏览编播。网上商业贸易活动由此变得异常活跃，1995年互联网上的商业业务信息量首次超过了科教业务信息量，这既是互联网爆炸性发展的开端，也是现代电子商务出现的重要标志。

自此，电子商务逐渐发展成为以Internet网络为支撑环境，以交易方为主体，以电子交付为手段，以商务数据库和管理信息系统（management information system，MIS）为基础的全新商业模式。

从世界范围来看，十多年来，现代电子商务的发展经历了从容起步、高速发展、调整巩固、稳健发展等几个阶段。

1. 从容起步阶段。现代电子商务的起步阶段大约从1994年开始，到1997年年底为止。当时，认识到互联网的商业价值的传统企业很少，发展电子商务的只有部分互联网企业，典型代表有雅虎、亚马逊等网络公司。这一阶段从事电子商务的互联网公司数量少，影响也不大。

2. 高速发展阶段。现代电子商务的高速发展阶段从1998年年初开始，到2000年3月为止。在这个阶段，互联网本身的迅猛发展对人们思想上的冲击以及网络公司大规模的宣传，使人们逐渐认识了互联网的作用和商业价值，感觉到电子商务即将对全球经济产生革命性影响。在这一阶段，网络公司如雨后春笋般出现，网络概念上市公司的股价节节走高，资本市场推波助澜，网络股票市场价值高涨。以高新技术类上市公司为主的美国纳斯达克（NASDAQ）股票市场，1996年年初的指数点位只有1000点，到2000年年初该点位超过4000点。财富效应的驱动，使得各种资金大量地涌入电子商务领域，电子商务得到了爆炸性的发展。美国1997年1月到6月，申请商业网络域名的公司数量从17万左右猛增到42万左右，到1997年年底，这个数字又翻了一番，电子商务的热度可见一斑。不过，这一阶段电子商务的发展仍然主要集中在新兴的网络企业，传统企业涉足电子商务领域的还屈指可数。①

---

① 才书训，王雷震. 电子商务概论［M］. 北京：科学出版社，2009：3－4.

3. 调整巩固阶段。从 2000 年 4 月开始到年底,美国持续 108 个月增长的经济开始出现大幅滑波,纳斯达克指数在不到一年的时间内从 5000 点狂跌到 2000 点,网络公司的股票价格急剧贬值,随着资金的撤离,大量依赖资本市场的网络公司陷入了困境,并直接导致了众多网络企业并购、转行、破产。据不完全统计,超过 1/3 的网络公司在此期间销声匿迹,电子商务进入了深幅调整、巩固阶段。直到到 2001 年年初,网络时代最初的泡沫逐渐被挤掉,人们对电子商务的关注重点开始由"注意力经济"转移到"购买力经济",各国政府继续有条不紊地推进电子商务的基础建设,传统企业逐步进入电子商务领域,挤出泡沫后的电子商务开始步入理性与稳健发展的轨道。

4. 稳健发展阶段。经历过调整后的电子商务开始复苏并变得更为务实。这时,不断有电子商务企业宣布实现赢利,如雅虎公司 2002 年后三个季度销售收入增加 51%,实现赢利 4620 万美元;网易公司随着经营业绩的改善,其在纳斯达克的股价到 2003 年中期稳居 30 美元以上,与滑坡和调整阶段时最少的 0.7 美元相比发生了质的变化。2002 年以后,随着互联网用户数量持续快速增加,电子商务所代表的新经济潮流,以其强大生命力和巨大的市场潜力获得了越来越多人的接受。这一时期,发达国家纷纷出台了规范电子商务发展的有关政策,发展中国家也加紧制定鼓励电子商务发展的总体战略。电子商务的发展开始走出低谷,迎来了投资和发展的高潮,进入高速稳健发展阶段。2003 年以后,电子商务基础设施日渐完善,市场规模迅速增长,运营模式不断创新,应用领域也不断拓宽和加深,电子商务总体呈现出稳健快速发展的势头。目前,电子商务已经成为全球经济的最大增长点之一。①

二、电子商务的含义

电子商务,一般也被称为电子交易、电子商业、电子贸易、网上商务、网上交易以及网上贸易等等。在我国香港地区用得较多的是"电子贸易",在大陆和我国台湾地区则习惯称为"电子商务"。② 相对应的英文名称也有很多种不同的表述,一般使用 Electronic Commerce、E‐Commerce 或 E‐Business。

① 才书训,王雷震. 电子商务概论[M]. 北京:科学出版社,2009:3‐4.
② 李双元,王海浪. 电子商务法若干问题研究[M]. 北京:北京大学出版社,2004:3.

Electronic Commerce 一词在 20 世纪 80 年代初开始出现,当时计算机网络系统首次被用来进行交易。① 最初应用的电子商务系统包括电子资金转账(E-lectronic Fund Transfer)、电子结算、证券交易和电子合同交易等。E－Commerce一词源于 20 世纪 90 年代中期,当时,互联网迅速得到推广并开始商业化。E－Business 这个词源于 20 世纪 90 年代末,一般来说,其含义更为广泛,代表一个企业为了充分利用新兴信息技术面对商业运作进行全面的重新构建。②

虽然电子商务作为近年来兴起并迅速发展的一种新事物,已经渗透到社会生活中的方方面面,但直到目前尚没有一个较为全面、权威、能被绝大多数人接受和认可的定义。对此,国际组织、政府部门、行业组织、企业界以及专家学者分别从不同的角度阐述了各自对电子商务的认识。

联合国国际贸易法委员会 1996 年通过的《电子商务示范法》未直接给出明确的定义,而是强调其作为商事交易手段的特殊性,即在商业交易中使用了数据电文作为信息表达方式。这里的"数据电文"包括由电子手段、光学手段或类似手段生成、储存或传递的信息,这些手段包括电子数据交换(EDI)、电子邮件、电报、电传或传真等。不过,《电子商务示范法》对"电子商务"中的"商务"作了较为广义的解释:"包括不论是契约型或非契约型的一切商务性质的关系所引起的各种事项,包括但不限于:供应或交换货物或服务的任何贸易交易;分销协议;商务代表或代理;租赁;工厂建造;咨询工程设计;许可贸易;投资;融资;银行业务;保险;开发协议或特许;合营或其他形式的工业或商务合作;空中、海上、铁路或公路的客、货运输。"③也就是说,在所有的这些商务活动中只要是运用了"数据电文"就属于电子商务。

世界贸易组织(World Trade Organization,WTO)在其 1998 年发布的电子商务专题报告《电子商务与 WTO 的作用》(Electronic Commerce and the role of the WTO)中指出:电子商务就是企业通过电信网络进行的生产、广告、销售和交付等活动,它不仅指基于互联网上的交易,而且指所有利用电子信息

---

① (美)简·考夫蔓·温,本杰明·赖特. 电子商务法[M]. 张楚,董涛,洪永文译,北京:北京邮电大学出版社,2002:1.

② (美)简·考夫蔓·温,本杰明·赖特. 电子商务法[M]. 张楚,董涛,洪永文译,北京:北京邮电大学出版社,2002:1.

③ 参见联合国国际贸易法委员会 1996 年《电子商务示范法》第 1 条注释 4。

技术来解决问题、降低成本、增加价值和创造商机的商务活动,包括通过网络实现从原材料查询、采购、产品展示、订购到出品、储运以及电子支付等一系列的贸易活动。① 简单地讲,电子商务就是指利用电子信息网络进行的商务活动。

国际商会(International Chamber of Commerce,ICC)1997 年 11 月在巴黎举办的世界电子商务大会上关于电子商务的备忘录中认为,电子商务是实现整个贸易活动的电子化;从涵盖范围方面可以定义为:交易的各方以电子贸易的方式,而不是通过当面交换或直接面谈方式进行的任何形式的商业交易活动;从技术方面可以定义为:电子商务是一种多技术应用的集合体,包括交换数据(如电子数据交换 EDI,电子邮件 E-mail)、获得数据(如共享数据库、电子公告牌 BBS)以及自动捕获数据(如条形码、IC 卡应用等)。②

经济合作与发展组织(Organisation for Economic Cooperation and Development,OECD)在其 1999 年发布的《电子商务的经济与社会影响》中指出,作为一个通用的定义,"电子商务"应当包括两个方面:一是交易活动或形式,二是能够使交易活动进行的通信设施。交易活动或形式所涵盖的范围可以是广义的,也可以是狭义的。前者包括大部分不同层次的商务活动,如工程设计、商务、交通、市场、广告、信息服务、结算、政府采购、保健、教育等;后者仅仅包括通过电子化实现的零售或配送等。通信设施可以再分为两个部分:应用软件与网络。③ 所有软件(如网络软件、EDI 软件等)应可以在所有可能的通信网络(如开放的、封闭的、私人的或非私人的网络)上运行。④

美国政府 1997 年发布的《全球电子商务纲要》(A Framework for Global Electronic Commerce)将电子商务定义为:通过互联网进行的各项商务行为,包括广告、交易、支付、服务等活动。⑤

加拿大电子商务委员会(Electronic Commerce Council of Canada,ECCC)

① WTO 秘书处. 电子商务与 WTO 的作用[M]. 原外经贸部 WTO 司译,北京:法律出版社,2002:8.
② 周忠海等. 电子商务法新论[M]. 台北:神州图书出版有限公司,2002:10.
③ 高慧云.电子商务法教程[M]. 北京:华文出版社,2005:2.
④ 高慧云.电子商务法教程[M]. 北京:华文出版社,2005:2.
⑤ White House. A Framework for Global Electronic Commerce [EB/OL]. (1997-07-06)[2012-04-02]. http://www.technology.gov/digeconomy/framewrk.htm.

认为,电子商务是通过数字通信进行商品和服务的买卖以及资金的转账,它包括公司间和公司内利用 E – mail、EDI、文件传输、传真、电视会议、远程计算机联网所能实现的全部功能(如市场营销、金融结算、销售以及商务谈判)。①

《中国电子商务蓝皮书:2001 年度》则认为,电子商务是指通过互联网完成的商务交易。交易的内容可分为商品交易和服务交易,交易是指货币和商品(服务)的交换,交易要有信息流、资金流和物流的支持。②

在企业层面,许多知名的国际 IT 企业也在其电子商务实践中表达了其对于电子商务的认识和理解。IBM 公司对电子商务的表述是:在互联网等网络的广阔联系与传统信息技术系统的丰富资源相互结合的背景下应运而生的一种相互关联的动态商务活动。③ 它强调的是在计算机网络环境下的商业化应用,电子商务不只是软硬件的结合,而是在互联网(Internet)、企业内部网(Intranet)、企业外部网(Extranet)下进行的业务活动。电子商务(EB) = IT + Web + Business。④

HP 公司提出电子商务是跨时空、跨地域的电子化世界(electronic world,EW),EW = EC(electronic commerce,电子商务) + EB(electronic business,电子业务) + EC(electronic consumer,电子消费)。⑤ 其中,电子商务是通过电子化手段来完成商业贸易活动的一种方式;电子业务是一种新型的业务开展手段,通过基于互联网的信息结构,公司、供应商、合作伙伴和客户之间,利用电子业务共享信息;电子消费是人们使用信息技术进行娱乐、学习、工作、购物等一系列活动,使家庭的娱乐方式越来越多地从传统电视向互联网转变。⑥

国内外部分专家学者也对电子商务的内涵进行过分析和总结。美国经济学家托马斯·马龙教授最早提出了电子商务的概念,他把电子商务分为狭义和广义电子商务。⑦ 前者指的是在运用电子化的交易过程中,卖方找到

---

① 才书训,王雷震. 电子商务概论[M]. 北京:科学出版社,2009:6.
② 李祖明. 电子商务法教程[M]. 北京:对外经济贸易大学出版社,2009:2.
③ 李琪. 电子商务概论[M]. 北京:高等教育出版社,2009:14.
④ 才书训,王雷震. 电子商务概论[M]. 北京:科学出版社,2009:6.
⑤ 才书训,王雷震. 电子商务概论[M]. 北京:科学出版社,2009:6.
⑥ 才书训,王雷震. 电子商务概论[M]. 北京:科学出版社,2009:6.
⑦ 孙参运,李东主. 新编电子商务概论[M]. 开封:河南大学出版社,2008:6.

潜在的客户并了解其需求,而买方找到潜在的卖主并了解其产品的销售条件等;后者指的是在商业活动中的所有方面都得到了信息技术的支持,这些活动不仅包括交易,还包括设计、制造和管理等。[①] 美国学者 Ravi Kalakota 和 Andrew B. Whinston 在他们合著的《电子商务的前沿》一书中从通信、业务过程、服务、在线交易这四个方面定义了电子商务活动,认为电子商务是通过电话线、计算机网络或其他电子手段完成的关于产品、服务、信息、支付的发送,是面向自动化的业务应用技术,是关于减少服务成本、提高服务效率的管理,是一种在线方式下买卖产品的能力。[②] 美国的 Emmelhainz 博士在她的专著《EDI 全面管理指南》中,从功能角度把电子商务定义为,通过电子方式在网络基础上实现信息、物资的商业交换活动。[③] 加拿大专家 Jenkins 和 Lancashire 在《电子商务手册》中从应用角度定义 EC 为数据(资料)电子装配线(Electronic Assembly Line of Data)的横向集成。[④]

中国学者也从不同的角度分别探讨过电子商务的内涵。如杨坚争在《电子商务基础与运用》中将电子商务定义为:电子商务系指交易当事人或参与人利用现代信息技术和计算机网络(主要是因特网)所进行的各类商业活动,包括货物贸易、服务贸易和知识产权贸易。[⑤] 而王可研究员则从过程角度来定义电子商务,他认为电子商务是指在计算机与通信网络基础上,利用电子工具实现商业交换和行政作业的全过程。[⑥]

由此可见,国际组织、政府部门、企业界及专家学者对电子商务的定义分别基于不同的角度或不同的范围,因而对电子商务的理解大相径庭。如美国政府提出的电子商务定义以美国电子商务发展现状为基础,将电子商务完全局限于对互联网的应用范畴;WTO 和国际商会给出的电子商务定义强调的是电子商务的流程;著名 IT 公司对电子商务的定义侧重于电子商务的技术实现形式;而学者的定义则侧重于强调电子商务的功能与过程。应该说,上述各种电子商务定义对电子商务做出了较为形象和具体的描述,但都无法准确涵括电子商务的主要特征。

① 孙参运,李东主. 新编电子商务概论[M]. 开封:河南大学出版社,2008:6.
② 才书训,王雷震. 电子商务概论[M]. 北京:科学出版社,2009:7.
③ 李琪. 电子商务概论[M]. 北京:高等教育出版社,2009:13.
④ 李琪. 电子商务概论[M]. 北京:高等教育出版社,2009:13.
⑤ 杨坚争. 电子商务基础与运用[M]. 西安:西安电子科技大学出版社,2004:13.
⑥ 李琪. 电子商务概论[M]. 北京:高等教育出版社,2009:13.

笔者认为,电子商务可以从狭义和广义两个角度进行理解。从狭义角度来说,电子商务是指商务活动参与方之间利用互联网等信息技术所进行的商品或服务交易以及与之直接相关的商务活动。从这个角度来看,可将电子商务称为电子交易或者电子贸易,其实质就是传统商品或服务交易活动的电子化或网络化。而从广义角度而言,电子商务是指市场经济主体利用互联网等信息技术所进行的各种社会经济活动的总称。它不仅包括市场经济主体之间的各种交易活动,也包括市场经济主体内部与外部完成的各种非交易类商务活动,如市场分析、客户关系管理、物流调度、内部管理、供应链管理等诸多方面。从这个角度来看,也可以将之称为电子商务的信息化。在本书中笔者用的是狭义的电子商务概念。

三、电子商务的特征

电子商务作为一种新的商务模式,可以使商业环节中的各个参与者在全球范围内选择贸易伙伴,与贸易伙伴实现更紧密的联系,更好更快地满足贸易需求,并减小交易成本,实现利润的最大化。与传统商务活动相比,电子商务具有以下鲜明的特征:

1. 虚拟性。通过互联网等信息技术进行的商务活动,交易双方从磋商、订立合同再到支付货款的全过程无需通过面对面的方式进行,均可以通过互联网等信息技术完成,整个交易过程完全虚拟化。对卖方而言,通过互联网等信息技术可以将产品信息向全世界发布,扩大了产品和服务的销售渠道。而虚拟现实、网上聊天等新型信息技术的发展也使买方能够根据自己的需求在一个更加广泛的空间选择产品和服务。通过信息的即时交流,买卖双方可以非常方便地就交易的条件进行磋商,进而缔结电子合同,最后通过电子支付完成付款,整个交易都可以在虚拟的网络环境下完成。

2. 高效和低成本性。通过利用互联网等信息技术,电子商务可以以非常便利的方式实现产品和服务的交易、远程设计与研究、数字内容的即时交流、网络营销和在线客户服务等商务活动。[①] 商务信息传输的实时性和交互性,克服了传统商务活动中信息处理速度慢、处理费用高等现象,有效减少了商务活动中的中间环节,提高了内外部信息传递效率,降低了商务活动的

---

① 才书训,王雷震.电子商务概论[M].北京:科学出版社,2009:12.

时间成本、信息管理成本以及交易成本,并能及时对市场情况作出反应,有利于实现即时生产、即时销售,准确快捷地完成产品或服务的交递,降低产品或服务的生产成本,从而大幅度提高整个商务活动的效率。①

3. 集成性。电子商务活动的集成性特点体现在以下几个方面:一是通过现代信息、网络和通信技术实现商务活动处理的整体性和统一性,规范了商务处理的业务流程,将人工操作和电子信息处理集成为一个整体,既提高了人员和设备的综合利用率,同时也提高了商务运作的可靠性;②二是数字化、网络化、自动化的电子商务信息系统不但强化了商务活动的信息服务和决策支持,而且通过模式识别、数据挖掘等方法和技术,实现了多层次、全方位的商务活动功能集成;③三是企业通过相互融合的电子商务信息共享服务平台,可以有效提升和整合电子商务活动中各合作伙伴之间的价值链关系,以集成式的协同商务运作机制更好地、更有效地满足客户的需求。④

4. 高安全需求。在电子商务中,安全性是一个至关重要的核心问题。⑤信息系统中的欺诈、病毒和黑客的非法入侵等问题都是电子商务发展的障碍,必须通过技术手段加以解决。电子商务的安全性目前主要通过技术手段(如加密机制、签名机制、安全管理、存取控制、防火墙、安防病毒保护等)和符合国际标准的安全电子交易协议标准来保证。⑥ 这些技术能够提供一种端到端的安全解决方案,这与传统商务活动具有很大的不同。

5. 层次性。一方面,任何个人、企业、地区和国家都可以建立自己的电子商务系统,这些电子商务系统本身都是更大范围内或者更高一级电子商务系统的组成部分;另一方面,即使对于某一特定的电子商务系统,其开展电子商务活动的水平、范围也有不同的层次。⑦ 例如,一家企业将传统商务活动模式中的信息发布、查询等功能引入到计算机网络环境中,用以代替企业内部或对外的传统的信息存储和传递方式,这属于初级水平的电子商务活动;如果企业通过网络环境中的 EDI、电子支付系统、电子购物系统及相关

① 李琪. 电子商务概论[M]. 北京:高等教育出版社,2009:20.
② 李琪. 电子商务概论[M]. 北京:高等教育出版社,2009:20.
③ 才书训,王雷震. 电子商务概论[M]. 北京:科学出版社,2009:12.
④ 才书训,王雷震. 电子商务概论[M]. 北京:科学出版社,2009:12.
⑤ 李琪. 电子商务概论[M]. 北京:高等教育出版社,2009:21.
⑥ 才书训,王雷震. 电子商务概论[M]. 北京:科学出版社,2009:12.
⑦ 才书训,王雷震. 电子商务概论[M]. 北京:科学出版社,2009:13.

的基于客户机或服务器的管理信息系统构成了综合的信息处理系统,且实现了在线交易,这是较高水平的电子商务活动;如果企业商务活动的全部过程都被计算机网络下的信息传输和信息处理所覆盖,该企业的活动在一个基于 Web 的更为便利和广阔的操作平台上进行各种运作,企业信息系统的开发和利用达到了集成化、自动化、网络化、智能化的水平,这是一种更加高级的电子商务活动。[①] 由此可见,电子商务活动具有明显的层次性特征。

四、电子商务的分类

电子商务可以按照不同的标准进行分类。如交易主体、商务活动的内容、信息网络范围、网络类型等来进行分类。

（一）按照电子商务交易主体不同划分

按照电子商务交易主体的不同,可以将电子商务划分为企业与企业之间的电子商务、企业与消费者之间的电子商务、消费者与消费者之间的电子商务、企业与政府之间的电子商务、政府与公众之间的电子商务等五类。

1. 企业与企业（Business to Business,B2B）之间的电子商务。B2B 电子商务是指企业与企业之间利用互联网或其他信息技术手段进行的各种商务活动。如采购、仓储、运输、销售、服务等。[②] 基于互联网的 B2B 发展速度十分迅猛,目前以 B2B 方式进行生产经营的企业正在不断增多。

2. 企业与消费者（Business to Consumer,B2C）之间的电子商务。B2C 电子商务指的是企业针对消费者开展的电子商务活动的总称,如企业为个人提供在线医疗咨询、在线商品购买等。随着网络的不断发展,网民数量的不断增加,B2C 电子商务模式的发展潜力巨大。据中国电子商务研究中心编制的国内首份全球性电子商务报告——《2010 – 2011 年度全球电子商务研究报告》显示:在网络购物领域,2010 年全球网络购物交易规模达 5725 亿美元,同比增长 19.4%;在 2010 年全球整体网络购物交易规模中,欧洲（34%）、美国（29%）和亚洲（27%）占比总和达 90%,呈现三足鼎立格局。[③]

3. 消费者与消费者（Customer to Customer,C2C）之间的电子商务。C2C

---

① 才书训,王雷震. 电子商务概论[M]. 北京:科学出版社,2009:13.
② 李祖明. 电子商务法教程[M]. 北京:对外经济贸易大学出版社,2009:3.
③ 2010 年中国网购市场规模达 5131 亿占全球 1/7[EB/OL]. (2011 – 06 – 22)[2011 – 09 – 23]. http://it.sohu.com/20110622/n311328513.shtml.

电子商务是指消费者与消费者之间发生的电子商务活动。这种电子商务形式通常通过专门为消费者之间交易而建立的电子商务平台进行。实践中C2C较多的是进行网上个人拍卖或者提供在线服务。这种电子商务扩大了消费者之间的交易范围,增加了交易主体数量,但也带来了支付安全实现以及信用保证等问题。随着社会信息化程度的加强,电子商务风险和安全管路水平的提高,这类电子商务的发展前景将会越来越广阔。

4. 企业与政府(Business to Government,B2G)之间的电子商务。B2G电子商务是指企业与政府之间进行的电子商务活动,属于电子政务的一部分。这种商务活动覆盖了企业与政府之间的许多事务,政府通过公共网络向企业采购物品或服务、发放许可证、传递政府管理的相关信息,而企业则通过公共网络向政府提交统计资料或企业相关信息、交纳税款和有关费用、办理进出口业务等。当前,各国的政府信息化工作正在如火如荼地进行,这为企业与政府进行电子商务打下了良好的基础,毫无疑问,未来这种电子商务还将得到更快的发展。

5. 政府与公众(Government to Consumer,G2C)之间的电子商务。G2C电子商务是指政府面向个人开展的电子商务活动,也属于电子政务的一部分。政府可以通过互联网络实现对公众报税、收税、发放社会福利费等政府与公众个人之间的行为。这类电子商务活动在发达国家已经获得较大的发展,在发展中国家的运用也正日益广泛。随着电子商务的不断发展,各国政府会对个人实行更为完善的电子政务服务,G2C也将成为未来一段时期电子商务发展的重点之一。

(二)按照电子商务活动的内容进行分类

按照电子商务活动的内容,可将电子商务分为贸易型电子商务和服务型电子商务。①

1. 贸易型电子商务是指转移财产所有权的电子商务活动,包括有形商品的贸易和无形信息商品的贸易。有形商品是指看得见摸得着的有形实体商品,有形商品需要利用传统物流配送渠道,如邮政、快递和物流配送系统才能完成交易;而无形商品的交易则可以通过网络实现标的物的交付。无

---

① 电子商务[EB/OL].[2011 - 09 - 23].http://wenku.baidu.com/view/04e91c7931b765ce050814fd.html.

形信息商品是指以数字形式表现的信息、知识、娱乐产品等,在网络环境下,所有的信息产品都可以通过数字形式予以表现、传递、复制,目前贸易型电子商务已成为电子商务领域中最核心也是最活跃的领域。

2.服务型电子商务是指提供服务的电子商务活动,包括为电子商务的开展提供服务的活动和通过网络开展各项有偿服务的活动。服务型电子商务有别于贸易型电子商务的一个重要特点就在于这种电子商务不转移任何财产,只提供某种设施、因特网接入、传输、信息服务等。就提供信息服务而言,许多电子商务活动往往兼顾信息转让和服务,甚至可以说,在很多情况下,提供信息服务是贸易还是服务的界限并不十分清楚,或者说无需加以明确地区分。

(三)按信息网络范围分类

按开展电子商务交易的信息网络范围,电子商务可分为本地电子商务、远程国内电子商务和全球电子商务。[1]

1.本地电子商务是指利用本城市、本地区或本社区内信息网络来进行的电子商务活动。此种电子商务的地域范围通常较小。本地电子商务系统一般利用 Internet、Intranet 或专用网将下列系统联结在一起:(1)参加交易各方的电子商务信息系统,包括买方、卖方及其他各方的电子商务信息系统;(2)银行金融机构电子信息系统;(3)保险公司信息系统;(4)商品检验信息系统;(5)税务管理信息系统;(6)货物运输信息系统;(7)本地区 EDI 中心系统(实际上,本地区 EDI 中心系统联结各个信息系统的中心)。本地电子商务系统是开展远程国内电子商务和全球电子商务的基础系统。[2]

2.远程国内电子商务是指在本国范围内进行的网上电子交易活动,其交易的地域范围相对较大,对软硬件设施和相关技术支持要求较高,要求在全国范围内实现商业电子化、自动化,实现金融电子化。[3] 此外,这种电子商务方式还要求交易各方具备一定的电子商务知识、经济能力和技术能力,并具有一定的管理水平和能力等。

3.全球电子商务是指在全世界范围内进行的电子交易活动,不同国家的电子商务交易方通过网络进行贸易活动,其涉及有关各方的信息系统复

---

① 李琪.电子商务概论[M].北京:高等教育出版社,2009:15.
② 才书训,王雷震.电子商务概论[M].北京:科学出版社,2009:9.
③ 才书训,王雷震.电子商务概论[M].北京:科学出版社,2009:9.

杂程度远远超过前两者。① 这种商务模式涉及交易各方之外的相关系统,如交易双方国家进出口公司系统、税务系统、海关系统、运输系统、银行金融系统、保险系统等。全球电子商务业务内容繁杂,数据来往频繁,要求电子商务系统严格、准确、安全、可靠,因此,全球统一的电子商务标准和电子商务(贸易)协议,是全球电子商务繁荣发展的重要保障。②

(四)根据电子商务使用的网络类型分类

根据使用的网络类型,电子商务可分为 EDI 电子商务、互联网电子商务和内联网电子商务。③

1. EDI 电子商务是指按照拟定的协议,将商业文件标准化和格式化,并通过计算机网络,在贸易伙伴的计算机网络系统之间进行数据交换和自动处理,主要应用于企业与企业、企业与批发商之间的批发业务。目前技术上比较成熟,安全性好,但要求企业有比较高的管理、资金和技术等条件。④ 相对于传统的商务形式,EDI 大大节约了商务活动的时间和费用。但是,近年来随着 IT 技术的发展,计算机和网络的迅速普及,基于互联网和内联网的电子商务正在逐渐取代传统的 EDI 电子商务。⑤

2. 互联网电子商务是指以计算机、多媒体、通信、数据库等技术为基础,通过互联网在网上实现销售、交易和服务等活动,是电子商务的最新也是发展最为迅猛的一类商务模式。⑥ 互联网打破了传统商业生产、批发、零售及商品的进、销、存、调的流转程序与营销模式,真正实现了低投入、零库存、高效率,避免了物流的无效流通,从而实现了社会资源的高效运转。消费者通过互联网进行消费,可以不受时间、空间、厂家的限制,广泛查找、充分比对、模拟使用,直至获得满意的商品和服务。⑦

3. 内联网电子商务是在互联网电子商务基础上发展起来的企业内部网商务,它在原有的局域网上附加一些特定的软件,将局域网与互联网连接起

---

① 李琪.电子商务概论[M].北京:高等教育出版社,2009:15.
② 才书训,王雷震.电子商务概论[M].北京:科学出版社,2009:10.
③ 李祖明.电子商务法教程[M].北京:对外经济贸易大学出版社,2009:3-4.
④ 孔令秋,石磊.电子商务法[M].北京:机械工业出版社,2011:4.
⑤ 孔令秋,石磊.电子商务法[M].北京:机械工业出版社,2011:4.
⑥ 才书训,王雷震.电子商务概论[M].北京:科学出版社,2009:8.
⑦ 孔令秋,石磊.电子商务法[M].北京:机械工业出版社,2011:4.

来,从而形成企业内部的虚拟网络。[①] 互联网与内联网最主要的区别在于内联网内的敏感或享有产权的信息受到企业防火墙或其他防护系统的保护,它只允许获得授权者进入内部网络。[②]

五、电子商务对传统法律制度提出的挑战

对于传统的商务模式,各国早就建立了一套完备的法律制度进行规制和调控。但全新的网络电子商务模式出现并广泛应用后,由于其具有虚拟性、高技术性、全球性和无纸性等特征,许多传统法律制度中的规则无法直接适用于电子商务,如果强行适用,将会产生不公平的后果或阻碍电子商务的发展。[③] 此外,电子商务的发展也带来了一些全新的法律问题,这些法律问题是传统法律制度所从未遇到的。电子商务发展中所面临的法律障碍主要是源自于电子商务本身的特点及其与传统法律的冲突,这些冲突包括传统法律的实体性要求与电子商务虚拟化之间的冲突、传统法律的国家性与电子商务全球性之间的冲突以及政府的主动监管与电子商务自发性之间的冲突等。[④] 具体来讲,电子商务对传统法律制度带来的挑战主要体现在以下方面。

1.电子合同问题。尽管传统的合同法经过长时间的发展,确立了一整套调整商事交易活动的法律规范,但是由于电子商务具有虚拟性、无国界等特点,这些传统的合同法规范在电子商务环境中难以适用。例如,虽然各国都承认契约自由原则,但是在互联网环境中当事人使用电子方式应当如何与对方当事人完成合同的订立?经由电子方式订立的合同其法律效力应如何认定?电子合同中如何确定对方当事人的身份?这些问题都是摆在电子商务交易当事人和各国立法者面前的现实问题。

2.电子支付问题。电子支付处于电子商务交易的核心环节,电子支付的安全性和可靠性问题直接关系到电子商务交易的成功与否,并进而影响到交易当事人的信心和电子商务的发展。[⑤] 在电子商务交易过程中,由于金

---

① 李祖明.电子商务法教程[M].北京:对外经济贸易大学出版社,2009:4.
② 孔令秋,石磊.电子商务法[M].北京:机械工业出版社,2011:4.
③ 苏丽琴.电子商务法[M].北京:电子工业出版社,2010:2.
④ 李祖明.电子商务法教程[M].北京:对外经济贸易大学出版社,2009:6.
⑤ 周忠海等.电子商务法新论[M].台北:神州图书出版有限公司,2002:21.

融电子化,完成交易的各方都是通过无纸化的电子手段,如信用卡支付、电子资金划拨以及远程网上结算等方式进行支付和结算。随着网上电子支付的普及,传统银行法中的货币发行、支付风险、支付责任等规定很难直接适用于电子支付行为。在电子支付的过程中,电子货币的发行人是哪些机构,电子支付的安全性由谁保障,支付中出现资金冒领等损失由谁承担等,都应制定新的法律规则予以调整。另外,网上支付中电子货币、电子钱包、电子现金等,在法律上也存在着诸多问题,如电子货币的效力、支付地点的确定等。①

3. 网络知识产权问题。互联网上存在大量的电子文件、电子书籍及软件等,这些电子文件、电子书籍及软件可经由任何人上传至网络,可以被其他人通过网络任意下载,这无疑构成了对著作权人著作权的侵犯。② 因此,电子商务中著作权的保护成为人们关注的焦点,而如何对被指控侵权的人实施有效的制裁是一个亟待解决的难点。就商标而言,传统的商标登记和使用具有地域性,而互联网上地域界限非常模糊,因此潜在的侵权事件将不可避免。此外,企业在互联网上申请注册的具有识别标示意义的域名,经与某种商品或服务取得联系后,就足以标示商品和服务的来源,从而具备了商标的标示性,再加上商标的地域性、多重性与域名的全球性、唯一性的冲突,域名与商标间的抢注纠纷也日益增多。抢注者通常会将一些知名企业、著名品牌、知名老字号等作为抢注的对象。③ 在电子商务活动中,这些侵权行为亟需通过立法加以规范,否则将会严重损害知识产权所有人的利益。

4. 网络消费者权益保护问题。电子商务拓宽了消费市场,实现了产品的全球化供应,给消费者提供了更多的选择机会。但是网络的虚拟性也使消费者面临的不确定性增强,消费关系趋于复杂化,消费者权益极易受到侵害,为消费者权益保护带来了新的压力。④ 同时,电子商务的高技术性也很容易使消费者受到欺诈,非法入侵账户、侵害隐私权和泄露个人数据等不法侵害行为的困扰,而电子商务无国界性使消费者寻求救济时非常困难,通过

① 苏丽琴. 电子商务法[M]. 北京:电子工业出版社,2010:3.
② 苏丽琴. 电子商务法[M]. 北京:电子工业出版社,2010:3.
③ 苏丽琴. 电子商务法[M]. 北京:电子工业出版社,2010:2 - 3.
④ 李祖明. 电子商务法教程[M]. 北京:对外经济贸易大学出版社,2009:6.

现有的法律体系,消费者权益难以得到有效保障。如果消费者的合法权益得不到有效保护,将会使许多人对电子商务望而却步。

5.电子商务安全问题。电子商务的安全和隐私权问题是人们最为关注的焦点,如何保证商业秘密和个人数据不被泄露和盗用,如何保证数据库的保密性,如何确保网络交易系统的安全运行,如何防范商业欺诈行为,以及如何判定交易人的身份以及用户的信用,如何进行电子签名的认证与防伪,如何确保商家安全收款和消费者顺利获得商品和服务等,都是不容忽视的关键问题。

6.电子税收问题。在传统税收征管中,交易双方的交易信息及账册全都存储在纸介质上,营业主体都具有固定的营业地点和经营范围,税务部门进行核查、监控及催收税款等都十分方便,但是在电子商务交易中,网络商家流动性非常强,不少商家既没有固定的营业场所,也没有明确的经营范围,同时网上交易的信息及账册记录信息以数据电文记载,存储于磁盘介质中,这些信息缺乏固定性、可信性和不可删改性。① 这一切都给税务部门获取电子商务中的真实交易资料和对纳税对象的核查、监控以及税款的催收造成了非常大的不便,传统的税收征管手段难以对电子商务产生作用。② 同时,由于部分网络信息商品具有无形性的特征,电子商务中的生产、流通、分配、消费等环节的界限比较模糊,这也对网上交易征税时税种及征税地的确定带来了困难,到底是征生产环节税、流通环节税还是消费环节税,对税收征管部门而言是个难题。此外,互联网上跨国电子商务交易不断增多,如何规定跨国税收规则、如何确定国际税收管辖权规则、如何避免双重征税等等都是有待解决的棘手问题。③

7.司法管辖和法律冲突问题。电子商务的全球化特征使其不受国家地理边界的限制,一旦交易发生争议,将不可避免地会涉及管辖权问题,如果有两个或两个以上国家的法院对电子商务争议主张管辖权,管辖权将很难确定。网络空间的不确定使得网络不具有与网络活动者有稳定联系的一些传统因素,因此,传统法律中对管辖权划分的基础在网络空间受到了挑战,例如设立网站从事网上广告行为的管辖权问题、电子合同的管辖权问题、网

① 苏丽琴. 电子商务法[M]. 北京:电子工业出版社,2010:3.
② 苏丽琴. 电子商务法[M]. 北京:电子工业出版社,2010:3.
③ 李祖明. 电子商务法教程[M]. 北京:对外经济贸易大学出版社,2009:6.

络侵权行为的管辖权问题。与司法管辖权密切相关的还有电子商务中的法律适用问题。此外,电子证据这一新的证据形式也需要相应的制度来解决其证据效力、证明力、证据保全等问题。①

第二节 电子商务法概述

一、电子商务法的概念和调整对象

(一)电子商务法的概念

相比信息法、网络法等名称,电子商务法这一名称在我国得到了较为广泛的采用,但对电子商务法这一概念的认识仍存在很大的分歧。目前主要有以下几种不同的观点。

1.区分广义的电子商务法和狭义的电子商务法。持这种观点的学者认为,电子商务法有广义和狭义之分。但是基于对电子商务概念本身认识的不同,持这种观点的学者的看法也存在很大的不同。有的认为,广义的电子商务法是与广义的电子商务概念相对应的,它包括了所有调整以电子通信方式进行的商事活动的法律规范,其内容极其丰富,其中又可分为调整以电子商务为交易形式和调整以电子信息为交易内容的两大类规范。狭义的电子商务法,是调整以电子通信为交易手段而形成的因交易形式所引起的商事关系的规范体系。② 此外,另有学者认为,广义的电子商务法是指调整通过各种电子信息传递方式进行的商务活动所发生社会关系的法律规范的总和。狭义的电子商务法是指调整通过计算机网络进行数据电文传递而进行商事活动所产生的社会关系的法律规范的总和。③

2.区分形式意义的电子商务法和实质意义的电子商务法。这种观点认为,电子商务法是指调整电子商务信息流、物质流和货币流三个环节活动中所产生的社会关系的法律规范的总称。电子商务法有形式意义的电子商务法和实质意义的电子商务法之分。形式意义的电子商务法是指体系化的制

---

① 李祖明.电子商务法教程[M].北京:对外经济贸易大学出版社,2009:7.
② 张楚.电子商务法[M].北京:中国人民大学出版社,2001:17 - 18.
③ 关永宏.电子商务法[M].广州:华南理工大学出版社,2003:9.

定于一个法律文件内的电子商务法。实质意义的电子商务法是指电子商务法律规范的总称意义上的电子商务法,也就是作为部门法意义上的电子商务法。①

3.其他观点。有的认为,电子商务法是指调整政府、企业和个人等主体之间通过电子通信方式所产生的、以交易关系为主的法律规范体系。还有的认为,电子商务法是指调整平等主体之间通过电子行为设立、变更和消灭财产关系和人身关系的法律规范的总称。

综合上述观点,我们认为,电子商务法是调整电子商务活动中所产生的社会关系的法律规范的总称。它有广义和狭义之分,广义的电子商务法是调整通过各种电子信息传递方式进行的商务活动中发生社会关系的法律规范的总和。它的调整对象既包括通过通过互联网、局域网、电子数据交换(EDI)形式而发生的商事关系;也包括通过电报、电传、传真形式等电子信息传递而发生的商事关系。狭义电子商务法是指调整通过计算机网络进行数据电文传递而进行商事活动所产生的社会关系的法律规范的总和。从目前国内外电子商务立法活动的实践来看,一般均是从狭义上使用电子商务法的概念。

(二)电子商务法的调整对象

调整对象是立法的核心问题,是一法区别于另一法的基本标准。任何法律部门或法律领域,都必须以特定的社会关系为其调整对象。随着信息技术的发展及其广泛的商业化应用,商事交易形式问题变得越来越多样化、复杂化,已经到了必须由专门的法律规范对之加以调整的地步。② 无论是证券交易、票据流通、公司的运作,还是银行、保险、投资等行业的经营,都离不开数据电文方式的使用。特别是随着互联网的广泛应用,甚至将会出现如果不以专门的电子商务法来对之进行调整,就可能严重阻碍商事关系发展的情况。也就是说,因电子交易形式所引起的社会关系,已经成为必须由法律调整的重要的社会关系,这也是电子商务法产生的重要原因之一。

---

① 田文英,宋亚明,王晓燕.电子商务法概论[M].西安:西安交通大学出版社,2000:40.
② 秦成德.电子商务法与案例评析[M].北京:清华大学出版社、北京交通大学出版社,2010:10.

二、电子商务法的性质和地位

(一)电子商务法的性质

电子商务法的调整对象包括电子商务活动中所产生的各种社会关系，调整对象的广泛性和复杂性决定了电子商务法的综合性。

1. 私法性和公法性相结合。电子商务法的内容既包括私法规范又包括公法规范。私法以意思自治为核心，电子商务法中的电子商务交易法体现了交易主体的意思自治，所以电子商务具有私法的性质。但是，在互联网上进行交易更注重安全，国家的必要干预是维护电子商务交易安全的重要保障，所以电子商务法又具有公法的性质。此外，违反电子商务法的法律责任，不仅有民事责任，还有行政责任和刑事责任。因此，电子商务法是一个兼具私法和公法性质的综合法律体系。

2. 以成文法为主要表现形式。电子商务法的主要表现形式是制定法，不仅法国、德国等大陆法系国家制订了成文的电子商务法，美国、英国、加拿大等英美法系国家也都制订了成文的电子商务法。此外，很多国际组织也制订了成文的电子商务规范。可见，以制定法的形式表现电子商务法已是大势所趋，制定法是电子商务法的又一特点。[1] 虽然电子商务法的存在形式是制定法，但这并不意味着电子商务法单指某一部法律，电子商务法应该是由一系列成文的法律、法规所组成的，它是调整电子商务活动的法律规范的总称。

3. 具有国际性的国内法。电子商务全球性的天然属性，使得任何一个国家在构建其本国电子商务法律体系时，都必须考虑国际间的协调和认可。正是在这种情况下，联合国国际贸易法委员会在电子商务法领域制订的示范法起到了积极的作用和广泛的影响。其中，联合国国际贸易法委员会1996 年颁布的《电子商务示范法》对世界范围内的电子商务立法产生了重要影响，包括中国、美国、加拿大、澳大利亚、法国在内的 50 多个国家和地区以该示范法为范本或受其影响制订了本国的电子商务法。[2] 除此之外，国际商会、世界贸易组织、经合组织等国际性组织都从不同的角度对电子商务进行

---

[1] 秦成德. 电子商务法与案例评析[M]. 北京:清华大学出版社、北京交通大学出版社,2010:6.

[2] See：the Status of UNCITRAL Model Law on Electronic Commerce [EB/OL]. [2012 - 03 - 21]. http://www.uncitral.org/uncitral/en/uncitral_texts/electronic_commerce/1996Model_status.html.

立法规范,这些法律规范在一定范围内影响和协调了电子商务立法在国际上的一致性,为各国立法者制定电子商务立法提供了重要的参考。因此可以说,电子商务法是具有国际性的国内法。

(二)电子商务法的地位

电子商务法的地位,是指电子商务法在我国的法律体系中处于什么样的位置,即电子商务法是从属于法律体系中的某一个法律部门,还是作为一个独立的法律部门单独存在。笔者认为,电子商务法应当作为一个独立的法律部门,理由如下:

1.电子商务法的调整对象具有独特性。电子商务法的调整对象是电子商务活动中所产生的各种社会关系。电子商务法调整对象的具体内容非常广泛,如电子商务活动中特有的认证关系。这些社会关系具有一个共性,即都离不开信息技术或计算机网络。

2.电子商务法无法在现有的法律部门中找到合适的位置。与其他部门法相比,电子商务法和民商法、经济法的关系非常密切,但从电子商务法调整的对象以及性质来看,将电子商务法归入任何一个部门法都不合适。电子商务法中的电子商务安全和税收征管等问题都远远超出了传统民商法的调整范围。电子商务法注重电子商务主体权益的维护,致力于调整电子商务交易主体之间的权利义务关系,这与经济法所强调的国家对市场的宏观调控不相一致,归入经济法也不合适。此外,由于电子商务法涉及内容繁多,将电子商务法的内容分别归入多个现有的法律部门既不方便电子商务交易者对法律的掌握和运用,也增加了学术界对电子商务法的研究难度。

3.电子商务法作为独立法律部门符合历史的发展趋势。① 随着社会关系的日益复杂化、多样化,在传统的法学分科体系中,不断出现新的突破,某些新的法律从传统的法律体系中分离出来,形成新的法律部门,导致一些法律部门在调整对象和规范种类上发生一些重叠,这种现象已是在所难免,甚至可以说是一种正常的现象。比如商法从普通私法体系中独立出来,以及国际经济法从国际法中独立出来的发展过程都说明了这一现象。电子商务被认为将成为21世纪最主要的交易方式,不仅在国际层面,国际组织制订了

---

① 李双元,王海浪. 电子商务法若干问题研究[M]. 北京:北京大学出版社,2004:16-17.

大量的电子商务规范,而且在国内层面各国也不断加强电子商务法律体系建设。从整个电子商务发展的宏观环境来看,加强电子商务立法已成为全球趋势,将电子商务法作为一个独立的法律部门,符合历史的发展趋势。

三、电子商务法的特征

作为规范电子商务活动的法律规范,电子商务法本质上是以商法为核心,以商人的行业惯例为其规范标准,具传统商法所共有的某些特征。此外,电子商务法独特的调整对象决定了电子商务法还具有以下独特的特征。

(一)主体具有虚拟性

在网络电子商务活动中,参与的主体主要通过在线联系,交易和支付的信息主要通过电子邮件、电子数据交换系统、电子商务自动成交系统、电子银行支付系统来传递。因此,从交易谈判到合同订立,从合同履行到价款支付等各环节,当事人之间无需正式会面,只要通过网络联系即可实现交易各环节的任务。由此可见,电子商务法律主体已虚拟成网络上的数据电文信息或符号。

(二)法律规范具有任意性和开放性

电子商务是全新的商务形态,许多制度还处于探索阶段,因此,调整电子商务活动时就不应当用僵硬化的规范将正处于发展中的电子商务活动禁锢起来。同时,由于电子商务法主要以电子交易法为中心,而交易对象的选择、交易形式的确定、交易内容的构成和交易责任的承担从意思自治原则来看也应允许交易主体自由决定。授权性的电子商务规范恰恰能满足这一要求。电子商务法是关于以数据电文等电子方式进行意思表示的法律制度体系,数据电文的形式呈现多样化,新的技术手段与信息媒介不断被开发应用于电子商务活动之中。① 因此,必须以开放的态度对待任何技术手段与信息媒介,制定开放型的法律规范,使所有有利于电子商务发展的技术创新都能够容纳进来。②

(三)内容具有程式性

电子商务涉及合同、税收、知识产权、交易安全、消费者权益、管辖制度

---

① 李祖明.电子商务法教程[M].北京:对外经济贸易大学出版社,2009:12.
② 李祖明.电子商务法教程[M].北京:对外经济贸易大学出版社,2009:12.

方面的法律问题,在传统的法律体系中,这些制度不仅已建立,而且权利、义务的内容也相当完善。[1] 电子商务法产生后,主要是对传统法律难以调整、规范的问题进行补充性规定,而不需要完全抛弃原有的法律制度另行创制一套新的法律体系。由此可见,电子商务法具有程式性,它调整的是当事人之间因使用新型交易形式所引起的权利义务关系,即有关电子通信方式的法律效力,是否归属于某人;电子签名是否具有效力,与交易的性质是否相适应;认证机构的资格如何,其在证书的颁发与管理中应承担何种责任等问题。[2] 这些规范的主要作用,主要是为电子商务的开展提供一个形式上的"交易平台",将传统纸质环境下所形成的法律关系,适用于无纸化的电子商务环境中。从民商法角度看,这些电子商务法规范所解决的都是商事意思表达程式方面的问题,并没有直接涉及交易的实体权利义务。[3] 至于其交易的具体内容,电子商务法不能也不可能对其进行全面的规范,而是交由相应的法律予以调整。

(四)客体具有广泛性

网上电子商务参与双方权利、义务指向的客体主要包括商品和服务。[4] 其中商品又可以分为有形商品和无形商品,有形商品是指固定的、实物的商品,如电器、书籍、衣服、运动器材等;无形商品是指没有实体形态但含有具有价值和使用价值的商品,常见的无形商品主要是一些数字产品,如电影、软件、音乐、知识产权、电子读物等。服务包括了网络广告发布、资料查询、网上拍卖、身份认证、域名注册、聊天交友等。随着网络和电子通信技术的发展以及电子商务安全性的逐步完善,电子商务应用的领域正在不断扩大,电子商务法的客体也将更加丰富。[5]

四、电子商务法律关系

(一)电子商务法律关系及其特征

电子商务法律关系是指在电子商务活动中形成的、由相关法律法规进

---

[1] 苏丽琴.电子商务法[M].北京:电子工业出版社,2010:6.
[2] 李祖明.电子商务法教程[M].北京:对外经济贸易大学出版社,2009:12.
[3] 李祖明.电子商务法教程[M].北京:对外经济贸易大学出版社,2009:12.
[4] 苏丽琴.电子商务法[M].北京:电子工业出版社,2010:6.
[5] 苏丽琴.电子商务法[M].北京:电子工业出版社,2010:6.

行调整的以权利和义务为主要内容的社会关系。具体地说,就是指电子商务参与者(如网络商家、网络消费者等)与网络服务提供商等相互之间在电子商务活动过程中依法产生的权利和义务关系。作为市场经济的组成部分,电子商务市场也要遵循市场经济的基本规则,市场机制也要通过价格、供求关系和竞争机制发挥作用。因此,电子商务法律关系也具有一般法律关系的共同特点。但是由于电子商务是通过互联网所进行的商务活动,现行法律在调整电子商务活动方面具有相当大的不确定性。因而,电子商务法律关系具有自身的特点。

1.电子商务法律关系体现了私法和公法的结合。电子商务法中的电子商务交易法律关系体现了交易主体的意思自治,具有私法的性质。但是,在互联网上进行的交易对安全具有较强的依赖性,电子商务的交易安全主要通过国家的必要干预和网络经营商的技术措施来实现,因此,电子商务法律关系又具有公法的性质。[①] 此外,从电子商务的法律规范来看,电子商务法律规范既具有强制性规范,又具有任意性规范。任意性规范主要体现在电子商务交易法中,它赋予交易主体充分的选择权,体现了当事人的意思自治。而强制性规范则表现为要求当事人必须在法律规定的范围内为或不为一定的行为,违反这种规定就将受到国家强制力的制裁,体现了国家公权力对电子商务秩序的维护。因此,电子商务法律关系体现了私法和公法的结合。

2.电子商务法律关系是商事法律关系的组成部分。电子商务法的适用范围,是以电子手段从事的商务活动领域,电子商务行为与传统商事行为的区别与其说是本质层面的,不如说是现象和手段层面的。[②] 电子商务行为的本质仍是商事行为,电子技术、信息技术、网络技术等仅是电子商务主体实现目的的手段和载体而已。电子商务的主体仍然是商事主体,电子商务的行为仍然是商事行为。从这个意义上讲,电子商务法律关系实际上仍然是商事法律关系的组成部分。

3.电子商务法律关系具有国际性。电子商务是一种全球化的经济活动,因此,调整电子商务的法律也不应局限于一国范围内,而应适用于国际

---

① 李祖明.电子商务法教程[M].北京:对外经济贸易大学出版社,2009:9.

② 秦成德. 电子商务法与案例评析[M].北京:清华大学出版社、北京交通大学出版社,2010:28.

间的经济往来,得到国际间的认可和遵守。成功的电子交易总是需要在交易主体之间签订合同,以明确彼此之间的权利和义务,只有当各交易主体都认为电子商务与传统的面对面交易或合同交易活动具有同样的确定性时,全球电子商务才能发挥其全部潜能。① 所以,电子商务法律关系具有突出的国际性特点。

(二)电子商务法律关系的要素

电子商务法律关系的要素指构成电子商务法律关系的必备因素。所有的民事法律关系都是由主体、客体和内容三要素所构成,电子商务法律关系也不例外。

1.主体要素。电子商务法律关系的主体是指参加电子商务法律关系,享受权利和承担义务的具有民事主体资格的人。即电子商务法律关系的参与者,权利的享有者和义务的承担者。电子商务法律关系主体包括电子商务交易者,电子商务服务者,电子商务认证机构,电子商务监管者等电子商务参与者。

2.客体要素。电子商务法律关系的客体,是指电子商务活动的主体所享有的权利和所承担的义务所共同指向的对象。它是经济法律关系中的重要因素。客体是确立权利义务的性质和内容的客观依据,客体的确立和转移是经济法律关系形成和实现的客观标准。电子商务法律关系客体主要包括以下几类。

(1)有形商品和无形商品。电子商务法律关系的客体是与电子商务活动有直接联系的物,包括有形商品和无形商品,即传统商务中的商品与服务,通过网络实现交易。它们具有传统民商法中物的特点。

(2)在线商务行为。在线商务行为包括通过互联网的上传、下载行为,网络广告,网络拍卖,网络招、投标,网络信息服务等。

(3)智力产品和无形财产。智力产品和无形财产是网络商家在长期的经营过程中不断积累而形成的无形资产,如商誉、商标权、专利权、著作权、商业秘密与专有技术等。

(4)信息财产。信息财产作为电子商务法律关系的特殊客体,是指固定于一定的载体之上,能够满足人们生产和生活需要的信息。广义的信息财

---

① 苏丽琴. 电子商务法[M]. 北京:电子工业出版社,2010:8.

产应该包括纸质信息和电子信息两大类,狭义的信息财产仅指电子信息。①
信息与物质和能量一样,伴随着人们社会经济活动的全过程。在信息社会,
信息将逐步占据主导地位。人类对信息的需求刺激着信息技术发展的神
经,而信息技术的发展又反作用于信息本身,使得信息最终发展成为一个独
立的客体。②

3. 内容要素。电子商务法律关系的内容包括当事人即电子商务关系的
主体享有的权利和承担的义务。

五、电子商务法的基本原则

电子商务法的基本原则是指电子商务法中体现法的根本精神的、对电
子商务行为具有一般指导意义和普遍约束力的基础性法律规范。③ 电子商
务法的基本原则是电子商务法基本理念、基本价值和立法宗旨的综合反映,
科学地反映电子商务关系的本质和电子商务活动的本质规律,并构成电子
商务法律制度的基础和灵魂。电子商务法的基本原则不仅应当体现在整个
电子商务法律制度中,对整个电子商务法律规范起统率作用,而且也应当在
电子商务立法、执法、司法和守法活动的全过程中予以贯彻实施。电子商务
法的基本原则不仅是立法者应当遵循的准则,而且也应当是司法者、执法者
以及电子商务当事人应当遵循的基本准则。④ 此外,电子商务法的基本原则
也是解释电子商务法律法规的依据,在现有法律存在不足时可作为补充现
行法律、发展相关判例学说的基础。电子商务法的基本原则具有以下特征:

1. 内容的根本性。电子商务法的基本原则必须充分反映电子商务法的
本质属性。电子商务法是网络时代的产物,以通过电子行为实施的民商事
活动为主要调整对象,电子商务法的基本原则必须能够充分反映电子商务
活动和电子商务法律关系的本质特征。如果说,电子商务法律规范是维持
目的的法律,是技术法,其作用是确保准则法的实施,那么,电子商务法的基
本原则则是关于电子商务法目的的法律,是准则法。⑤

---

① 齐爱民. 捍卫信息社会中的财产——信息财产法原理[M]. 北京:北京大学出版社,2009:
53 - 54.

② 齐爱民. 电子商务法原论[M]. 武汉:武汉大学出版社,2010:26 - 27.

③ 李祖明. 电子商务法教程[M]. 北京:对外经济贸易大学出版社,2009:13.

④ 李祖明. 电子商务法教程[M]. 北京:对外经济贸易大学出版社,2009:13.

⑤ 齐爱民. 电子商务法原论[M]. 武汉:武汉大学出版社,2010:29.

2.效力的最高性。在电子商务法体系内部,电子商务法的基本原则具有最高的效力,其效力贯穿于电子商务立法、执法、司法和守法的全过程,对电子商务活动具有普遍的指导意义。与电子商务法基本原则相抵触的任何电子商务法律规范,均属无效。

3.规范的原则性。与电子商务法律规范不同,电子商务法的基本原则并不给电子行为提供具体的、可操作的行为模式,而是具有原则性的特征。[1]

4.适用的补充性。只有在电子商务法律规范对具体的电子商务活动缺乏具体规定时,电子商务法的基本原则才予以适用,才具有发挥规范和审判职能的必要。也即,电子商务法的基本原则具有补充性特点。

对于电子商务法的基本原则的内容,学术界目前还存在争论,尚未达成共识。有学者认为电子商务法的基本原则包括中立原则、自治原则和安全原则[2];有学者认为包括全球性原则、中立原则、自治原则、开放和兼容原则、安全原则[3];有的认为包括开放原则、协调原则、安全原则及鼓励、促进与引导等原则[4];也有学者的认为包括技术中立原则、媒介中立原则、技术风险合理分配原则[5];还有的认为包括最小化原则、非实质性原则、功能等同原则、技术和实施中立原则、当事人自治原则。[6]

我们认为,对于电子商务法基本原则内容的确定,至少应考虑以下一些因素。第一,应当具备前述电子商务法基本原则的三个特征;第二,应当具有电子商务法基本原则的客观依据;第三,应当适当考虑法律体系中民商法、经济法基本原则的要求,保持电子商务法基本原则与整个法律体系的协调与平衡。根据上述标准,我们认为,电子商务法的基本原则应当包括中立原则、功能等同原则、意思自治原则、安全原则和合理分配技术风险原则。

① 齐爱民. 电子商务法原论[M]. 武汉:武汉大学出版社,2010:29.
② 张楚. 电子商务法[M]. 北京:中国人民大学出版社,2001:23-25.
③ 齐爱民. 电子商务法原论[M]. 武汉:武汉大学出版社,2010: 258-161.
④ 刘德良. 论我国电子商务立法的指导思想和基本原则[J]. 武汉理工大学学报:社会科学版,2001,14(4):320-322.
⑤ 孙占利. 论电子商务法的基本原则:以全球电子商务立法为视角[J]. 现代法学,2008,30(3):114-122.
⑥ Amelia H. Boss. Electronic Commerce:Globalization of Domestic Law or Domestication of Globalized Law? [EB/OL]. (2005-07-24)[2011-08-15]. http://www.aals.org/2005midyear/commercial/AmyBossOutline.pdf.

（一）中立原则

中立原则作为电子商务法的基本原则,是指电子商务中使用的各种新技术、新媒介应当与传统交易采用的相应技术和媒介具有同等地位,不得仅仅因一项交易是通过电子方式达成的而予以区别对待或赋予不同的法律效力。电子商务法的基本目标,就是要在电子商务活动中,建立公平公正的交易规则。电子商务既是一种新的交易方式,同时又已经形成了一个新兴的产业。随着电子商务的不断发展,各种新技术、新媒介不断涌现,为了鼓励创新和促进技术发展,对于这些新技术、新媒介,法律应当一视同仁、同等对待,不应从法律上歧视任何一种或强调某一种特定技术或媒介的采用。[①] 具体来讲,中立原则包括技术中立、媒介中立、实施中立和同等保护。[②]

1.技术中立是指法律对电子商务中运用的各种技术手段应当一视同仁,不得限定使用和禁止使用某种技术,也不得对特定技术在法律效力上予以区别对待。[③] 根据技术中立原则,不论当事人采用何种技术手段(如传统的口令法、非对称性公开密钥加密法以及生物鉴别法等),包括电子的、数字的和光学的等,其行为的法律效力都不得因此而受到影响。[④]

2.媒介中立是指对于交易采用纸质媒介还是采用电子媒介(或其他媒介)法律都应一视同仁的对待,不得因一项交易采用媒介的不同而进行区别性的对待或赋予不同的法律效力。[⑤] 媒介中立,是中立原则在各种通信媒介上的具体表现,所不同的是,技术中立侧重于数据电文的控制和利用手段,而媒介中立则着重于数据电文依赖的载体。[⑥] 从传统的通信行业划分来看,不同的媒介可能分属于不同的产业部门,如无线通信、有线通信、电视、广播、增殖网络等。而电子商务法,则应以中立的原则来对待这些媒介,允许各种媒介根据技术和市场的发展规律而相互融合,互相促进。只有这样,才能使各种资源得到充分的利用,从而避免人为的行业垄断或媒介垄断。[⑦]

3.实施中立是指在实施电子商务法与其他相关法律的时候,不得有所

① 张楚.电子商务法[M].北京:中国人民大学出版社,2001:23－25.
② 秦成德.电子商务法[M].重庆:重庆大学出版社,2004:13.
③ 李祖明.电子商务法教程[M].北京:对外经济贸易大学出版社,2009:14.
④ 齐爱民.电子商务法原论[M].武汉:武汉大学出版社,2010:30.
⑤ 李祖明.电子商务法教程[M].北京:对外经济贸易大学出版社,2009:14.
⑥ 张继东.电子商务法[M].北京:机械工业出版社,2011:16.
⑦ 李祖明.电子商务法教程[M].北京:对外经济贸易大学出版社,2009:14.

区别;本国的电子商务和跨国界的电子商务在法律待遇上应当一视同仁。①
不能将传统书面环境下的法律规范(如手写签名、纸质原件等法律要求)的
效力,强行施加于电子商务法之上,在实施方面应当赋予电子媒介中立的地
位,根据具体环境特征的需求,来决定法律的实施。② 如果说技术中立和媒
介中立,反映的是电子商务法对技术方案和媒介方式的规范,具有较强的客
观性,那么对于实施中立而言,由于电子商务法的实施与其他规范一样离不
开当事人的遵守与司法机关的适用,因而更具主观性。

4.同等保护是实施中立原则在电子商务交易主体上的延伸。③ 无论是
商家还是消费者,国内当事人还是国外当事人等,电子商务法都应尽可能的
做到同等保护。④ 因为电子商务的开展离不开商家和消费者这两个基本的
主体的参与,只有对商家和消费者都做到平等保护,才能维持电子商务的持
续繁荣。此外,电子商务具有国际性,在现代通信技术高度发达的今天,割
裂的、封闭的电子商务市场是无法生存的。对于国内外当事人,只有做到同
等保护,才能确保电子商务在全球范围的健康发展。

(二)功能等同原则

功能相等原则即规定在符合一定技术规范及法定要件的前提下,赋予
电子文档、数据电文、电子签章与传统书面文件、手写签名和盖章同等的法
律效力。适用于传统纸质媒介的法律便可以直接适用到这些具有相同功能
的新的媒介中。⑤ 该原则贯穿于电子商务立法中的整个方面,包括合同的形
式,签名的方式和技术以及文件的完整性和认证等。其中"功能相等"是整
个概念的核心,是解决问题的出发点。

这一原则目前已被世界各国或国际组织制订的电子商务立法所采纳,
例如联合国国际贸易法委员会《电子商务示范法》、美国《统一电子交易法》、
欧盟《电子商务指令》和澳大利亚《电子交易法》一直都贯彻功能相等原则。
美国有学者认为"立法者考虑了书面形式的要求所能达到的目的和功能,然

---

① 孔令秋,石磊.电子商务法[M].北京:机械工业出版社,2011:14.
② 李祖明.电子商务法教程[M].北京:对外经济贸易大学出版社,2009:14.
③ 孔令秋,石磊.电子商务法[M].北京:机械工业出版社,2011:14.
④ 张继东.电子商务法[M].北京:机械工业出版社,2011:16.
⑤ 吴伟光.电子商务法的基本原则[EB/OL].(2010 - 04 - 30)[2012 - 04 - 05].
http://academic.law.tsinghua.edu.cn/homepage/index.php? option = com _ content&view =
article&id =521;2010 - 04 - 30 - 09 - 43 - 54&catid = 83;wuweiguang&Itemid =69.

后来决定在电子环境下如何满足这些功能。这种办法立足于分析传统的书面要求的目的和作用,以确定如何通过电子商业技术来达到这些目的或者作用。在制定《电子商务示范法》和美国《统一电子交易法》时'功能相等原则'一直是一个法宝"。①

(三)意思自治原则

在交易活动中允许当事人自主确定彼此之间的权利义务,是现代民商法中最基本的原则。在电子商务交易过程中,当事人通过电子化手段在交易中自由表达和实现自己的意志,并最终完成电子商务交易,意思自治原则贯彻电子商务交易的始终,因此,意思自治原则也是电子商务法的基本原则。如1996年联合国国际贸易法委员会颁布的《电子商务示范法》第4条中就规定了当事人可以协议变更的条款。其基本内涵是:除强行性法律规范外,其他的条款都可以经由当事人自行协商确定,从而消除了传统法律对电子商务发展所造成的障碍,为当事人在电子商务领域充分行使其意思自治的权利创造条件。②

(四)安全性原则

电子商务安全对于电子商务交易者信心具有极大的影响,是确保电子商务繁荣发展的必不可少的要件。电子商务以其高效、快捷的特性,在各类商事交易方式中脱颖而出,焕发出强大的生命力。而这种高效、快捷交易方式的开展对公共网络具有严重的依赖性,因而易于遭受不法侵害。因此,电子商务规范需要围绕这一要求作出规定。如,电子商务法或电子签名法中确认了安全或可靠电子签名的标准,规定了认证机构的资格及其职责等制度,全部是为了在电子商务条件下形成一个较为安全的环境,保证其安全程度与传统纸质形式相当。在电子商务法中,从对数据电文法律效力的承认,再到反映电子商务技术性特点的操作性规范,都贯穿了安全原则和理念。③这一原则表面上看是对电子商务开放、兼容特性的约束,但实质上却是与其相辅相成,密切联系的。

---

① Amelia H. Boss. The Uniform Electronic Transactions Act in a Global Environment[J]. Idaho Law Review,2001,37(2):275-352.

② 秦成德. 电子商务法[M]. 重庆:重庆大学出版社,2004:12.

③ 秦成德. 电子商务法与案例评析[M].北京:清华大学出版社、北京交通大学出版社,2010:12.

（五）合理分配技术风险原则

科学、合理地分配交易主体之间的权利义务与责任是公平效率理念在法律上的体现。而电子商务法的目的,不仅要解决电子技术应用于商务中信息技术的合法性问题,还必须解决由此导致的交易当事人之间权利义务与责任的具体分配。[①] 如一方当事人因从事电子交易所产生的无法更正的错误所导致的交易风险如何承担? 因某一方支配的信息系统原因所导致的交易风险如何承担? 当事人利用第三方提供的服务来传递或处理数据电文所产生失误或疏漏风险如何承担? 因意外事件(如大规模的病毒爆发)所造成的技术事故风险如何承担? 显然,运用传统侵权法归责原并不能有效解决这些问题。技术风险合理分配原则就是要在当事人之间就因技术风险产生的损害进行公平合理的分配,不仅要兼顾公平,也要考虑促进技术发展的需要。[②] 该原则要求既要重视消费者权益的保护,也要综合考虑技术提供方的利益。因此,确立合理分配技术风险原则的意义不仅仅在于基本原则体系的统一性和系统性,还在于该原则能够解决电子商务法中的技术风险承担这一重要问题。

---

① 孙占利. 论电子商务法的基本原则:以全球电子商务立法为视角[J]. 现代法学,2008,30(3):114－122.

② 孙占利. 论电子商务法的基本原则:以全球电子商务立法为视角[J]. 现代法学,2008,30(3):114－122.

第二章　全球电子商务立法概览

电子商务是 21 世纪全球经济最大的增长点之一,电子商务的跨越式发展,对世界经济的发展产生了巨大的推动力,也不可避免地对传统法律体系带来了新的挑战,依靠传统的法律体系已经无法应对电子商务所带来的问题。因此,伴随着电子商务的快速发展,电子商务立法成为国际社会和世界各国最为关注的重点。从联合国国际贸易法委员会、国际商会、世贸组织、欧盟、经合组织等国际组织,到美国、德国、英国等发达国家,以及大量渴望通过电子商务带动本国经济增长的新兴国家,都对电子商务的立法给予了重点关注,在不同范围不同程度上制订了电子商务法。截至目前,全球已有100 多个国家制订了电子商务相关立法,其中 71 个国家制订了以《电子商务法》或《电子交易法》命名的电子商务法,从全球范围来看,电子商务立法速度之快、范围之广,是其他领域的立法活动所无法企及的。

第一节　国际组织电子商务立法实践

互联网使得商务主体之间的距离被无限地缩短,商务交易的时间限制和空间限制得到突破,商务交易的范围从有限的区域性小市场走向全球化的大市场,公司和消费者之间、卖方和买方之间以及服务提供者和顾客之间的联系也变得更为直接。① 相对于传统商务而言,电子商务市场被深深地打上了全球化的烙印。为有效应对网络经济所带来的挑战,各国纷纷着手制订或修改相关法律以适应本国电子商务的发展。然而,电子商务实践是在

---

① Henry D. Gabriel. The Fear of the Unknown: the Need to Provide Special Procedural Protectins in International Electronic Commerce[J]. Loyola Law Review,2004,50(3):307 –331.

一个没有哪个国家为其量身定做法律的时代发展起来的。① 对于快速发展的电子商务实践,任何国家都难以单独制订国内法进行有效规范,无论是美国还是其他电子商务发达国家,都缺乏处理电子商务的综合性法律,因而借助国际组织的力量从国际层面率先着手,制订可供各国借鉴的国际性法律文件就成为既现实又明智的选择。② 为此,联合国国际贸易法委员会、欧盟、国际商会、经合组织、世界贸易组织等国际组织开始牵头从事国际性电子商务立法,这些国际组织在把握电子商务最新发展的基础上,充分利用自身优势制订出一系列国际公认的国际性法律文件,从而消除了电子商务运用上的障碍,为电子商务的广泛运用提供了法律确定性,并成为各国从事电子商务立法的模板。

一、联合国国际贸易法委员会

自 20 世纪 80 年代以来,联合国国际贸易法委员会就十分关注计算机技术和互联网商业应用对现有法律体系所带来的冲击,并致力于在该领域协调各国立场,避免因各国国内法的不同,构成对电子商务这一新兴贸易形式的障碍。1985 年,联合国国际贸易法委员会在其第 18 届年会上提出了题为《计算机记录的法律价值》的报告,报告首次明确了计算机技术在国际贸易运用中的主要法律障碍是关于"书面形式"、"签名"等法定要求。为了适应金融业务电子化的需要,并促进电子支付方式的规范化发展,联合国国际贸易法委员会于 1992 年首开先河,在其 1987 年推出的《电子资金划拨法律指南》的基础上,制订了《国际贷记划拨示范法》。紧接着,联合国国际贸易法委员会又进一步制订了《电子商务示范法》、《电子签名示范法》和《国际合同使用电子通信公约》,确立了技术中立原则、功能等同原则等一系列电子商务法的基本原则或规则,这些原则或规则成为世界各国立法机关制定本国电子商务立法的重要参考,为推动世界各国电子商务立法做出了突出的贡献。

---

① Amelia H. Boss. Electronic Commerce and the Symbiotic Relationship Between International and Domestic Law Reform[J]. Tulane Law Review,1998,72(6):1931-1984.

② Amelia H. Boss. The Evolution of Commercial Law Norms: Lessons to be Learned from Electronic Commerce[J]. Brooklyn Journal of International Law,2009,34(3):673-708.

（一）《电子商务示范法》

1996 年 12 月 16 日,联合国国际贸易法委员会制订的《电子商务示范法》在联合国第 51 次大会获得通过。联合国国际贸易法委员会在制定《电子商务示范法》的过程中认为应着重解决"无纸化"电子信息的法律地位问题,赋予电子信息以法律效力,从而为电子商务的发展提供确定性和可预测性。《电子商务示范法》旨在帮助各国加强电子商务方面的立法,作为帮助解释现行国际公约的参考资料,以清除电子合同适用的法律障碍,并提供促进现代技术和通信信息应用的程序和原则。

《电子商务示范法》分为两部分:第一部分涉及电子商务总的方面,第二部分涉及特定领域中的电子商务。目前,示范法的第二部分(特定领域中的电子商务)限于电子商务中的货物运输。《电子商务示范法》不适用于消费合同,但联合国国际贸易法委员会指出,采纳国可根据自身实际扩大《电子商务示范法》的范围,把商事领域之外的情况包括进去。

根据《电子商务示范法》,商事交易中的电子记录和电子签名不得仅仅以采用了电子形式为理由而否定其法律效力,要约和对要约的承诺可以通过数据电文的形式表达,对于使用了数据电文订立的合同,则不得仅仅以使用了数据电文为由而否认合同的有效性和可执行性。[①] 同时,该法明确承认了电子签名的有效性,只要该项签名"使用了一种方法,鉴定了该人的身份,表明该人认可了数据电文内含的信息",并且这种方法可以"从所有各种情况看来,包括根据任何相关协议,所用方法是可靠的,对生成或传递数据电文的目的来说也是适当的"。[②] 此外,《电子商务示范法》还对通过数据电文的归属,数据电文的留存,数据电文的可接受性和证据力,数据电文接收的确认,发送和接收数据电文的时间和地点作了规定。

《电子商务示范法》的制订确立了电子商务领域中的基本规则,对各国电子商务立法产生了深远的影响。截至目前为止,有 50 多个国家和地区在采纳和借鉴《电子商务示范法》的基础上完成了本国的电子商务立法,加拿大和美国等联邦制国家更是以《电子商务示范法》为基础完成了本国的《统

---

① See:UNCITRAL Model Law on Electronic Commerce. Article 11.
② See:UNCITRAL Model Law on Electronic Commerce. Article 7.

一电子交易法》和《统一电子商务法》供国内各州或各省的立法机构采纳。①

（二）《电子签名示范法》

随着电子商务实践的发展,数字签名等现代电子认证技术得到了普遍使用,为减少使用新技术而产生的法律效力上的不确定性,部分电子商务发达国家开始从事电子签名立法工作,但由于各自的立法理念不同,这些电子签名立法采用了不同的立法模式。如俄罗斯、马来西亚等国采取了"技术特定式"②的立法例;美国、澳大利亚等国采用了"技术中立式"③的立法例;欧盟、新加坡则采用了"折衷式"④的立法例。各国立法的分歧导致了电子签名在不同国家具有不同的法律地位,给实务界带来了很多的麻烦。而《电子商务示范法》仅是一套原则性的框架,对此也是无能为力,因此,联合国国际贸易法委员会顺应时事,开始着手从事电子签名立法工作,于2001年制订并通过了《电子签名示范法》。⑤

《电子签名示范法》的目的在于使交易各方能够或便利地使用电子签名,保证电子文件能获得与纸质文件同样的对待,排除国际贸易中使用电子媒介的障碍,为电子商务创造一个富于弹性的、开放式的规范体系。该示范法共12条,内容涉及适用范围、定义、签字技术的平等对待、符合签字要求、签字人的行为、验证服务提供商的行为、可信赖性、依赖方的行为、对外国证书和电子签字的承认等。《电子签名示范法》是国际上关于电子签名的最重要的立法文件,它是《电子商务示范法》的重要补充,有助于各国对现代化认证技术的规范和利用,对目前尚无该类立法的国家提供立法参考。

为了使电子签字在功能上等同于手写签字,《电子商务示范法》第7条已经作了原则性规定,《电子签字示范法》的主要变化是增加这些规定在操

---

① See: the Status of UNCITRAL Model Law on Electronic Commerce [EB/OL]. [2012-03-21]. http://www. uncitral. org/uncitral/en/uncitral_texts/electronic_commerce/1996Model_status. html.

② 技术特定式立法例只规定了数字签名的法律效力,对采用其他技术的电子签名的法律效力未作规定。

③ 技术中立式立法例规定只要符合一定的条件,电子签名即具有传统签名的法律效力,这些条件包括:能够识别签名人的身份并表明其认可所签署文件内容的意思;方法可靠并对生成或者传输数据电文的目的来说是适当的。

④ 折衷式立法例是技术中立式立法例与技术特定式立法例的折衷。

⑤ 《电子签名示范法》采用了折衷式立法例。

作上的确定性。①《电子签字示范法》第 6 条实际上承认了两类电子签名:一类是《电子商务示范法》第 7 条所述的电子签名,即可用以达到符合手写签名法律要求的任何方法。第二类是《电子签字示范法》提出的电子签名,即可能为国家机构、私人发证实体或当事各方本身承认符合示范法制订的技术可用性标准的电子签名方法,这类签字在实际使用电子签名技术之前,即具有确定性,因此也称"可靠"电子签名。

《电子签名示范法》在其立法指南中指出,其"建立在《电子商务示范法》第 7 条关于在电子环境中履行签字功能的基本原则基础之上",以"适度但却是重要的补充"提供"可用以衡量电子签名技术可靠性的实际标准"。②不过,由于《电子签名示范法》规定较《电子商务示范法》更为具体,因而关于电子签名可接受性的规则相对较为死板,灵活性略显不足,其实用性和可操作性不强。因此,与《电子商务示范法》获得广泛认同相比,各国对《电子签名示范法》的采纳并不积极。目前,共有包括中国、印度、卡塔尔在内的 18 个国家和地区在其电子商务立法中采纳了《电子签名示范法》。③

(三)《国际合同使用电子通信公约》

2005 年 11 月,联合国国际贸易法委员会制订的《国际合同使用电子通信公约》(以下简称《公约》)于第 60 届联大第六委员会上获得正式通过,并于 2006 年 1 月 16 日起开放签署。《公约》以《电子商务示范法》和《电子签名示范法》为基础,旨在消除国际合同使用电子通信的障碍,消除现有国际贸易法律文件在执行中可能产生的障碍,加强国际贸易合同的法律确定性和商业上的可预见性,促进国际贸易的稳定发展。《公约》旨在超越《电子商务示范法》和《电子签名示范法》,建立一个完整的电子商务交易法律框架。

《公约》主要规定了在商事交易中的电子记录和电子签名不得仅仅以其为电子形式为由而否定其法律效力;允许当事人排除本公约的适用,或变更其中任何一项规定的效力;规定了签名的法律要求、电子环境下当事人所在地的确定、发出和收到电子通信的时间和地点、自动电文系统在合同订立中

---

① Jennifer A. Puplava. Use and Enforceability of Electronic Contracting: The State of Uniform Legislation Attempting to Regulate E - Commerce Transactions[J]. Michigan State Journal of International Law, 2007,16:153 - 181.

② 参见联合国国际贸易法委员会 2001 年《电子签名示范法颁布指南》第 4 段。

③ See: the Status of UNCITRAL Model Law on Electronic Signature [EB/OL]. [2012 - 03 - 04]. http://www. uncitral. org/uncitral/en/uncitral_texts/electronic_commerce/2001Model_status. html.

的使用、形式要求，以及使电子通信和纸质文件达至功能等同的标准。此外，由于现行国际法律文书中存在妨碍电子商务发展的法律障碍，为避免对其他国际法律文件逐个修订，《公约》确立了电子通信的法律地位，即使电子通信可以满足其他国际法律文件的相关要求，如保证当事人利用电子协商缔结的合同，与纸质文本的合同具有相同的效力与约束力。

《公约》适用于《国际货物销售合同公约》等公约调整的国际商事交易，使传统国际商事公约与电子商务相结合，赋予传统国际商事公约以新的生命力。《电子商务示范法》和《电子签名示范法》是为协调各国国内法而制订的范本，而《公约》则是各国为"统一"法律而采用的国际文书。《公约》是联合国国际贸易法委员会根据《电子商务示范法》和《电子签名示范法》的基本原则制订的，是迄今为止联合国框架内制订的第一个电子商务全球性国际公约，也是世界范围内最为重要的一份电子商务法律文件。

二、欧盟

欧盟一直致力于在欧洲范围内建立统一的电子商务法律框架。为达此目标，欧盟委员会运用指令的形式确立了电子商务的调整框架，以此消除成员国现有法律对电子合同的障碍。许多指令受欧盟合同法政策的影响，这些政策致力于对消费者提供完善的保护，并且一致认为，"消费者保护法的大多数原理同样适用于电子商务的情形"。[①]

（一）《关于远程合同中消费者保护的指令》

1997 年，欧洲议会及欧盟理事会通过了《关于远程合同中消费者保护的指令》。该指令致力于为缔结远程销售[②]合同消费者提供制度保护[③]，旨在"使通过远程通信手段购买货物和服务的消费者的地位等同于在实体商店

---

① 　Jennifer A. Puplava. Use and Enforceability of Electronic Contracting：The State of Uniform Legislation Attempting to Regulate E – Commerce Transactions[J]. Michigan State Journal of International Law，2007，16：153 – 181.

② 　根据指令，"远程销售"是指通过远程通信技术在消费者和供应商之间签订关于购买商品和服务的合同。指令适用于消费者和供应商之间非面对面（包括电子商务）的情况下缔结的大多数合同，这些合同的缔结依赖于供应商运营的一项有组织的远程销售计划。

③ 　Jane K. Winn，Brian H. Bix. Diverging Perspectives on Electronic Contracting in the US and EU [J]. Cleveland State Law Review，2006，54：175 – 190.

购买商品和服务的消费者"。①

指令规定消费者在合同邀约时和交付前有权获得某些特定的信息,如供应商的身份,货物和服务的主要特点和价格,运输、支付方式和执行方式的安排;②书面凭证必须以消费者可掌握的可持久储存的媒介形式提供。同时,指令还规定必须给予消费者7个工作日的冷静期(即除某些例外,如已部分执行的服务或已被消费者打开使用的音像制品或电脑软件,消费者有权撤销交易),如果消费者行使撤销权,供应商有义务退还消费者已经支付的任何费用。③ 指令还要求各成员国应确保消费者收到不请自来的货物和服务时,无须承担支付义务。此外,为使相关保护消费者规则得到严格落实,该指令规定消费者"不能放弃由本指令转化的国内法授予的权利"。④

(二)《电子签名统一框架指令》

为了统一各成员国之间关于电子商务的法律,欧洲议会和欧盟理事会1999年11月通过了《电子签名统一框架指令》(以下简称《电子签名指令》)。该指令由15条和4个附件组成,建立了适合电子签名和认证服务的法律框架,推动了电子签名的应用并使其法律效力得到承认,并以此保证欧盟内部市场的正常运行。

《电子签名指令》对大多数以电子形式从事的交易予以认可,指令规定电子记录和签名不得仅仅因其电子形式而失去法律效力。该指令秉持技术中立原则,承认了各种电子签名的法律效力。根据《电子签名指令》,一项电子签名必须具备以下条件才有效:第一,必须是电子形式的数据;第二,必须依附于或与其他电子数据相关联;第三,能够起到身份鉴定和验证的作用。根据《电子签名指令》,一项签名被视为具有法律效力之前必须具有最低程度的安全性,为此,指令规定了三个层次的电子签名:简单电子签名、先进的电子签名和可靠的电子签名。先进的电子签名秉持技术中立原则,主要指的是基于公共密钥系统的电子签名,这种签名使用密码技术,要求签名须同时使用公钥和私钥。该种签名被视为能够满足签名的法律要求,并且可作

---

① Jane K. Winn, Brian H. Bix. Diverging Perspectives on Electronic Contracting in the US and EU [J]. Cleveland State Law Review, 2006, 54:175 – 190.

② Distance Selling Directive. Art. 4(1).

③ Distance Selling Directive. Art. 6(1).

④ Distance Selling Directive. Art. 12(1).

为法庭接受的证据。而可靠电子签名是指以合格证书为基础的一种高级电子签名形式,合格证书必须由认证机构以严谨的身份确认程序签发。可靠电子签名必须透过用于产生签名的安全设备而创造,是按照国际认可的标准,可以有效防止签名被冒用。此外,为加强对认证服务的管理,指令还要求各成员国对认证服务提供者加强监管,并取消其他成员国向境内提供认证服务的限制。

不过,值得注意的是,欧盟内部市场中电子签名的使用情况并不尽如人意。2003 年,欧共体委员会发表的一份报告披露,私人当事人之间几乎不使用电子签名作为认证方式。欧共体委员会 2006 年 3 月 17 日发表的另一份报告中,也指出了欧洲电子商务中很少使用先进的电子签名。该份报告指出,先进或可靠电子签名正在被"缓慢的接受",但其他更为简单的电子签名的运用则更为普遍。[1] 委员会认为电子签名没有得到快速发展的原因主要是:PKI 技术的复杂性;指令没有规定认证服务提供者为终端用户提供电子签名认证服务的标准;指令没有规定认证服务提供者之间的相互认可;以及在国内和跨国层面缺少技术的互通性。[2]

(三)《关于内部市场中与电子商务有关的若干法律问题的指令》

2000 年 6 月 8 日,欧洲议会及欧盟理事会制订了《关于内部市场中与电子商务有关的若干法律问题的指令》(以下简称《电子商务指令》)。该指令并不直接影响各成员国国内现有普通合同法的适用,只要欧盟成员国将指令的内容纳入国内法,无需当事人同意,对当事人就具有拘束力。该指令旨在"为国内市场跨境网上服务清除障碍,为企业和消费者提供法律确定

① Commission of the European Communities. Report on the operation of Directive 1999/93/EC on a Community framework for electronic signatures [EB/OL]. (2006 – 03 – 15)[2011 – 11 – 04]. http://ec. europa. eu/information_society/eeurope/i2010/docs/single_info_space/com_electronic_signatures_report_en. pdf.

② Commission of the European Communities. Report on the operation of Directive 1999/93/EC on a Community framework for electronic signatures [EB/OL]. (2006 – 03 – 15)[2011 – 11 – 04]. http://ec. europa. eu/information_society/eeurope/i2010/docs/single_info_space/com_electronic_signatures_report_en. pdf.

性"。① 根据该指令,所有网上货物销售人应向对方当事人提供交易相关的信息,这些信息包括:缔结合同需要遵循的各种技术步骤;服务提供者是否需要对所缔结的合同备案以及是否可以获得相关信息;在发出订单之前可用于确认和更正输入错误的技术手段;缔结合同所使用的语言。指令要求各成员国应当确保其国内法律体系允许通过电子手段缔结合同,但各成员国可以决定特定类型的合同作为例外。

根据《电子商务指令》,一项交易的销售方有义务对服务接受者发出的定单进行收讫确认,这项确认必须通过电子手段,且不得有不合理的延误;有义务在服务接受者发出订单之前为服务接受者提供合适、有效以及可行的技术手段来识别或更正输入错误。此外,根据指令,向服务接受者提供的合同条款以及一般条件"应当以能够被接受者存储或复制的方式作出"。②

不过,遗憾的是,《电子商务指令》没有对电子环境下签名和书面要求做出规定,③未能成为一部综合性的电子缔约法典,在统一欧盟内部合同法方面未能取得大的成就。④

(四)《关于在个人数据处理过程中保护当事人及此类数据自由流通的指令》

1995 年 10 月,欧洲议会和欧盟理事会颁布了《关于在个人数据处理过程中保护当事人及此类数据自由流通的指令》(简称《数据保护指令》)。《数据保护指令》是欧盟数据保护战略的核心,旨在使成员国接受与个人数据有关的保护隐私和个人自由的共同标准的同时,避免个人数据在成员国之间流动时遭到不当干扰。⑤《数据保护指令》确立了数据管理的一般原则,这些原则包括,数据必须公平合法地拥有;必须是为专门、明确和合法的目的而收集数据;不能用与这些目的不符的方法进行再加工处理数据。但是,对于为了历史的、统计的和科学的目的而对数据进行再加工处理,且成员国

---

① First Report on the Application of Directive 2000/31/EC of the European Parliament and of the Council of 8 June 2000 on Certain Legal Aspects of Information Society Services, in Particular Electronic Commerce, in the Internal Market [EB/OL]. (2003 – 07 – 02) [2011 – 11 – 01].

http://eurlex. europa. eu/LexUriServ/site/en/com/2003/com2003_0702en01. doc.

② See:Directive 2000/31/EC. Art. 10(3).

③ 签名和书面要求是电子商务立法关注的主要问题。

④ Jane K. Winn & Jens Haubold. Electronic Promises:Contract Law Reform and E – Commerce in a Comparative Perspective[J]. European Law Review,2002,27(5):567 – 588.

⑤ 任晓玲. 个人数据保护立法推动技术创新——欧盟拟修订《数据保护指令》[J]. 中国发明与专利,2011,(1):1.

能够提供适当的安全措施,可不视为与前述目的不符。①

《数据保护指令》禁止个人信息从欧盟流向到欧盟以外的国家,除非欧盟以外的国家具有与欧盟一样完善的数据保护法律。不过,欧盟发现美国没有也不太可能及时制定强有力的数据保护法时,马上改变了立场,经与美国商务部门谈判后,于2000年12月与美国签订了"安全港协议"。② 该协议用于调整美国企业出口以及处理欧洲公民的个人数据(例如名字和住址)。该协议不同于美国跟欧洲之间的传统商业过程,是响应欧洲的意图而建立的折衷政策。安全港协议要求:收集个人数据的企业必须通知个人其数据被收集,并告知他们将对数据所进行的处理,企业必须得到允许才能把信息传递给第三方,必须允许个人访问被收集的数据,并保证数据的真实性和安全性以及采取措施保证这些条款得到遵从。

为了更好地反映因网络技术发展引起的个人数据保护方面的新变化,欧盟委员会日前发布了题为《欧盟个人数据保护综合方案》的报告,拟对1995年欧盟《数据保护指令》进行修订。根据报告的要求,自2009年起,欧盟委员会开始对1995年欧盟《数据保护指令》进行重新审视,对一些新的个人数据保护规则的确定进行酝酿,其中包括网络用户的"被遗忘权",也即用户可要求网站删除有关本人行为或言论的记录以及其他个人信息。③ 欧盟委员会将在进一步磋商后,向欧洲议会和欧盟理事会正式提交有关数据保护法律框架的一揽子建议。④

(五)《关于在电子通信领域个人数据处理及保护隐私权的指令》

2002年7月,欧洲议会和欧盟理事会颁布了《关于在电子通信领域个人数据处理及保护隐私权的指令》(以下简称《电子隐私权指令》),2004年4月起在欧盟成员国生效施行。该指令是欧盟基于电子商务及互联网发展现

---

① 参见欧盟《数据保护指令》第13条。

② 安全港是指某一特定的在线服务商应公布产业的网络隐私保护的行为指引,该指引由联邦贸易委员会通过后,即成为个人隐私信息的"安全港",网络服务商只要遵守该指引,就可以被认为遵守了保护个人数据的有关要求。

③ 此外,欧盟还准备根据数据保护战略对网络企业施加更加透明化的要求,即从网络平台辨别和加强信息获取到个人信息条款签署内容,以及网站获准处理和利用个人数据的过程,所有步骤都应更加透明化。

④ 任晓玲. 个人数据保护立法推动技术创新——欧盟拟修订《数据保护指令》[J]. 中国发明与专利,2011,(1):1.

状而制订的旨在规范电子商务消费者隐私权保护的立法。① 指令的主要内容包括:

1.禁止向消费者发送非需求促销信息。出于对消费者的保护,《电子隐私权指令》第13条第2款规定,除非获得消费者使用其通信地址接收促销性信息的"事先同意",服务商不得通过传真、自动语音电话、电子邮件或手机短信等方式向消费者发送任何促销性信息。对于何谓消费者的"事先同意",指令第17条予以了进一步的明确,即消费者"明确且特别说明的关于接受该类信息的愿望"。②

2.对 cookies 的使用设置了条件。《电子隐私权指令》承认了 cookies 使用的合法权,但同时也为服务商及其网站使用 cookies 记录的消费者信息设定了相应条件。为此,服务提供商应向用户提供"清楚和全面的信息",同时应当告知用户其使用 cookies 的原因以及在用户终端存储的信息内容。此外,《电子隐私权指令》序言第25条明确指出,服务商必须向用户提供拒绝接受 cookies 的手段,以使用户可以通过该手段拒绝接受 cookies 功能,为保证用户行使这一权利,这种手段对用户而言应当是简便易行的。

3.用户使用记录保存的限制。《电子隐私权指令》第6条规定,当服务商保存用户使用信息的目的是为了向用户发出通信记录时,那么,只要该记录单向用户发出并由用户所收悉后,用户的使用信息应立即被删除或使之无法表明用户身份。③

4.用户地理位置信息的限制使用。《电子隐私权指令》第9条规定,有关用户地理位置信息只有在获得用户事先明示同意的前提下才能被使用,这种使用只限于向用户提供增值订阅服务,如提供使用记录、旅游信息以及天气预报等。指令同时规定,在获得用户明示同意之前,服务商应当向用户

---

① 欧盟关于个人数据处理及保护的立法[EB/OL]. (2007 - 03 - 08)[2011 - 12 - 15]. http://book. sina. com. cn/books/2007 - 03 - 08/2117211648. shtml.

② 根据指令的规定,如果消费者访问服务商网站时在相关信息订阅栏中点击了同意并留下通信地址,这类行为应当构成了消费者的明示同意。但是,哪些因素构成了消费者"事先同意"的条件,指令并没有做出统一的规定,而是将这些具体的要求留给各成员国的国内立法来解决。

③ 但是用于向用户结算的使用记录可以作为例外,可以一直保存到成员国法律规定的费用结算异议投诉期满后再予以删除。此外,《电子隐私权指令》还规定,用于促销目的的用户使用记录需获得用户的事先同意,在向用户提供促销信息后,即使用户同意服务商也应当将用户的使用记录删除,不得继续保存。

明确说明哪些地理位置信息将被使用、以何种方式使用、使用的时间以及用户是否需要向第三方提供同样的地理位置信息以获得相关的订阅服务内容。① 此外,指令还规定,在事先同意的情况下,用户仍可以在任何时间撤回其关于提供其地理位置信息的同意,服务商为用户设计的、用于其撤回同意的机制和手段应尽量简单易于操作,且不应向用户收取任何相关费用。

（六）欧盟与电子商务相关的其他指令

电子货币的发行与应用带来了许多重要的政策法律问题,为此,欧盟于2000 年 9 月 18 日发布了两个有关电子货币机构监管的指令:《关于电子货币机构业务开办、经营与审慎监管的指令》(2000/46/EC)和《修改〈关于信用机构业务开办与经营的指令〉的指令》(2000/28/EC),这两个欧盟指令为信用机构发行电子货币建立了一个全面的协调管制框架,标志着欧盟在电子货币监管立法方面迈出了重要的步伐。② 2009 年 9 月 16 日,欧盟委员会通过了《关于电子货币机构业务开办、经营和审慎监管的指令》(2009/110/EC),该指令在原有电子货币机构监管规范的基础上进行了调整和补充,为电子货币发行及应用建立了一个更为全面而有效的法律监管框架。③

为了使增值税发票可以电子方式发送,欧盟委员会于 2001 年制订了《增值税电子发票指令》。根据该指令,只要发票原件的真实性及其内容的完整性能够得到确保,并且消费者同意的情况下,可以通过电子方式发送发票,这些保证可以通过使用先进的电子签名技术等方式获得。④

2002 年欧盟通过《电子商务增值税指令》,从而使欧盟成为世界上第一个对电子商务征收增值税的地区。电子商务增值税的开征旨在消除现行增值税体系对欧盟企业的不利影响。⑤ 指令规定以商品购买者或劳务接受者

---

① 欧盟关于个人数据处理及保护的立法[EB/OL]. (2007 - 03 - 08)[2011 - 12 - 15]. http://book. sina. com. cn/books/2007 - 03 - 08/2117211648. shtml.

② 余素梅. 欧盟电子货币机构监管指令述评[J]. 法学评论,2005,(2):128 - 133.

③ 杨娟,彭韵程. 欧盟电子货币机构审慎监管的经验及对我国的启示[J]. 华北金融,2010 (10):48 - 50.

④ Jennifer A. Puplava. Use and Enforceability of Electronic Contracting: The State of Uniform Legislation Attempting to Regulate E - Commerce Transactions[J]. Michigan State Journal of International Law, 2007,16:153 - 181.

⑤ Jennifer A. Puplava. Use and Enforceability of Electronic Contracting: The State of Uniform Legislation Attempting to Regulate E - Commerce Transactions[J]. Michigan State Journal of International Law, 2007,16:153 - 181.

的所在地作为电子商务的收入来源地,由收入来源国征税。因此,根据该指令,欧盟企业在欧盟之外取得的电子商务收入不必缴纳增值税了,但非欧盟企业需要就其在欧盟获取的电子商务收入缴纳增值税。

2004 年,欧盟委员会制订了《公共采购指令》,鼓励成员国通过使用电子采购和动态采购系统使采购程序现代化,目的在于确保欧盟境内采购程序的透明和平等。指令同时还规定,经营水、能源、交通和邮政服务部门的实体在采购程序中可以使用电子签名。

2007 年欧盟制订了《支付服务指令》,指令明确将电子支付纳入调整范围,对支付机构许可的申请、最低资本及责任分配等做了规定。

欧盟制订的与电子商务相关的指令还有:《不公平商业实践指令》、《知识产权指令》、《消费者信贷指令》、《报价旅行指令》、《分时度假指令》、《消费者权利指令》。此外,欧盟委员会还大力推行标准合同条款,当个人数据从欧盟内部向其他国家转移时,这些标准合同条款的使用可为商事活动提供充分的保障。

三、欧洲委员会

2001 年 11 月,欧洲委员会(Council of Europe)①制订了《网络犯罪公约》(Cyber – crime Convention),该公约 2004 年 7 月 1 日生效,目前有包括美国在内的 30 个国家批准了该公约,是全世界第一部针对网络犯罪行为所制订的国际公约。《网络犯罪公约》制订的目标之一是期望使国际间对于网络犯罪的立法有一致共同的参考标的,也希望国际间在进行网络犯罪侦查时有一个国际公约予以支持,而得以有效进行国际合作。②

《网络犯罪公约》除序言外,共四章 48 条。序言对《网络犯罪公约》的功能、目标作了说明。第一章为术语的使用,即是对网络犯罪涉及的术语,包

---

① 欧洲委员会是由爱尔兰、比利时、丹麦、法国、荷兰、卢森堡、挪威、瑞典、意大利和英国等 10 国通过 1949 年 5 月 5 日在伦敦签订《欧洲委员会法规》所成立的国际组织,现已扩大到整个欧洲范围,共有 47 个成员国,5 个部长委员会观察员国(梵蒂冈、加拿大、美国、日本和墨西哥)以及 3 个议会观察员国(加拿大、墨西哥和以色列)。需要注意的是,在英语语言中,国际组织"欧洲委员会"(Council of Europe)与欧盟各国部长组成的"欧盟理事会"(Council of the European Union)和"欧州理事会"(Europe Council)比较接近,应避免混淆。
② Convention on Cybercrime[EB/OL]. (2001 – 11 – 23)[2012 – 04 – 07].
http://conventions.coe. int/Treaty/EN/Treaties/Html/185. htm.

括电脑系统（computer system）、电脑资料（computer data）、服务提供者（service provider）与电信资料（traffic data）等作了明确的界定。第二章为国家层面上的措施，包括有刑事实体法、刑事程序法和管辖权三个部分，其目为要求各签约国于各国国内应采取的措施，且在程序法部分规定了有关电子证据调查的特殊程序法制度。《网络犯罪公约》要求签署国对九类网络犯罪行为立法明定为犯罪行为并应予处罚，这九类犯罪行为是：非法存取、非法截取、资料干扰、系统干扰、设备滥用、伪造电脑资料、儿童色情犯罪、侵犯著作权及相关权利的行为。第三章为国际合作，包括一般原则和特殊规定两个部分，在一般原则中包含规范引渡及相互合作等相关问题，而特殊规定则系有关电脑证据取得的问题，签约国应建立能够实现全天候联络合作机制的网络，各国也要对相关人员加强培训，并配备必要的设施以配合各国合作事项的进行。第四章为最后条款，主要规定《网络犯罪公约》的签署、生效、加入、区域应用、公约的效力、声明、联邦条款、保留、保留的法律地位和撤回、修订、争端处理、缔约方大会、公约的退出和通告等事项。

四、国际商会

国际商会（International Chamber of Commerce，ICC）一直以来对电子商务的发展保持着高度的关注，对联合国国际贸易法委员会从事的电子商务立法工作给予了大力的支持，自身也在电子商务立法方面做了非常多的努力，取得了相当丰硕的成果。1997 年 11 月国际商会发布了《国际数字签署商务通则》（General Usage for International Digitally Ensured Commerce，GUIDEC），该通则被视为是第一部真正意义上的国际性电子商务自律性规范。该通则试图对不同法律体系的具体规则进行协调，为电子商务提供指导性政策。2004 年 10 月，国际商会制订了《电子商务术语》和《电子缔约指南》，为电子商务交易当事人度身定做了两个易于纳入合同中的简短条款以供当事人采纳。2007 年国际商会根据修订后的《跟单信用证统一惯例》（UCP600）制订了《跟单信用证统一惯例电子提示补充规则》（eUCP600）。为使贸易术语适应交易中使用电子信息的情况逐渐增多的现状，国际商会 2010 年公布了《国际贸易术语解释通则》，对电子程序的运用作了更为明确的规定。

（一）《电子商务术语》

为了应对新技术的挑战和由此带来的机遇，2004 年 10 月 22 日，国际商会向工商界推出《电子商务术语》(eTerms 2004)。这些术语可以在目前以电子手段订约的商业机构之间使用。它们提供了表达电子订约愿望的必要手段,同时也提供了指明某些必要的标准以确定电子订约何时生效的能力。这些术语并未考虑适用于商业机构对消费者的合同,如果适用于合同事由的法律不允许电子订约,则这些术语并不一定赋予电子订约的能力。①

为了提高以电子方式订立合同的法律确定性,《电子商务术语》为当事人提供了两个易于纳入合同的简短条款,这两个条款可供当事人在订立合同时予以采纳。②

1.电子商务协议。当事人可以约定,电文的使用可以在当事人之间产生有效的和可执行的权利和义务;在适用法律允许的情况下,如果收件人明示或默示地指定了电文的发送地址和格式,则应将电文作为证据采用;不得仅仅以使用了电子方式为由而对当事人之间的任何通信或协议的有效性提出质疑。

2.电子商务协议发出和收到的确定。《电子商务术语》规定,电子商务协议的发出和收到按照以下方式确定:

(1)电文进入发送人控制范围之外的信息系统即视为已经发出或发送;进入收件人指定的信息系统就应当视为收到。

(2)如果电文发送到收件人指定范围之外的信息系统,则该电文在被收件人注意时即应当视为收到。

(3)以发送人设有营业地的地点视为电文发出或发送的地点,以收件人设有营业地的地点视为电文的收到地点。

(二)《电子订约指南》

为了实施《电子商务术语》,国际商会同时又制订了《电子订约指南》(以下简称《指南》)。根据《指南》,当事人必须明确告知仲裁员和法官其同意《术语》的基本原则,并且表明这一意图的责任完全由当事人承担。订约方可以采取以下三种方式表明其同意《术语》的意图。③

1.若当事人之间习惯于通过电子方式订约,且对相关电子订约的法律

---

① 何其生.统一合同法的新发展:《国际合同使用电子通信公约》评述[M].北京:北京大学出版社,2007:23.
② 何其生.统一合同法的新发展:《国际合同使用电子通信公约》评述[M].北京:北京大学出版社,2007:22.
③ 何其生.统一合同法的新发展:《国际合同使用电子通信公约》评述[M].北京:北京大学出版社,2007:24.

放心,只需要在适用强制性法律规则允许的范围内以提及的方式将《术语》纳入其经由电子邮件或其他网络通信手段达成的任何协议之中;

2. 若当事人对电子订约的效力不放心,可以签署并交换纸质《术语》,以此表明当事人适用《术语》的合同种类和《术语》的适用期限;

3. 当事人还可以通过电文交换来表明其对《术语》的同意,之后再通过电子手段订约。

对于《术语》的法律效力,《指南》特别指出,当事人作出约定的情况下,《术语》的效力依然受到订约自由这一基本原则的保护。同时,《指南》还就《术语》的局限性作了说明,《指南》认为,《术语》的目的是提供一套统一的术语,便利各方当事人以电子方式订约,以避免出现一方当事人事后以合同的电子性为由提出合同无效而产生的风险。但是,《术语》也具有明显的局限性,即这些术语本身并不构成当事人之间的合同,而仅仅是阐明了根据销售货物或提供服务等安排当事人之间已经存在的实体权利和义务,《术语》也没有解决订立合同方面可能出现的其他各种问题。

此外,《指南》还对其他一些内容作出了规定,诸如谁代表你订约,其中包括三个相关的问题,即公司内部谁将负责电子订约、电子系统能否使公司受到合同的约束、摁错按钮(即一方当事人在订约过程中出了差错)会发生什么情况;你的订约方是谁(即提醒内部管理人员和雇员注意辨明似乎在与其进行通信的对方当事人);如何编制合同;技术规格;保密;技术故障和风险管理等内容。①

(三)《跟单信用证统一惯例电子提示补充规则》

随着电子商务迅速普及,在国际贸易中使用网络传递信用证和提示单据已成为国际潮流。为适应新的贸易模式,规范电子信用证交易,国际商会于 2002 年在 UCP500 的基础上,制订了《跟单信用证统一惯例电子提示补充规则》(eUCP500)。2007 年为了配合 UCP600 的实施,国际商会又制订了eUCP600,与 UCP600 共同适用于信用证交易。

eUCP 的实施架起了 UCP 使用书面文件提示与电子提示程序间的桥梁,开启了电子信用证交易的时代。② eUCP 共有 12 个条款,主要包括适用范

① 何其生. 统一合同法的新发展:《国际合同使用电子通信公约》评述[M]. 北京:北京大学出版社,2007:24.
② 姚新超. 国际结算:实务与操作[M]. 北京:对外经济贸易大学出版社,2008:261.

围、eUCP 与 UCP 的关系、定义、格式、提示或交单、单据的审查、拒绝的通知、文件的正本与副本、签发日期、货物运输、电子记录提示后的损毁、责任豁免。对于其法律定位,eUCP 明确指出,eUCP 是对 UCP 的补充,如果一份信用证受 eUCP 规范,也须同时受 UCP 规范;如果采用电子化单据方式提示,只有在 eUCP 与 UCP 的规定发生矛盾时,eUCP 才具有优于 UCP 的效力。在传统书面单据提示的情况下,如果没有另外规定,单据应当以"同时提示"的方式向银行提示;在电子提示的情况下,电子单据的发送者可能是来自受益人之外的承运人或保险公司,它们分别将电子单据发送给银行,也可能是由受益人或其委托人同时将全部电子单据发送给银行。

(四)《2010 年国际贸易术语解释通则》

考虑到国际商事实践的不断发展,国际商会历时三年,从各国家委员会征集上百条意见,制定完成了新版的《2010 年国际贸易术语解释通则》(以下简称《2010 年通则》)。《2010 年通则》已于 2010 年 9 月发布,并于 2011 年 1 月 1 日正式实施。

《2010 年通则》进一步加强了电子程序的使用。虽然《1990 通则》和《2000 通则》也可以适用于电子文件,但《2010 通则》在此基础上更进一步,只要缔约双方同意或存在交易惯例,在各种贸易术语的 A1/B1 条中都赋予电子方式的通信和纸质通信相同的效力。这一规定使国际贸易中使用电子程序更为便利,有利于提高国际贸易的效率。

五、世界贸易组织

1996 年 12 月,世界贸易组织在新加坡召开的第一届部长级会议上正式将电子商务纳入会议日程,此次会议通过了《关于信息技术产品贸易的部长宣言》。《宣言》1997 年 3 月正式生效,由正文和附件(关税减让模式及关于产品范围的两个附表)两个部分组成。[①] 该《宣言》以及各会议参加方提交的信息技术产品关税减让表共同形成了《信息技术协议》。《协议》的核心内容是要求各国在 2000 年 1 月 1 日前必须取消部分信息技术产品的关税及其他税费,部分发展中国家可将减税实施的日期延长到 2005 年 1 月 1 日。1997 年 2 月,世界贸易组织又达成了《关于电信服务的附件》,该《附件》的中心条

---

① 孙占利. WTO 电子商务议题工作评介[J]. 世界贸易组织动态与研究,2005,(9):32 - 36.

款就是有关对公共电信传输网络及服务的接入和使用。①

　　1998年3月,世界贸易组织发布了题为《电子商务和WTO的作用》的报告,报告强调电子商务为世界各国尤其是发展中国家带来了巨大的发展潜力和机遇,但是要将这一潜力和机遇变为现实,则需要世界贸易组织为电子商务制定一套必要的法律和政策框架,同时各成员国要对市场准入、电信基础设施、交易安全、隐私权保护、知识产权保护、税收和贸易促进等方面给予足够的重视。

　　世界贸易组织1998年5月在日内瓦召开的第二次部长级会议上通过了《全球电子商务宣言》,《宣言》敦促总理事会制定一个"考察所有与电子商务贸易相关贸易问题的全面性工作计划",并确认:各成员国至少在1999年下一次部长级会议召开之前,维持对电子商务免征关税的现有做法。随后,在1998年9月召开的特别会议上,总理事会制订了上述有关电子商务的工作计划,并确定由货物贸易理事会、服务贸易理事会、与贸易有关的知识产权理事会以及贸易和发展委员会等WTO机构分别执行。每个机构都应在各自职责范围内考察与电子商务相关的问题,并在1999年7月30日之前提交有关其工作计划的报告或信息。②但是,令人遗憾的是,在1999年西雅图部长会议上,由于部分发达国家极力主张将劳工标准、环境标准等内容纳入WTO新一轮谈判议题,引发了发展中国家的不满,导致部长会议产生了巨大分歧,最终使这次部长会议不欢而散,原定的电子商务议题也不得不被迫搁浅,一直到2001年11月的多哈会议召开才重新启动议题。③

　　2001年11月9日至14日,世界贸易组织第四届部长级会议在卡塔尔首都多哈举行,会议于11月14日通过了《多哈部长级会议宣言》。《宣言》指出:"我们注意到总理事会和其他有关机构自1998年部长级会议召开以来所做的工作,同意继续进行该电子商务工作计划。目前的工作表明电子商务对处于不同发展阶段的成员方都带来了新挑战和新机遇,我们认识到创造一个有利于电子商务未来发展的环境具有非常重要的意义。我们敦促

_____

① 孙占利. WTO 电子商务议题工作评介[J]. 世界贸易组织动态与研究,2005,(9):32-36.
② 刘志云. WTO 规则与电子商务的发展[M]//张平. 网络法律评论. 北京:北京大学出版社,2003.
③ 刘志云. WTO 规则与电子商务的发展[M]//张平. 网络法律评论. 北京:北京大学出版社,2003.

总理事会考虑以最适宜的方式处理工作计划的机构安排,并将进一步的发展情况向第五届部长级会议报告。各成员方在第五届部长级会议召开前维持目前国内对电子传输免征关税的做法。"①

多哈部长宣言发布之后,总理事会同意对交叉(cross – cutting)问题②进行重点讨论。2003 年,在总理事会的主持下进行了多次关于电子商务议题的讨论。③ 讨论虽然取得了一定的成果,但是参与讨论的各方认为仍有很多问题的审查并未结束,为阐明这些问题还需要进一步开展工作。④

2005 年 12 月 13 日到 18 日,WTO 第六届部长级会议在香港召开,并于 18 日通过了《部长宣言》。《宣言》指出:"我们注意到总理事会及其附属有关机构关于电子商务工作计划的报告,并注意到工作计划审查的一些问题还未完成。我们同意进一步加强该项工作,包括工作计划中与发展相关的问题、贸易待遇的讨论以及软件的电子传输。我们同意保持目前为完成工作计划所作的制度安排。各成员方将在下次部长级会议召开前维持目前对电子传输免于征收关税的实践"。⑤

六、经济合作与发展组织

1997 年 11 月,经济合作与发展组织(OECD)发起召开了以"为全球电子商务扫清障碍"为主题的国际会议,发表了题为《克服全球电子商务障碍》的文件。会议就电子商务提供的机遇及其对面临的问题进行了广泛的讨论,并对这些问题提出了解决的方案。此次会议同时还通过了《加密政策指南》,针对加密技术的使用,提出了指导各成员国制订其国内立法与政策的原则。⑥ 1998 年 10 月,OECD 在加拿大渥太华召开了国际上第一个以电子商务为核心议题的部长级会议,此次会议的主题为"一个无国界世界,发挥

---

① DOHA WTO MINISTERIAL. Ministerial declaration[EB/OL]. (2001 – 11 – 14)[2011 – 10 – 07]. http://www.wto.org/english/thewto_e/minist_e/min01_e/mindecl_e.htmJHJelectronic.

② 例如潜在的关联贯穿(cut across)不同多边体制协议的一些问题。

③ 重点讨论的问题包括:特定电子传输内容的分类、有关发展问题、电子商务的财政意义、电子商务与传统商务形式的关系及可能的替代影响、对电子商务进口税的征收、竞争、司法管辖权和法律适用以及其他相关法律问题。

④ 孙占利. WTO 电子商务议题工作评介[J]. 世界贸易组织动态与研究,2005,(9):32 – 36.

⑤ DOHA WORK PROGRAMME Ministerial Declaration[EB/OL]. (2005 – 11 – 18)[2011 – 10 – 07]. http://www.wto.org/english/thewto_e/minist_e/min05_e/final_text_e.htmJHJecom.

⑥ 李琪. 电子商务概论[M]. 北京:高等教育出版社,2009:79.

全球电子商务潜力",会议公布了《OECD电子商务行动计划》《有关国际组织和地区组织的报告:电子商务的活动和计划》《工商界全球商务行动计划》《全球网络保护个人隐私宣言》《关于电子商务身份认证的宣言》《关于在电子商务条件下保护消费者的宣言》以及《电子商务:税务政策框架条件》等一系列文件和报告。

《OECD电子商务行动计划》明确指出电子商务提出了许多需要政府干预的重要公共政策问题,并要求政府在某些问题上采取"放手"政策。政府干预在以下几个方面是需要的,例如知识产权保护、税务和消除壁垒,以及鼓励建设基础设施上的公平竞争等。但是在个人隐私和有害内容等问题上,计划指出,商业界的解决方案,例如自律和技术工具等,比以立法方式建立电子商务的信任更加有利和有效。①《有关国际组织和地区组织的报告:电子商务的活动和计划》是以一大批国际和地区性组织根据各自的职责提供的材料为依据的,是这些组织已经完成、正在进行和建议进行的各项工作的首次汇总。②《工商界全球商务行动计划》提出:电子商务的发展应当由私营部门根据市场实际情况加以引导;各国政府承认和支持私营部门发挥这项作用;工商界应当继续开展自律和技术创新以便依法强化用户的权限;政府和工商界都要制定适当的规则;应当在一个公开和竞争的环境下遵循推动电子商务与推动电信、信息技术和多媒体产业相互融合的政策。③

《在全球网络上保护个人隐私宣言》则进一步重申了会议对全球网络上有效保护个人隐私权的承诺,确认了会议采取必要措施达此目的的决心,认识到与工商界合作的必要性,OECD应当对各国实施OECD有关保护个人隐私的指导方针提供实用的指导。《关于在电子商务条件下保护消费者的宣言》认为,各国政府部门、工商界、消费者及其代表必须继续保持合作以确保

---

① 经济合作与发展组织:全球电子商务行动计划[EB/OL].[2011 - 10 - 20].
http://www.cia.org.cn/gjxxhwx/gjxxhwx_index_41.htm.
② 经济合作与发展组织(OECD)《全球电子商务行动计划》[EB/OL].(1998 - 03 - 06)
[2011 - 10 - 15] http://www.diyifanwen.com/fanwen/fanwenzhuanti/jingji/20070101115853526.htm.
③ 经济合作与发展组织(OECD)《全球电子商务行动计划》[EB/OL].(1998 - 03 - 06)
[2011 - 10 - 15] http://www.diyifanwen.com/fanwen/fanwenzhuanti/jingji/20070101115853526.htm.

消费者权益能获得透明而有效的保护。① 《关于电子商务身份认证的宣言》明确了身份认证对电子商务的重要性，列举了一系列促进身份认证技术和机制开发和使用的行动，其中也包括与工商界和用户代表一道继续在国际层面开展工作；《电子商务：税务政策框架条件》确立了应用于电子商务的税务原则，概述了一个税务政策框架公认的条件，并支持继续推进报告中所述工作的建议。②

1999 年 12 月 9 日，经济合作与发展组织发布了《电子商务消费者保护准则》(OECD Guidelines for Consumer Protection in the Context of Electronic Commerce)，《准则》提出了保护消费者的三大原则，即确保消费者网上购物所受保护不低于传统购物方式；消除消费者网上交易的不确定性；在不妨碍电子商务发展的前提下建立和发展网上消费者的保护机制。③ 同时，《准则》还提出了保护消费者的七个目标：广告宣传、市场经营和交易应信守公平、诚实、信用；保障消费者网上交易的知情权；网上交易应有必要的认证；网上经营者应使消费者知晓付款的安全保障；应有对纠纷行之有效的解决和救济途径和方法；保护消费者的隐私；向消费者普及和宣传电子商务和保护消费者的法律常识。④

2003 年 6 月，OECD 颁布了《在跨国界特别是因特网商务欺骗和欺诈行为中保护消费者指南》(OECD Guidelines for Protecting Consumers from Fraudulent and Deceptive Commercial Practices Across Borders, Particularly on the Internet)。指南主要内容包括：范围和定义；打击跨境欺骗和欺诈的国内实践；国际合作的原则；通知、信息共享、协助调查和保密；消费者保护执行机构的

① 经济合作与发展组织(OECD)《全球电子商务行动计划》[EB/OL]. (1998 - 03 - 06)[2011 - 10 - 20]. http://www. diyifanwen. com/fanwen/fanwenzhuanti/jingji/20070101115853526. htm.

② 经济合作与发展组织(OECD)《全球电子商务行动计划》[EB/OL]. (1998 - 03 - 06)[2011 - 10 - 20]. http://www. diyifanwen. com/fanwen/fanwenzhuanti/jingji/20070101115853526. htm.

③ OECD Guidelines for Consumer Protection in the Context of Electronic Commerce[EB/OL]. [2011 - 10 - 20]. http://www. oecd. org/document/51/0,2340,fr_2649_34267_1824435_1_1_1_1,00. html.

④ 李顺德. 电子商务立法与知识产权保护[EB/OL]. (2006 - 11 - 24)[2011 - 11 - 15]. http://www. iolaw. org. cn/showArticle. asp? id = 178.

职权;消费者救济和邀请私营部门合作。①

七、其他国际组织

(一)亚太经济合作组织

为有效消除成员国之间的"数字鸿沟",加强成员国之间在电子商务领域的协调与合作,实现亚太地区的共同繁荣,亚太经济合作组织(APEC)自1997年以来,着重对电子商务五个领域的问题进行了讨论,这些问题包括:电子商务信息基础设施;信息系统和电子交易的信用;电子商务的便利化;电子商务国际法规环境;发展电子商务中政府和企业的关系等。② 针对这些问题,APEC开展了一系列的立法活动并取得了一定的成果。

1998年10月,APEC领导人非正式会议和部长级会议在马来西亚吉隆坡举行,会议将电子商务合作作为重点议题,会议最终审议并通过了《APEC电子商务行动计划》。1999年6月,为进一步推进电子商务的发展,在新西兰奥克兰召开的APEC部长级会议上拟定了电子商务合作领域中六项工作重点,即建立和完善电子商务法律框架;开展电子商务环境成熟度评估;促进无纸化贸易;评估本地区电子商务的发展现状;帮助中小企业使用电子商务以及加强消费者保护。③ 2000年11月,APEC在文莱举行的领导人非正式会议和部长级会议上,开始关注"数字鸿沟"问题,此次会议批准了在APEC内建立与消费者保护、电子交易单据和电子签名相关的法律法规框架计划。2001年10月,在中国上海举行的APEC部长级会议和领导人非正式会议上,各成员国经济领导人和部长们就规范电子商务发展的法律框架和标准、降低和减少针对电子商务活动的关税和非关税措施、保护与电子商务有关的知识产权、增强消费者对电子商务的信赖程度、加强与电子商务活动有关的专业培训,以及鼓励各成员的企业积极参与电子商务活动等问题进行了广泛讨论,并做出了具体的指示,从而将APEC电子商务的发展引向深入。④

自20世纪90年代电子商务兴起以来,APEC成员国大多从国家战略的

---

① OECD Guidelines for Protecting Consumers from Fraudulent and Deceptive Commercial Practices Across Borders, Particularly on the Internet[EB/OL].[2011 - 11 - 15].
http://www.oecd.org/document/56/0,3746,en_2649_34267_2515000_1_1_1_1,00.html.
② 张力军.APEC电子商务活动:协调、合作与发展[J].国际经济合作,2003,(11):14 - 16.
③ 张力军.APEC电子商务活动:协调、合作与发展[J].国际经济合作,2003,(11):14 - 16.
④ 张力军.APEC电子商务活动:协调、合作与发展[J].国际经济合作,2003,(11):14 - 16.

高度来推动电子商务的发展,以其保持经济的持续快速增长。在 APEC 框架下开展电子商务活动虽有具有诸多优势,但也有存在不少困难,如成员国之间的贸易竞争加强、电子商务发展的不平衡进一步加剧等,但从总体发展方向上开看,APEC 继续扩大和加强成员国在电子商务领域的对话与合作,将会进一步推动各成员国电子商务的发展。

(二)世界知识产权组织

世界知识产权组织(WIPO)在电子商务领域所关注的焦点在于如何在电子商务环境下实现商标、版权和专利权的保护,尤其关心新兴的电子商务对电影、出版、多媒体和信息技术等行业的影响。1996 年 12 月,WIPO 通过了《世界知识产权组织版权公约》与《世界知识产权组织版权表演和唱片公约》(两者合称互联网公约),目的就是解决新技术对传统版权带来的问题;1999 年 4 月 30 日,WIPO 公布了《WIPO 国际互联网域名规程最终报告》,针对互联网上由域名引起的问题提出了一些建议;1999 年 9 月 WIPO 在日内瓦召开的会议,从技术、商业和政策法规等多角度讨论了电子商务知识产权问题。

(三)国际海事委员会

1990 年 6 月 29 日,国际海事委员会第 34 届大会在巴黎召开,会议通过了《电子提单规则》,该规则旨在建立一个机制,以电子等同物来取代传统的纸介质提单。当然,该规则并不是具有法律约束力的法律,需要有关双方当事人通过协议来明确《规则》的适用。① 规则赋予当事方以书面单证的选择权:电子提单密码持有人在交货前的任何时候有权向承运人索要书面提单,该行为发生密码销毁和 EDI 程序终止的效果,但不解除对合同任何一方根据运输合同产生的权利、义务或责任。

第二节　世界各国电子商务立法

国际组织从事的电子商务立法促进了电子商务在全球范围内的健康发展,世界各国也产生了巨大的反响。与此同时,为应对电子商务所带来的挑

---

① 李适时. 各国电子商务法[M]. 北京:中国法制出版社,2003:33.

战,各国纷纷制订本国的电子商务法。由于电子商务的国际立法顺应了全球最新电子商务的普遍实践,其先进性和合理性得到了各国的认同,因此不可避免地成为各国电子商务立法的重要参考,其内容逐渐获得各国国内法的采纳。这一进程尽管是世界性的,但各国在实施上却由于具体国情不同,采取的立法模式各异,①因而各国制订出来的电子商务法的具体内容各有不同。

一、美洲国家

(一)美国

早在 20 世纪 90 年代初美国就已经开始进行有关电子商务立法的准备工作。美国是联邦制国家,联邦和州均有立法权,很多商务法律包括电子商务领域的立法主要在州层面进行规定,②但联邦层面也在某些方面作了规定。由于美国各州规定的电子商务法的具体规范、调整范围参差不齐,给电子商务的发展带来了很大的不便。因此,为了消除电子商务活动的障碍,美国统一州法委员会及美国法律学会在《统一商法典》(UCC)的基础上,增加了有关调整电子商务的法律规则的内容。在草拟的《统一商法典》第 2 条 B 项的基础上,美国统一州法委员会及美国法律学会于 1999 年 7 月公布了《统一计算机信息交易法》(UCITA)。《统一计算机信息交易法》与《统一商法典》性质一样,都属于示范法,除非获得各州立法机关的采纳,否则不能产生直接的法律效力。《统一计算机信息交易法》在美国曾引起强烈反响和激烈争论,也引起了世界各国法律界的极大关注。由于在消费者保护方面招致一定批评,该法最终只有马里兰和弗吉尼亚两个州予以采纳,未能获得普遍认可,该法案最终于 2002 年被废除。③

在制订《统一计算机信息交易法》的同时,美国统一州法委员会及美国法律学会又于 1999 年 7 月 29 日公布了《统一电子交易法》(UETA),允许在所有的交易中使用电子记录及电子签章,为电子交易的持续发展提供稳固

---

① 施米托夫. 国际贸易法文选[M]. 赵秀文,译. 北京:中国大百科全书出版社,1993:4.

② 1995 年美国犹他州制定了世界上第一部《数字签名法》,1997 年在《统一商法典》中增加了两章:电子合同法和计算机信息交易法,1998 年作出进一步的修改。

③ Jennifer A. Puplava. Use and Enforceability of Electronic Contracting:The State of Uniform Legislation Attempting to Regulate E – Commerce Transactions[J]. Michigan State Journal of International Law,2007,16:153 – 181.

的法律支撑。UETA 充分吸收联合国国际贸易法委员会《电子商务示范法》、《统一计算机信息交易法》和美国其他联邦和州电子商务相关立法的经验，规则制定科学合理，获得了美国绝大多数州的采纳。据统计，UETA 目前已经获得了除伊利诺伊州、纽约州和华盛顿州三个州外的 47 个州及哥伦比亚特区、波多黎各自治邦和维尔京群岛的采纳。①

UETA 的目的是使各州调整诸如文本记录的保留（例如，支票）和电子签名的效力等领域的法律达到统一，在不影响合同实体规则的情况下支持电子合同的有效性，使电子方式成为达成协议的合法媒介。② 为了适用 UETA，当事人必须同意通过电子方式从事交易，但是，对于当事人是否同意以电子方式从事交易，也可以从特定合同文义和有关情境及当事人的行为加以判断。此外，除非另有规定，当事人可以通过协议改变 UETA 任何条款的效力。UETA 着重点在于赋予电子记录和签名与书面文本相同的法律地位。根据 UETA，一项合同的效力或可执行性不得仅因合同成立中使用了电子记录而被否认，电子签名如果具备下列条件就具有法律效力，可以适用于美国境内大多数的交易：（1）声音符号或程序；（2）附属于或逻辑上与一项电子记录相关联；（3）具有签署一项电子记录的意图。根据 UETA，如果一项电子记录的发送方"禁止接受方储存或打印电子记录"，则该项电子记录将不具备法律效力。UETA 同时还规定了电子记录储存规则以便满足记录保存的要求；规定了认定电子记录发送时间、地点和接收时间、地点的缺省规则；规定一项合同可以经由当事人的电子代理之间的相互作用而成立，但这些规则并不涉及记录本身的效力。③

1999 年 10 月美国国会通过了《全球及全国商务电子签名法》（Electronic Signatures in Global and National Commerce Act，E - SIGN），为跨州商务环境中电子签名使用奠定了法律基础，是协调美国各州电子商务立法冲突的重

---

① See：http：//www. ncsl. org/default. aspx？ tabid = 13484. ［2011 - 12 - 08］.

② Jennifer A. Puplava. Use and Enforceability of Electronic Contracting：The State of Uniform Legislation Attempting to Regulate E - Commerce Transactions［J］. Michigan State Journal of International Law，2007，16：153 - 181.

③ Jennifer A. Puplava. Use and Enforceability of Electronic Contracting：The State of Uniform Legislation Attempting to Regulate E - Commerce Transactions［J］. Michigan State Journal of International Law，2007，16：153 - 181.

要法律文件。① 该法直接从联邦政府层面对各州立法中未涉及的包括各州之间和国际贸易中的电子签名的使用作了规范,进一步丰富了美国电子签字法的法律内容。E－SIGN 采纳了 UETA 和《电子商务示范法》的相关原则,致力于消除电子交易中纸质文件要求的障碍。E－SIGN 的颁布是为了回应技术和金融服务行业施加的压力,他们要求解决各州采纳 UETA 时存在的不一致和采纳迟延的问题。E－SIGN 的大部分条款优先于不一致的各州法,但完全采用 UETA 官方文本的州法优先于 E－SIGN 适用。② 根据 E－SIGN 的规定,在下列情况下各州可以修改、限制或取代 E－SIGN 的适用:不做任何修改的采纳 UETA 的官方文本;或在制定法中规定了"使用或接受(或两者兼备)电子记录和电子签名的替代程序或要求",这些替代性程序必须与 E－SIGN 相一致,并且无需实施或应用某项电子记录和签名的具体技术或技术规范的要求。③ 根据 E－SIGN,一项签名、合同或其他记录不得仅仅由于其电子形式而否认其效力、有效性和执行力。E－SIGN 并不要求任何人都同意使用或接受电子签名,但是 E－SIGN 包含了一套专门为特定消费者交易的信息披露和对应的同意要求,规定销售者应当以书面形式向消费者提供与交易相关的信息,通过电子方式向消费者提交这些信息并使消费者获悉该信息即满足该信息应采用的书面要求。如果储存的电子记录的拷贝能够准确地反映所记录的信息并能为日后参考所调取,电子记录的保存即可满足记录保存的要求。与 UETA 一样,如果一项电子记录未采取使全体有权保存合同或其他记录的当事人或其他人能够保存,并为日后参考的目的精确复制的形式,可以否认该项电子记录的法律效力、有效性或可执行性。

此外,美国还出台了一系列与电子商务相关的法律和政策,包括:1996年《电子信息自由法》、1997 年《全球电子商务框架》、1998 年《儿童在线隐私

---

① Jennifer A. Puplava. Use and Enforceability of Electronic Contracting: The State of Uniform Legislation Attempting to Regulate E－Commerce Transactions[J]. Michigan State Journal of International Law, 2007,16:153－181.

② 美国完全采用 UTEA 的州有:爱达荷州、印第安纳州、肯塔基州、明尼苏达州、内布拉斯加州、宾夕法尼亚州、南达科他州、犹他州和弗吉尼亚州。

③ Jennifer A. Puplava. Use and Enforceability of Electronic Contracting: The State of Uniform Legislation Attempting to Regulate E－Commerce Transactions[J]. Michigan State Journal of International Law, 2007,16:153－181.

保护法》、1998 年《数字千年版权法》、2001 年《网络安全研究和发展法》、2002 年《网络空间安全强化法》、2002 年《联邦信息安全管理法》、2002 年《电子政府法》、2003 年《禁止垃圾邮件法》、2005 年《个人数据隐私与安全法》等。

（二）加拿大

1999 年 9 月 30 日,加拿大统一法委员会发布了《统一电子商务法》（UECA）,该法共分为四个部分,第一部分确定了电子商务的基本规则,明确了该法适用于人们以明示或默示方式同意使用电子文件的任何交易。第二部分为"合同",即对电子合同的成立与效力、电子文件收讫的承认以及电子文件发送和接收的时间和地点的确定等问题作出规定。第三部分对政府使用电子交易作了规定,强调政府可以根据当时的规则,选择性地使用电子文件。第四部分是针对货物运输的特别规定,允许在一些需要特别文件形式的情形中使用电子文件。UECA 属于不具有当然约束力的统一法,需获得加拿大各省、各地区的采纳方能发挥效力。截至目前,加拿大全国 10 个省和 3 各地区都制订了电子商务法①,除魁北克省之外②的省和地区全都采纳了《统一电子商务法》。③

UECA 是参考联合国国际贸易法委员会《电子商务示范法》制订的,因此沿用了《电子商务示范法》关于电子合同的一些基本规则。如规定了电子形式的信息只要能够可以调取以备日后查用,即满足了"书面"的要求。UECA同时也对使用电子代理人（即计算机程序用于开始一个行为或在没有人为干涉的情况下自动回应）作出了规定。

UECA 规定电子签名可以满足签名要求。但是,与联合国国际贸易法委员会《电子签名示范法》不同的是,它不要求电子签名必须在当时的环境下

---

① 加拿大最后一个制定电子商务法的地区是西北地区 2011 年 5 月通过了《电子交易法》,See：http://www. uncitral. org/uncitral/en/uncitral_texts/electronic_commerce/1996Model_status. html.
［2011 – 10 – 08］.

② 魁北克省制订了涵盖范围更广的综合性法律——《建立信息技术法律框架法》。

③ Alysia Davies . The Development of Laws on Electronic Documents and E – Commerce Transactions ［EB/OL］. （2008 – 12 – 20）［2011 – 04 – 15］. http://www. parl. gc. ca/Content/LOP/ResearchPublications/prb0012 – e. htm.

可靠,而是规定如果该签名与某人有联系并具有签署的意图,该签名即为有效。①

除此之外,加拿大 2000 年还颁布了《个人信息保护与电子文件法》,该法对电子签名、电子表格的使用与提交等问题作了规定,并且授权相关政府部门,可就电子化信息的提交作出规范性要求。但是,这些文件的适用范围,仅限于公民与政府部门之间的关系。

自 2004 年起,加拿大工业部制订了"打击 SPAM 行动计划",这个行动计划的举措重点集中在运用现行的立法和在互联网上滥发商业广告的行为进行斗争。2010 年 12 月 5 日,国会通过《打击网络和移动网络垃圾邮件法》(Fighting Internet and Wireless Spam Act)。② 该法旨在对影响电子商务的某些行为进行规范,从而提升加拿大网络经济的效率和适应力。该法对加拿大《广播、电视和通信委员会法》、《竞争法》、《个人信息保护和电子文件法》、《通信法》等四部法律进行修正,并提出了一个清晰的监管体系。该法对垃圾邮件和不请自来的电子接触相关的威胁,包括身份窃贼、钓鱼、间谍软件、病毒等,规定了处罚措施,同时赋予商人和消费者对这些犯罪分子进行起诉的权利。

（三）智利

智利电子商务应用在拉美国家中一直处于领先地位,这与政府对网络和电子商务的大力支持是分不开的。2002 年 4 月 12 日,智利颁布了《电子单证、电子签名和电子签名认证服务法》③,该法共 25 条,承认了以电子方式签署的电子文书的法律效力,赋予电子签名与手写签名同等的地位。该法将电子签名分为一般电子签名和先进的电子签名。一般电子签名是指电子文书的接收者至少能从形式上识别该签名作者的任何声音、符号或电子程

---

① Jennifer A. Puplava. Use and Enforceability of Electronic Contracting: The State of Uniform Legislation Attempting to Regulate E – Commerce Transactions[J]. Michigan State Journal of International Law, 2007,16:153 – 181.

② Alysia Davies,Terrence J. Thomas. Legislative Summary of Bill C – 28: An Act to promote the efficiency and adaptability of the Canadian economy by regulating certain activities that discourage reliance on electronic means of carrying out commercial activities[EB/OL]. (2011 – 02 – 04)[2011 – 04 – 15]. http://www. parl. gc. ca/About/Parliament/LegislativeSummaries/bills_ls. asp? source = library_prb&ls = C28&Parl = 40&Ses = 3&.

③ Jorge Quintanilla,Cristian Doren,Diego Hernández. The Electronic Signature in Chile[J]. Digital Evidence and Electronic Signature Law Review,2007,4:69 – 79.

序。先进的电子签名类似于欧盟的可靠电子签名,具有更强的法律效力。

2003 年智利政府又颁布了《2004～2006 年数字化行动计划》,由政府主管部门召集有关政府部门、研究院所、商业机构等共同组成数字化行动工作组,负责组织制定。[①] 该计划包括了 6 个方面、7 个优先发展领域和 34 个目标,以发展智利的信息产业技术、提高国家竞争力、建立现代化政府、提高社会效益。通过扩大互联网的需求,促进电子产品市场和信息技术产品的发展。[②] 数字化行动工作组将负责监督和评价各领域和目标的完成情况。

(四)美洲其他国家

墨西哥 2000 年 5 月通过了《电子商务命令》(E - commerce decree),对联邦民法典、商法典、联邦民事程序法典和联邦消费者保护法进行修正。《电子商务命令》接受了联合国国际贸易法委员会《电子商务示范法》的一些基本原则,承认了以电子方式订立合同的有效性和可执行性。2003 年 8 月,墨西哥制订了《电子签名命令》(E - signature decree),《电子签名命令》借鉴了联合国国际贸易法委员会《电子商务示范法》和《电子签名示范法》的经验,对电子签名作出了规定,同时也对认证服务提供商、外国认证和签名的承认作出了规定。

2008 年 9 月 23 日,经过国会和各政府机构历经 5 年的讨论,危地马拉国会正式通过《电子通信和签名承认法》(Law on the Recognition of Electronic Communications and Signatures)。该法强调电子通信具有法律效力,为电子签名的使用铺平了道路。同时,该法规定成立政府机构负责管理所有提供发行电子签名证书服务的国内外公司。由此,为电子商务这一与全球化密切相关的新的商务形式的运用准备条件。

此外,美洲制定电子商务法的国家还有:哥伦比亚 1999 年《电子交易、数字签名与认证机构法》;百慕大 1999 年《电子交易法》;阿根廷 2001 年《数字签名法》;多米尼加 2002 年《电子商务、数字文件和签名法》;厄瓜多尔 2002 年《电子商务、电子签名和电子数据法》;巴哈马群岛 2003 年《电子通信和交易法》;伯利兹城 2003 年《电子交易法》;哥斯达黎加 2005 年《电子认

---

① 智利 2004 至 2006 年数字化行动计划[EB/OL]. (2006 - 03 - 09)[2011 - 04 - 19]. http://www. sgst. cn/xwdt/shsd/200705/t20070518_110042. html.

② 智利 2004 至 2006 年数字化行动计划[EB/OL]. (2006 - 03 - 09)[2011 - 04 - 19]. http://www. sgst. cn/xwdt/shsd/200705/t20070518_110042. html.

证、电子签名和电子文书法》；牙买加 2007 年《电子交易法》；蒙特色拉特岛 2009 年《电子交易法》；尼加拉瓜 2010 年《数字签名法》；巴拉圭 2010 年《数字签名法》；特立尼达和多巴哥 2011 年《电子交易法》等。

二、欧洲国家

(一)德国

德国是世界上最早对互联网的应用与行为规范提出单一法律架构的国家。1997 年 6 月，德国联邦议院通过了世界上第一部全面调整信息时代新型通信媒体 Internet 的法律——《多媒体法》，并于 1997 年 8 月 1 日开始实施。这部划时代意义的法律全称叫《规定信息和通信服务的一般条件的联邦法令——信息和通信服务法》(简称《多媒体法》)。[①] 该法由三个新的联邦法律和六个将现有法律适用于新媒体的附属条款所组成。三个新的联邦法令分别为：《远程服务法》、《数据保护法》和《数字签名法》。该法的立法目的是取消德国现行法律对电子商务的种种管制与约束，为各种新兴的电子商务形式提供特别的规范，明确其法律定位，创造适合电子商务发展需要的法律环境。[②]

欧盟《远程销售指令》颁布后，德国立法者一开始采用的是制定一部新法即《远程销售法》对远程销售合同进行规范。2001 年，德国掀起了现代化立法的浪潮，立法者将《远程销售法》(Femabsatzgesetz)的主要内容纳入了民法典。《德国民法典》第 13、14 条定义了消费者和经营者，第 361 条 a 项和 b 项规定了消费者的撤销权。《德国民法典》第 312 条 b ~ d 项则奠定了德国法关于远程销售合同的基础，成为最根本的法律规范，b 项规定的是远程销售规范所适用的合同类型，c 项和 d 项则规定了经营者运用远程销售方式所需承担的义务及消费者的权利。[③]

早在 1997 年，德国就通过了《数字签名法》，该法承认数字签名的效力，使德国成为世界上第一个为解决电子签名问题而立法的国家。欧盟《电子

[①] 唐绪军. 破旧与立新并举 自由与义务并重——德国"多媒体法"评介[J]. 新闻与传播研究,1997,(3):55 – 61.

[②] 唐绪军. 破旧与立新并举 自由与义务并重——德国"多媒体法"评介[J]. 新闻与传播研究,1997,(3):55 – 61.

[③] 高富平. 中欧电子合同立法比较研究[M]. 北京:法律出版社,2009:136.

签名指令》通过后,根据规定德国对《德国民法典》①和《民事程序规则》②进行了修订,从而将指令转化为国内法,并于 2001 年 5 月 16 日重新颁布了《电子签名框架条件法》。《电子签名框架条件法》共 6 章,25 条,属原则性的立法。该法目的简单明确,就是为电子签名制定原则性的规范。该法尊重意思自治原则,对于电子签名的使用法律没有作明确规定的,完全交由当事人自主选择。③ 根据该法,其适用范围相当广泛,电子签名不仅可以应用于商务范畴,也可以为了完成公法上的行政行为而采用电子签名;合格电子签名的使用应当符合客观、可理解、非歧视的要求。对于认证服务经营者,该法虽然规定其无须取得任何授权,但须符合一定的标准,且必须向相关管理部门履行通知义务。④ 此外,该法还采纳了《电子签名指令》第 2 条的规定,对经营者的责任予以了明确。⑤

欧盟《电子商务指令》通过后,德国法以修订《德国电信服务法》(Teledienstgesetz,TDG)和《电信服务数据保护法》(Teledienstdatenschutzgesetz,TDDSG)的方式将《电子商务指令》转变为国内法,对电子合同的定义、适用范围、来源国原则、告知义务、合同提供者的责任等问题都作出了规定。⑥

(二)英国

为提高公民与政府进行电子交易的信任度,并适应电子商务发展,英国政府早在 1999 年 7 月就曾提出修改法律、承认电子签名的动议。2000 年 5 月,英国颁布《电子通信法》,就密码服务提供者、电子商务的促进与数据储存、电信许可、法律修改、主管机关等作出了详尽规定。该法明确规定:作为确认交易者身份的依据,数字签名与其他传统的签名手段在法庭上具有同等的法律效力。政府鼓励各部门在具体实施中与金融、研究机构合作,以便在各项政府事务中利用其成熟的电子签名产品。

---

① 修改后的《德国民法典》第 126a 条介绍了各类电子化签名,该条第 3 款则明确规定了将电子签名的效力等同于手写签名。

② 经修订后德国《民事程序规则》将初步证据(292a 条)和待证证据都纳入其规定范围(371 条第 2 款)。

③ 张楚,黄韬. 借鉴德国电子签名法[EB/OL]. (2004 - 07 - 29)[2004 - 07 - 29]. http://wenku. baidu. com/view/6fdca9c2aa00b52acfc7ca1d. html.

④ 张楚,黄韬. 借鉴德国电子签名法[EB/OL]. (2004 - 07 - 29)[2004 - 07 - 29]. http://wenku. baidu. com/view/6fdca9c2aa00b52acfc7ca1d. html.

⑤ 高富平. 中欧电子合同立法比较研究[M]. 北京:法律出版社,2009:134.

⑥ 高富平. 中欧电子合同立法比较研究[M]. 北京:法律出版社,2009:131.

同年,英国又颁布了《消费者保护(远程销售)条例》(Consumer Protection (Distance Selling) Regulations 2000),将欧盟《远程销售指令》纳入其法律体系。该法涵盖了进行电子商务往来的其他手段,如:电子邮件、电话交易和传真。关于合同义务的解除,该法则规定必须采用书面或其他可持久表现的方式。

为了采纳欧盟《电子签名指令》,2002 年英国颁布了《电子签名条例》(the Electronic Signatures Regulations 2002),内容主要包括:电子签名的定义、认证服务的监管、相关责任和数据保护。由于英国法并不注重于形式要件,因此,英国对《电子签名指令》的采纳主要体现在认证程序方面。[①]

同年,英国又颁布《电子商务条例》(Electronic Commerce Regulations 2002),将欧盟《电子商务指令》的大部分内容转变为其国内法。2001 年,在欧盟《电子商务指令》实行后两个月,英国颁布了《立即停止令》(Stop Now Orders),该法令包含了《电子商务指令》中关于消费者保护的基本内容。《电子商务条例》则主要规定了来源国原则。因此,如果在线销售商和广告商设立于英国境内,那么就将受英国法的管辖(一方为消费者的合同或者合同已约定所适用法律的除外)。在线交易商必须详细地提供身份信息,准确描述商事活动的性质,并对如何完成在线交易提供指引,这是在线交易商应当承担的义务。[②]

为了加强电子通信中隐私的保护,2003 年英国颁布了《隐私和电子通信条例》(The Privacy and Electronic Communications Regulations),将欧盟 2002 年《隐私与电子通信指令》纳入国内法。旨在打击对计算机用户造成了安全威胁的行为。[③] 2011 年 5 月 26 日英国通过新的《隐私及电子通信条例》,新法纳入欧盟 2009 年《隐私与电子通信指令》,旨在让网络使用者自行决定信息服务业或其他行业如何在电子商务活动中存储使用者信息。新法要求特定企业当其所搜集的个人资料遭受黑客攻击或外泄时,必须告知消费者。根据新法,个人资料遭受侵害是指:某种安全状态遭受攻击,导致与公共电子通信服务有关之个人数据被故意或不法毁损、灭失、窜改、泄露或存取、传

---

① 高富平. 中欧电子合同立法比较研究[M]. 北京:法律出版社,2009:136.
② 高富平. 中欧电子合同立法比较研究[M]. 北京:法律出版社,2009:133.
③ 苏柏毓. 英国通过《隐私及电子通信规范》[EB/OL]. (2011 - 05 - 30)[2012 - 5 - 16]. http://stlc.iii.org.tw/ContentPage.aspx? i =5478.

递、储存或其他相关利用。① 当发生上述情形时,公司必须通报英国隐私权主管监督机关信息专员公署(Information Commissioner's Office,ICO),说明大致情况及可能产生的结果,并提出公司将采取的因应措施,同时告知受害消费者。

(三)意大利

意大利 1997 年颁布了《数字签名法》。为实施该法,意大利又分别于 1998 年和 1999 年颁布了总统令,随后又制订了《数字签名技术规则》。② 意大利《数字签名法》原则上承认电子文件的法律效力,总统令则进一步明确规定数字签名与手书签名具有同等的效力,并对认证机构作出了要求。

2002 年,意大利颁布《电子签名法令》(Legislative Decree no. 10 on Electronic Signatures),该法令将欧盟《电子签名指令》纳入意大利国内法体系,指令将电子签名划分为简单电子签名(弱电子签名)和高级电子签名(强电子签名),同时也将认证服务商划分为普通认证服务提供商和合格认证服务提供商。③

为了将欧盟《电子商务指令》纳入国内法,2003 年,意大利颁布了《电子商务法令》(Legislative Decree no. 70 on Electronic Commerce)。该法令旨在调整意大利境内电子商务的使用,同时规定电子商务网站应当强制性地对消费者披露信息。

2004 年意大利重新修订并颁布了《数据保护法》(The Data Protection Code)取代了之前 1996 年颁布的《数据保护法》(Law n. 675/1996)及相关立法的规定。该法目的是加强个人数据的保护,使他们能够更容易行使自己的权利和提起诉讼。在诉讼中,个人只需要证明自己的隐私被侵犯,而无须证明因数据被侵犯所导致的物质损失或精神损失。④

2005 年 3 月 7 日意大利制订了立法性的行政命令——《数字行政管理法典》。该法典共七章 75 条,目的是为电子政府的发展提供一套清晰的法律框架,并为构建有效和亲民的公共行政管理制度创造条件。该法重视公

---

① 苏柏毓. 英国通过《隐私及电子通信规范》[EB/OL]. (2011 – 05 – 30)[2012 – 5 – 16]. htp://stlc. iii. org. tw/ContentPage. aspx? i = 5478.
② 《数字签名技术规则》是一部技术性规范,详细规定了数字签名所使用的数学算法。
③ Rahul Kakkar. Elec Sigs Italian system[EB/OL]. (2004 – 02 – 27)[2011 – 10 – 10]. http://www. twobirds. com/English/News/Articles/Pages/Elec_Sigs_Italian_system. aspx.
④ Data Protection Code[EB/OL]. [2011 – 10 – 10]. http://www. ictparliament. org/node/2115.

民的权利与义务,为电子政府的实践提供了明确而具体的操作原则、规则、义务和建议。① 更为重要的是,该法统一和整合了现有相关法律法规,使之形成一个完整的法律体系。②

(四)欧洲其他国家

俄罗斯是全球最早制订电子商务立法的国家之一,该国早在 1995 年 9 月就颁布了《俄罗斯联邦信息法》。该法调整所有电子信息的生成、存储、处理与访问活动,赋予通过电子签名认证的,经由自动信息与通信系统传输与存储的电子信息文件的法律效力,并对电子签名认证机构的从业资格实施市场准入。③ 为了与该法相配套,俄罗斯联邦市场安全委员会于 1997 年发布了《信息存储标准暂行要求》,对电子交易的安全标准作了具体规定。2001 年俄罗斯颁布了《电子商务法》,明确了电子商务领域的法律调整关系,电子商务中电子信息通信的使用规则,规定了电子商务主体的权利和义务,订立电子合同的规则,并确认了电子文件的法律凭证。④ 2002 年,俄罗斯颁布了《电子签名法》(2011 年俄罗斯对该法进行了修正)。该法规定加密技术为生成电子签名的唯一方法,从而赋予加密技术独特的地位,为技术特定型电子签名的典范。2011 年俄罗斯颁布了《国家支付系统法》,确定了支付的系统的概念,规定了对电子货币汇兑业务的要求,包括电子货币运营商、货币支付和接收系统运营商,以及电子货币支付基础设施服务商(业务中心、清算和结算中心)的行为进行监管要求(俄央行为主管部门)。

法国行政院根据欧盟《电子签名指令》,在 2001 年 3 月 31 日公布了《执行民法 1316 - 4 条有关电子签名的法令》,该法令也被称为"2001 - 272 号"法令。⑤ 根据该法令,凡是能以电子形式证实、检验电子签名的数据与签名人关系的材料都被认为是电子证书,可以用于身份证明与电子数据的真实与可信性证明;对电子签名认证机构的设立,法国立法采取了许可制。资格认证机构由法院根据工业部下发的指令委派专门的机构担任。该机构将根

---

① 周汉华. 电子政务法研究[J]. 法学研究,2007,(3):3 - 19.

② 周汉华. 电子政务法研究[J]. 法学研究,2007,(3):3 - 19

③ 张楚.电子商务法专栏:关于电子商务立法的环顾与设想[J].法律科学,2001,108(1):3 - 12.

④ 俄罗斯电子商务发展概况[EB/OL]. (2012 - 02 - 23)[2012 - 06 - 11]. http://finance.sina. com. cn/roll/20120223/030611435070. shtml.

⑤ 陈巧艳,许苏嘉.法国电子签名认证立法述评[J].情报杂志,2003,(3):93 - 95.

据工业部确定的资格评估程序对电子签名认证机构进行资格审查,合格者颁发资格证书。①

欧洲其他国家制定电子商务立法的还有:卢森堡 2000 年《电子商务法》;立陶宛 2000 年《电子签名法》;爱沙尼亚 2000 年《数字签名法》;斯洛文尼亚 2000 年《电子商务和电子签名法》(2004 年修正);爱尔兰 2000 年《电子商务法》;西班牙 2002 年《信息社会服务和电子商务法》;波兰 2001 年《电子签名法》、2002 年《以电子方式提供服务法》;罗马尼亚 2002 年《电子商务法》;马耳他 2002 年《电子商务法》;丹麦 2002 年《电子商务法》;芬兰 2002 年《信息社会服务法》;奥地利 2002 年《电子商务法》、2003 年《电子签名法》;冰岛 2002 年《电子商务和其他电子服务法》;阿塞拜疆 2003 年《电子文书法》、《电子签名法》和《电子贸易法》;列支敦士登 2003 年《电子商务法》;比利时 2003 年《电子商务法》;挪威 2003 年《电子商务法》;克罗地亚 2003 年《电子商务法》;土耳其 2004 年《电子签名法》;捷克 2004 年《特定信息社会服务法》;塞浦路斯 2004 年《电子商务法》;葡萄牙 2004 年《电子商务法》;黑山共和国 2004 年《电子商务法》(2010 年修正);拉脱维亚 2004 年《信息社会服务法》;马其顿 2007 年《电子商务法》等。

三、亚洲国家

(一)日本

2000 年 5 月,日本制订了《电子签名与认证服务法》,该法旨在通过对电子记录的真实性作出推定,确定电子签名和认证服务的规范,促进电子信息的传播和处理,从而提高人民生活质量并推动国民经济的健康发展。② 该法的主要内容是:承认载于电子记录中的电子签名具有法律效力,并推定附有电子签名的电子记录的真实性;对电子签名认证服务进行规范等。与欧盟《电子签名指令》一样,该法将认证服务的规范作为关注的重点。该法从指定认证服务许可、境外指定认证服务的许可、指定调查机构的调查、调查机构的成立批准等几个方面对认证服务进行了全面细致的规定。③ 但是,与欧盟有所不同的是,对于认证服务的许可、境外认证服务的许可,日本规定须

---

① 陈巧艳,许苏嘉. 法国电子签名认证立法述评[J]. 情报杂志,2003,(3):93 - 95.
② 宋锡祥. 论日本电子签名法及对我国的启示[J]. 政治与法律,2003,126(5):151 - 155.
③ 宋锡祥. 论日本电子签名法及对我国的启示[J]. 政治与法律,2003,126(5):151 - 155.

经官方许可,并且对授予许可的条件,不予许可的情形,许可资质的续展、继承、变更、中止等都做了严格的规定。为了保证相关机制的顺利运转,该法还对指定调查机构的权利与义务作了明确的规定,形成了非常具有特色的法律调整模式。此外,该法还对相关违法行为的罚则做了较为详细的规定,而这是许多国家电子签名法所不具备的。为了配合《电子签名与认证服务法》的实施,日本还制订了一系列与之相配套的法律法规,其中包括《电子签名法的实施》、《电子签名法有关指定调查机关的省令》、《基于商业登记的电子认证制度》、《政府认证基磐》(公共密钥)等相关法律,这些法律法规都于2001年4月1日开始生效。①

为了规范债权交易的电子化,日本国会又于2007年6月20日颁布了《电子记录债权法》,该法自2008年12月1日起施行,是世界上第一部专门规范债权电子化交易的法律。② 该法主要内容包括:电子记录债权的发生、让与、保证、质押,电子债权登记机构的设立、登记业务的开展以及对电子债权登记机构的监管等。③ 该法同时规定,全国银行业协会设立统一的专业机构对债权让与进行电子登记。采用电子方式进行登记,不仅可以有效地避免债权双重让与的风险,而且还可以降低交易成本与提高交易效率。④

(二)新加坡

新加坡非常注重规划信息化远景,从20世纪80年代开始连续制订了一系列国家战略以发展信息产业。2006年6月20日,新加坡公布了最新的"智慧国2015计划(iN2015)",旨在通过一系列有益于公众、企业和全球社会的行动,到2015年建设成为一个信息技术支撑的智能化国家和全球化城市,确保未来10年的全球经济竞争力。⑤ 在电子商务立法方面,新加坡也走在亚洲国家的前列。1996年联合国国际贸易法委员会颁布《电子商务示范法》之后不久,新加坡就开始着手电子商务立法的研究与起草工作。1998年

---

① 宋锡祥. 论日本电子签名法及对我国的启示[J]. 政治与法律,2003,126(5):151 – 155.
② 崔聪聪. 日本电子记录债权法研究[D]. 重庆:重庆大学,2010:4.
③ 崔聪聪. 日本电子记录债权法研究[D]. 重庆:重庆大学,2010:4.
④ 崔聪聪. 日本电子记录债权法研究[D]. 重庆:重庆大学,2010:4.
⑤ 新加坡信息化:如何用 iN2015 打造"智慧国"[EB/OL]. (2009 – 02 – 18)[2011 – 08 – 02]. http://www. cio360. net/Page/1799/InfoID/292077/SourceId/11303/PubDate/2009 – 02 – 18/Default. aspx.

新加坡为了推动本国电子商务的发展,颁布了一部有关电子商务的综合性法律文件,即《电子交易法》。由于新加坡的这部法律颁布时间较欧盟的《电子签名统一框架指令》和《电子商务指令》及美国的《统一计算机信息交易法》和《全球及全国商务电子签名法》都早,并且无论在内容上还是体例上都具有诸多独到之处,其立法对周边国家和地区产生了重大的影响。① 为执行该法,1999 年新加坡又颁布了《电子交易(认证机构)规则》和《认证机构安全方针》。

新加坡《电子交易法》既规定了电子商务的基本问题,如电子记录和电子签名的一般效力与规则,电子合同的成立、效力及归属,电子记录与电子签名的安全性要求等问题,又重点对数字签名的效力与责任,认证机构的设立、义务及其行为规则等作了详细的规定。新加坡《电子交易法》对电子签名的规范具有两个重要的特点:一是技术中立与技术特定化相结合,既规定了电子签名的一般效力,保持技术中立与兼容,对采用不同技术的电子签名给予法律上的承认,又对数字签名即所谓"安全的数字签名"作出特别规定。二是在认证机构的管理上,采取了政府监管和市场自由相结合的原则。政府可以指定认证机构的主管机关,直接行使许可和监督安全认证机构的职能;而认证机构也可以自愿向主管机关提出申请,虽然不申请或没有获得许可并不妨碍认证机构进入市场,但是获得许可的认证机构具有较高的信誉度,可以享受法律规定的责任限制。

为适应电子信息技术的新发展,新加坡在充分吸取 2005 年联合国《国际合同使用电子通信公约》成果的基础上,于 2010 年重新修订了《电子交易法》和《电子交易(认证机构)规则》。新版《电子交易法》和《电子交易(认证机构)规则》的目的在于满足国内电子商务的日趋成长和国民对电子政府的需求,使其国内立法与国际趋势相符,并使新加坡成为全球的咨讯中心。

(三)马来西亚

马来西亚是亚洲国家中最早从事电子商务立法的国家,早在 20 世纪 90 年代中期,马来西亚就提出了建设"信息走廊"的宏伟计划,作为计划的一部

---

① 白红平. 全球化进程中的电子商务若干法律问题研究[M]. 北京:法律出版社,2008:63.

分,马来西亚1997年颁布了《数字签名法》。① 马来西亚《数字签名法》致力于解决电子商务中的签名问题,其主要精神表现为:第一,在签名问题上坚持技术特定化的立场,明确规定使用不对称密码系统生成的并经特许认证机构认证的数字签名能够得到法律承认,具有法律效力;第二,只有使用数字签名的数据电文才具有书面形式文件的效力,具有可执行性;第三,只有使用数字签名的数据电文方可视同为原件,具有可执行性;第四,认证机构必须具备资格要求,并依法经过政府特别许可,方可执行认证业务,且须接受主管机关严格的监管。

为了促进电子商务的发展,马来西亚2006年颁布了《电子商务法》。② 根据该法,任何电子形式的信息都不应该否定其法律效力、有效性和可执行性。该法第7条明确规定,合同的订立,提议的发出、接受,提议和接收的撤销或任何相关的通信都可以使用电子信息;一项合同不得因其成立时使用了电子信息而否认其法律效力、有效性和可执行性。不过,遗憾的是,该法没有提及消费者保护,因此,对于消费者的保护只能交由马来西亚《消费者保护法》(该法1999年颁布,2007年进行了修正)来完成。③

为了进一步推动电子政务的发展,2007年,马来西亚颁布了《电子政府活动法》,该法共六章36条,主要致力于解决电子政务活动中电子文件、电子签名等的效力问题,以在政务活动中更多地采用现代信息技术。由于电子政务涉及范围非常广泛,而且各个管理领域的发展并不均衡,为了实现平稳过渡,该法没有采取一揽子式的适用方式,而是授权相应的政府各部门的部长根据具体管理领域的实际情况来确定。各部门的部长经与电子政务部长咨商后,可以另行制订单行法律确定何时开始适用《电子政府活动法》,并且政府部长有权排除《电子政府活动法》对某些特定情形的适用。这样,对于何时适用以及如何适用《电子政府活动法》,政府部门的部长就拥有很大的决定权,可以根据该部门的实际情况决定,并且有权附加保留条件。此外,该法第3条还明确规定,《电子政府活动法》不得强制公众在与政府往来

---

① 张楚.电子商务法专栏:关于电子商务立法的环顾与设想[J].法律科学,2001,108(1):3－12.

② Izwan Iskandar Ishak. Going the Dot Com Way[EB/OL]. (2007－10－08)[2011－09－22]. http://www.cybersecurity.my/data/content_files/13/253.pdf?.diff＝1191963958.

③ Izwan Iskandar Ishak. Going the Dot Com Way[EB/OL]. (2007－10－08)[2011－09－22]. http://www.cybersecurity.my/data/content_files/13/253.pdf?.diff＝1191963958.

过程中提供、接受任何电子形式,即公众有权选择与政府打交道形式,而政府部门一旦选择适用法律,则采用电子形式就是一种法律义务。①

2010年4月,马来西亚通过了《个人资料保护法》,对个人网上信息提供了保护,对私人部门使用个人信息资料提出了要求并进行了限制。为了解决因侵犯个人资料而引起的纠纷,该法同时还设立了个人资料保护专员、咨询委员会和上诉法庭。②

（四）韩国

为了推动国内电子商务的发展,韩国1999年颁布了一部综合性的电子商务法典——《电子商务基本法》(2002年修订)。该法共6章34条,分别是总则、电子通信信息、电子商务安全、电子商务的促进、消费者保护和其他,③内容非常全面。该法对电子商务、电子通信信息、发端人、收端人、数字签名、电子商店、认证机构等电子商务基本概念作了定义;同时还对通信信息的有效性以及电子商务的安全问题作了规定;此外还对消费者的保护以专章作了规定。

同年,韩国颁布了《电子签名法》(2001年进行了修订)。该法旨在通过提供电子签名的基本规则促进信息社会和提升人民生活的方便性,目的是确保电子信息的安全可靠,使其使用更加便利。该法同时还规定了公共认证权威机构,公共认证,保证认证服务的安全可靠,电子签名认证的政策制定等。

2002年,韩国制定《电子商务用户保护法》,其目标是通过保证电子贸易和直接贸易方式的货物贸易、服务贸易的公平来保护用户权利,提高市场可靠性,发展全国经济。④ 该法令规定了电子贸易和直接贸易,用户权利的保护,检查和监督,实行纠正和惩罚等。

2003年韩国根据《电子商务用户保护法》第23条公布了《电子商务用户

---

① 电子政务法研究课题组. 国外电子政府立法总结与分析报告[J]. 电子政务,2009,(9):69-98.

② Brian Chia,Woo Wei Kwang. Malaysia's Personal Data Protection Act 2010[EB/OL]. (2010-09-26)[2011-08-02]. http://www.bnai.com/Malaysia2010/default.aspx.

③ 商务部电子商务和信息化司:韩国电子商务基本法[EB/OL]. (2009-01-30)[2011-08-02]. http://dzsws.mofcom.gov.cn/accessory/200901/1231916156250.doc.

④ 韩国电子商务法制建设带来的启示[EB/OL]. (2009-01-14)[2011-08-12]. http://www.doc88.com/p-395940265188.html.

保护指南》,通过规定和例示相关法律法规,保护用户基本权利和利益,并促使交易双方自愿遵守电子贸易和直接贸易的规章。① 该指南分成基本内容和建议两部分。基本内容包括相关规定的应用标准,该标准用来判断哪些属于违规行为。建议部分提供了用户在交易中出现不利于自身的情形下如何进行补救的措施。

为健全电子金融交易制度,韩国 2006 年颁布了《电子金融交易法》。② 该法规定电子支付的有效时间,电子货币的可转移性,电子金融交易的安全保证、用户保护,非金融机构提供电子金融服务的条件等。

(五)亚洲其他国家

印度在电子商务立法方面的行动也非常迅速,1998 年印度出台了《电子商务法》,该法对电子记录和电子签名予以法律上的承认。同年印度又出台了《电子商务支持法》,对合同法、证据法等法律中阻碍电子商务发展的规定作了一揽子修订,以适应电子商务应用中出现的新情况。1999 年印度又推出了《信息技术法》,对电子记录和数字签名的应用作了进一步的规范。为了适应信息技术的发展,2006 年和 2008 年印度两次对《信息技术法》进行了修正。

2001 年 10 月 31 日,我国台湾地区通过了《电子签章法》及其实施细则。该《电子签章法》呈现的一个重要特色,就是对凭证机构(认证机构)的规范较为突出。该法规定凭证机构必须经主管机关核定,要求凭证机构应制作凭证实务作业基准,载明凭证机构经营或提供电子认证服务之相关作业程序,送经主管机关核定后,并将其公布在凭证机构设立的公开网站,供公众查询,始得对外经营;变更时亦同。③

为了促进在商业及其他用途上使用电子交易,我国香港地区立法会于 2000 年 1 月 7 日通过了《电子交易条例》,为电子商务贸易的开展制订了一个明确的法律框架,为电子交易系统提供了法律保障。该条例赋予电子记录和数字签名与书面记录和签署等同的法律地位和效力,并且设立相关机制来认可符合政府标准的核证机关和数码证书。条例的另一个特点是对认

---

① 韩国电子商务法制建设带来的启示[EB/OL]. (2009 - 01 - 14)[2011 - 08 - 12]. http://www.doc88.com/p - 395940265188. html.

② 齐爱民,崔聪聪. 电子金融法研究[M]. 北京:北京大学出版社,2007:2.

③ 参见台湾地区《电子签章法》第 11 条第 1 款。

证机构定义的解释,即认证机构是指向他人(可以是另一核证机关)发出证书的人。为适应新的形势,促进电子商务在香港的发展,特区政府2004年对《电子交易条例》做了修订,修订后的《电子交易(修订)条例》于2004年6月30日生效。

此外,亚洲其他国家从事的电子商务立法还有:菲律宾2000年《电子商务法》;文莱2001年《电子交易法》;约旦2001年《电子交易法》;巴基斯坦2002年《电子交易条例》;伊朗2004年《电子商务法》;缅甸2004年《电子交易法》;斯里兰卡2006年《电子交易法》;越南2006年《电子商务法令》;尼泊尔2006年《电子交易法》;阿联酋2006年《电子商务和交易法》、苏丹2007年《电子交易法》;沙特阿拉伯2007年《电子交易法》;阿曼2008年《电子交易法》;印度尼西亚2008年《电子信息和交易法》;卡塔尔2010年《电子商务和交易法》等。

四、大洋洲国家

(一)澳大利亚

1999年12月澳大利亚议会颁布了实施于全境的《电子交易法》(ETA)。该法承认了电子交易的法律效力,但是对其适用范围作了适当的限制。该法对书面形式、签署、文件公示、电子通信发出、接收的时间和地点、书面信息的保留、电子信息的归属等问题予以了明确,并针对电子交易行为的特点将电子交易中出现的特殊问题作了重点关注。其主要特点体现在几个方面:(1)不论法律是否有明文规定,当事人之间是否具有约定,双方在提供信息或完成交易行为时都可以通过电子方式进行;(2)对电子交易形式签署的含义进行了明确,即规定签署意味着某人对信息的核准,凡能达到此标准,即可认为合格的签署;(3)对在电子交易形式下文件的出示进行了明确的规定,规定只有确认文件信息是完整的、未经修改的,该文件的出示方为有效;(4)对电子交易过程中发出及接受电子信息的时间和地点的确定予以了明确,这对不同国家之间的法律适用以及管辖权等问题的解决具有至关重要的意义。澳大利亚的《电子交易法》不仅是全国性的调整电子商务的基本法律文件,而且为各州及其他属地的电子商务立法提供了基础和框架。这部立法和新加坡的《电子商务法》一样受到1996年联合国《电子商务示范法》的影响,其立法目的主要是为了消除电子商务发展的障碍,保障交易的安全和预见性。

2001 年 4 月,澳大利亚证券与投资委员会发布《电子资金划拨指导法》(2002 年和 2008 年澳大利亚证券与投资委员会对该法进行了修订)。《电子资金划拨指导法》是关于电子支付系统的法律,该法规定的"电子资金划拨"适用于消费性电子资金划拨系统,主要是借记卡、贷记卡以及储值卡。① 商业性的电子资金划拨排除在其定义的"电子资金划拨"之外。该法共分为四部分,第一部分为"调整使用电子工具接入账户的电子资金划拨中用户与账户机构之间关系的规则与程序",第二部分为"调整消费储值工具与储值交易的规则",第三部分为"隐私、电子通信、管理和述评",第四部分为"账户列表和账户转换"。②

为打击网络垃圾邮件,澳大利亚 2004 年 4 月颁布了《垃圾邮件法》。该法采取了一种平衡的做法,在允许网络直销和类似商业行为的同时,明确禁止滥发垃圾邮件的行为。《垃圾邮件法》的主要内容包括:在没有得到明确同意或默许的情况下,禁止向用户发送商业性的电子邮件;对寄发垃圾邮件的不合法行为进行相应的民事制裁;要求所有的电子邮件都应该含有发件人准确的详细信。③

2011 年 3 月,澳大利亚通过了 2011 年《电子交易(修正)法》,该法的修正目的是为了使澳大利亚电子商务法律符合联合国《国际合同使用电子通信公约》所制订的国际共同承认的标准,并进而使澳大利亚加入联合国《公约》(也即是成为签署国)。澳大利亚希望通过对《电子交易法》进行修正,进一步增强国际贸易和商务的确定性和可预见性,并由此提升本国电子商务的竞争力。④

(二)新西兰

为了鼓励电子技术的使用,消除电子交易和相关法律的不确定性,新西

---

① 周晓刚译. 澳大利亚《电子资金划拨指导法》[M]//张平. 网络法律评论. 北京:法律出版社,2003:387 - 408.

② See:Australia Electronic Funds Transfer Code of Conduct.

③ 澳大利亚在电子商务方面的措施和政策调研[EB/OL]. (2005 - 06 - 15)[2011 - 12 - 12]. http://finance.sina.com.cn/roll/20050615/0856128252.shtml.

④ Australia:Electronic Transactions Amendment Act 2011[EB/OL]. (2011 - 06 - 28)[2011 - 11 - 22]. http://www.pln.com.au/index.php? option = com_content&task = view&id =241.

兰 2002 年制订了《电子交易法》,该法明确规定,电子信息具有与纸质信息同等的法律效力,一项信息不得仅仅因为其电子形式而丧失其法律效力。为实施该法,新西兰 2003 年又专门制订了《电子交易条例》,对电子交易中的某些具体情形做了具体的要求。①

从法律条文来看,新西兰《电子交易法》并不强行要求任何人必须使用电子技术,该法是一部授权法,也即以电子形式代替传统书面形式的前提,是个人或者组织的事先同意,只有个人或组织事先作出同意,才可以以电子形式发送文件或者通知,否则这些行为无效。② 在新西兰,这种事先同意必须是一种明示同意。③

（三）大洋洲其他国家

此外,大洋洲制定电子商务法的国家还有:瓦努阿图 2000 年《电子交易法》;萨摩亚 2008 年《电子交易法》;斐济 2008 年《电子商务法》等。

五、非洲国家

（一）南非

南非电信部门自 1999 年便开始对电子商务与经济增长的关系进行评估,2000 年年底公布了电子商务绿皮书,2001 年 5 月初南非政府电信部门又召开了由专家、学者和政府法律部门的官员出席的国家级会议,专门研讨有关电子商务立法问题。2002 年 8 月,南非正式通过了《电子通信和交易法》,该法是南非第一部关于电子商务的法律。该法的目标是促进电子交易和通信的发展,增强使用电子交易和通信的信心,鼓励各部门的人群普遍接受电子商务。④

南非《电子通信与交易法》共 14 章 95 条,主要包括法律的解释、立法目

---

① Tanya Drummond. New Zealand Update：Electronic Transactions Act［J］. Australian and New Zealand Institute of Insurance and Finance Journal,2004,27（1）:39.

② 周汉华. 电子政务法研究［J］.法学研究,2007,（3）:3 - 19.

③ Wigley & Company. Electronic Transaction Act 2002:An Opportunity to Streamline Public Sector Processes［EB/OL］.（2003 - 11 - 13）［2011 - 09 - 22］.

http://www. wigley. co. nz/assets/_Attachments/ElectronicTransactionsAct2002. pdf.

④ Hlengiwe Zondo - Kabini. Application of the Electronic Communications and Transactions Act to Online Merchants From Other Jurisdictions［J］. Northwestern Journal of Technology and Intellectual Property,2003,1（1）:77 - 83.

的与适用,最大化利益和政策框架,便利电子交易,电子政府服务,密码技术提供者,认证服务提供者,消费者保护,个人信息保护,关键数据库的保护,域名管理机关与管理,服务提供商责任的限制,网络检查员,网络犯罪和一般条款。

《电子通信和交易法》赋予电子通信(如电子邮件)合法的法律地位。根据该法,不能仅仅因为一项信息的表现形式为电子信息而否认其法律效力。一项电子信息只要能够随时调取查用就视为符合法律规定的书面要求。该法同时也规定了对电子签名的法律承认,但是,这种法律承认只适用于"高级电子签名"(也就是经由根据该法成立的认证机构认可的签名)。①

该法还规定了经由互联网缔结的合同的承认,电子信息同时被赋予了证据的效力。该法的一个最具有特色的创新是规定了"电子政务",②通过电子政务服务的开展,公众可以在线向政府提交相关文件接受相关信息。该法对交易的定义是"或者是商业性质的,或者是非商业性质的,包括提供信息和电子政府服务",因此该法具有浓厚的电子政务法的特征。③

在充分利用互联网和电子通信带来的好处之外,该法同时还试图减少其被滥用的可能。该法要求电子服务的提供者必须在一家认证机构登记,这家认证机构应根据《电子通信和交易法》成立。因此,密码服务的提供者必须在监管当局进行登记。这些服务提供者会被要求提供某些与其登记服务相关的信息。这些信息是保密的,但可以被用来调查和起诉电子犯罪。④

(二)埃及

在通信和信息技术部的大力扶持下,埃及已经具备了电子商务发展的有利环境和基础条件。2004 年,埃及通过了《电子签名和成立信息技术产业

---

① Hlengiwe Zondo – Kabini. Application of the Electronic Communications and Transactions Act to Online Merchants From Other Jurisdictions[J]. Northwestern Journal of Technology and Intellectual Property,2003,1(1):77 – 83.

② 周汉华. 电子政务法研究[J]. 法学研究,2007,(3):3 – 19.

③ Hlengiwe Zondo – Kabini. Application of the Electronic Communications and Transactions Act to Online Merchants From Other Jurisdictions[J]. Northwestern Journal of Technology and Intellectual Property,2003,1(1):77 – 83.

④ Hlengiwe Zondo – Kabini. Application of the Electronic Communications and Transactions Act to Online Merchants From Other Jurisdictions[J]. Northwestern Journal of Technology and Intellectual Property,2003,1(1):77 – 83.

发展局法》(以下简称《电子签名法》),①随后 2005 年又制订了《电子签名法实施细则》。根据《电子签名法》,新成立的信息技术产业发展局具有公共法人地位,致力于达成以下目标:(1)鼓励和发展信息通信技术;(2)传输和使用先进的信息技术;(3)提升通信和信息技术服务和产品的出口机会;(4)促进 ICT 领域实体的发展和进步;(5)引导、鼓励和开发 ICT 行业的投资;(6)保护信息技术从业者的共同利益;(7)支持 ICT 的研究,鼓励研究成果的运用;(8)鼓励和支持中小企业使用电子交易机制;(9)对电子签名服务行为及其他与电子交易和信息技术行业相关的行为进行监管。信息技术产业发展局同时负责制定电子合同、网络犯罪和电子支付等领域的法律和实施细则。②

根据埃及电子签名法及其实施细则,使用电子签名的三个基本领域是电子政务、电子商务交往和电子民用交往,而电子签名确认证书的适用范围包括所有希望获得电子签名的商业机构和居民。2009 年,埃及信息技术产业发展局宣布成立埃及根认证局(Egyptian Root Certificate Authority),该机构负责协调全国所有认证服务提供商,以促使各认证机构认证行为的统一性和合法性。③

(三)突尼斯

突尼斯的电子通信技术在发展中国家中处于领先地位,在世界市场具有很强的竞争力。从 1999 年开始向周边国家出口软件、提供 IT 服务。这一切离不开该国在电子商务基础设施和教育方面的巨大投入,以及政府对电子交易的大力支持,这其中电子商务法律框架的完善无疑也是其中一个重要的原因。1999 年以来,突尼斯开始从事 ICT 法律改革。2000 年制订了《电子交易和电子商务法》,并设立国家电子认证机构。该法致力于规范这一全新的贸易方式,保障电子交易的透明度和促进经贸工作者之间的相互信任,

---

① Aida Opoku Mensah, Assefa Bahta, Sizo Mhlanga. E - commerce challenges in Africa: issues, constraints, opportunities[EB/OL]. (2010 - 11 - 04)[2011 - 11 - 22]. http://www. uneca. org/aisi/docs/PolicyBriefs/E - commerce%20challenges%20in%20Africa. pdf.

② Nawar, Abdel - Hameed. E - Signature and the Digital Economy in Egypt[EB/OL]. (2005 - 11 - 21)[2011 - 09 - 22]. http://ssrn. com/abstract = 926584.

③ Nawar, Abdel - Hameed. E - Signature and the Digital Economy in Egypt [EB/OL]. (2005 - 11 - 21)[2011 - 09 - 22]. http://ssrn. com/abstract = 926584.

特别是确保电子文件与签字的可信性,以促使突尼斯与经济全球化早日接轨。①

2001年突尼斯制定新的《电信法》,并建立国家电信监管局。2004年颁布了《隐私保护法》和《计算机安全法》,同时成立了国家计算机安全局。法律体系的完善提升了突尼斯在电子商务领域的竞争力,促使突尼斯电子商务取得巨大的发展,2011年世界经济论坛发布了138个国家的网络准备能力指数,突尼斯在利用ICT服务本国经济中位列非洲各国榜首。②

（四）非洲其他国家

在充分借鉴联合国国际贸易法委员会、新加坡、英国以及澳大利亚等国的电子商务立法经验基础上,毛里求斯2000年8月颁布了《电子交易法》（Electronic Transaction Act 2000）,该法主要目的在于建立一个确保电子商务安全的法律环境,以促进电子交易和电子通信的发展。③该法支持建立在公共密钥基础之上的电子签名的使用,将之称作受信任的认证服务。为了加强对认证机构的发行认证证书的监管,该法同时也建立了认证机构管理人制度。2009年4月,为了适应电子商务发展的需要,毛里求斯通过了《电子交易（修正）法》,根据该修正案,通信技术局成为认证机构的管理者。

加纳2008年颁布了《电子交易法》（Electronic Transaction Act 2008）,该法的目的是消除电子通信和电子交易运用中的障碍,提升电子通信交易和电子交易的法律确定性,促进电子交易与电子政务的发展,满足消费者的需求。该法共13部分144条,内容主要包括:目标和范围、电子交易、电子政府服务、认证机构、消费者保护、计算机和重要数据库的保护、域名登记、申诉法庭、行业论坛、服务提供商和中间商的责任、网络检查员、网络犯罪、杂项

---

① Aida Opoku Mensah, Assefa Bahta, Sizo Mhlanga. E – commerce challenges in Africa: issues, constraints, opportunities[EB/OL]. (2010 – 11 – 04)[2011 – 11 – 22]. http://www. uneca. org/aisi/docs/PolicyBriefs/E – commerce%20challenges%20in%20Africa. pdf.

② Soumitra Dutta, Irene Mia. The Global Information Technology Report 2010 – 2011 – Transformations 2.0[M]. Geneva : World Economic Forum, 2011:12.

③ Aida Opoku Mensah, Assefa Bahta, Sizo Mhlanga. E – commerce challenges in Africa: issues, constraints, opportunities[EB/OL]. (2010 – 11 – 04)[2011 – 11 – 22]. http://www. uneca. org/aisi/docs/PolicyBriefs/E – commerce%20challenges%20in%20Africa. pdf.

规定。①

非洲其他国家制订的电子商务立法还有:佛得角2003年《电子商务法》、苏丹2007年《电子交易法》、赞比亚2009年《电子通信和交易法》、2010年卢旺达《电子信息、电子签名和电子交易法》、纳米比亚2010年《电子交易和通信使用法》、乌干达2011年《电子交易法》和《电子签名法》等。

第三节　国际电子商务立法评析

一、国际电子商务立法的主要内容

（一）国际组织电子商务立法的主要内容

国际组织从事电子商务立法的主要目的是消除阻碍电子商务发展的壁垒,促进电子商务在国际贸易中的广泛运用,并为各国制定国内电子商务立法提供参考。各个国际组织基于自身性质、职能的不同,往往从不同的角度对电子商务进行理解,有的国际组织从宏观出发,希望制定全面的综合性电子商务规则,如联合国国际贸易法委员会制订的《电子商务示范法》和《国际合同使用电子通信公约》、欧盟制订的《电子商务指令》等;有的国际组织从微观层面出发,制定电子商务某个领域的具体规则,如国际商会制订的《跟单信用证统一惯例电子提示补充规则》、国际海事委员会制订的《电子提单规则》等。从总体上来看,国际组织从事的电子商务立法的主要内容包括以下几个方面:

1.电子合同。在电子商务中,当事人通过电子方式完成合同的磋商和订立,其过程与传统商务合同的磋商与订立具有许多的不同,因而对于电子合同的成立、生效等作出专门的法律规定是十分必要的。联合国国际贸易法委员会《电子商务示范法》和《国际合同使用电子通信公约》、欧盟《电子商务指令》、国际商会《电子商务术语》和《电子订约指南》等国际立法都对电子合同的订立作出了规定。尤其是《国际合同使用电子通信公约》对涉及

---

① Ghana Electronic Transaction Act［EB/OL］.［2011 - 10 - 10］. http://www. unesco. org/pv_obj_cache/pv_obj_id_4CF721665F7F4CE3B27E48F00BEFF3E697080600/filename/Ghana% 20Electronic - Communications% 20Act% 202008. pdf

电子合同的成立、要约邀请、自动电文系统在合同订立中的使用、电子通信中的错误等一系列问题作了科学合理的规定,为电子商务的正常开展提供了法律基础。

2.电子签名与认证。电子签名对于保证通信双方的正常认证以及信息的权威性和不可否认性至关重要,对于保障电子交易的安全具有十分重要的意义。联合国国际贸易法委员会《电子签名示范法》、欧盟《电子签名指令》等国际立法都针对电子签名制订了一系列的规范。如,欧盟《电子签名指令》明确规定了电子签名的法律效力、认证证书的要求、认证机构的法律责任以及认证机构的市场准入等。

3.税收问题。电子商务交易方式的特点给税收管辖权的确定带来了挑战,也将各国政府置身于两难困境之中:如果对于电子商务课税,势必影响电子商务商家和消费者的从事电子商务的积极性,不利于电子商务的进一步发展,;如果一直保持免征税收将对税收的公平性造成不利影响,不利于实体企业与电子商务企业之间的竞争,而且还会损害国家的财政收益。为了促进电子商务的发展,WTO等国际组织积极倡导对电子商务免征关税。如,1998年5月20日,WTO第二届部长会议通过的《关于全球电子商务的宣言》要求各成员国至少在一年之内对互联网上所有的贸易活动免征关税,此后的几届WTO部长会议都通过宣言一再重申对电子商务免征关税。不过,从电子商务的长远发展来看,免征关税始终只是权宜之计,各国不可能轻易放弃对电子商务的税收征管权,免征电子商务税收也不利于在实体商家与网络商家之间营造公平的竞争环境。因此,制定针对电子商务税收征纳的合理规则将是国际组织未来电子商务立法工作的主要内容。

4.安全与保密。由于电子商务以开放的互联网为依托,网络环境中存在的各种钓鱼、木马病毒等非法行为很容易对当事人的利益造成侵害。因而,在电子数据传输的过程中,安全和保密一直都是电子商务发展的基本要求。目前,部分国际组织已经制订了一些保障网络传输的安全可靠性的规则。如,经济与合作组织制订的《加密政策指南》,针对加密技术的使用,提出了指导各成员国制定其国内立法与政策的原则。此外,国际商会、欧盟等国际组织都先后制订了确保网络交易安全与保密方面的规则。

5.知识产权。电子商务在全球范围内的迅速普及,对现行知识产权保护制度带来了更加复杂的挑战,版权、专利、商标、域名等知识产权的保护已经成为现代电子商务中的突出问题,因而受到众多国际组织的重点关注。1996 年世界知识产权组织(WIPO)通过的《WIPO 版权条约》和《WIPO 表演与录音制品条约》,对网络知识产权予以重点关注。此外,在 WTO 谈判中,网络贸易中的知识产权保护问题也多次成为电子商务谈判的重要内容,成为全球电子商务规则的重要组成部分。

6. 个人资料和隐私权保护。消费者个人资料和隐私权的保护关系到消费者对电子商务的参与意愿,对电子商务的发展具有非常重要的影响,因而是构建全球电子商务法律框架所必须重点考虑的问题。如为了对消费者个人资料和隐私权进行保护,欧盟颁布的《电子隐私权指令》规定电子通信提供者必须采取适当的措施保证其提供服务的安全性并将破坏网络安全的风险告知用户,成员国需通过国内立法确保通信不被泄密。此外,OECD 也发布了《保护隐私和跨界个人资料指南》对隐私和个人资料的保护予以规范。

7. 电子支付。电子支付是电子商务整个流程中的一个重点环节。电子支付的产生方便了电子商务的资金流转,对电子商务起着巨大的推动作用,对现代金融也产生了深远的影响。[①] 目前,欧盟就电子支付先后制订了《电子货币指令》和《支付服务指令》等指令,强调欧盟各成员国应对电子货币机构以及支付机构实行业务许可制度,确保只有遵守审慎监管原则的机构才能从事此类业务,以此维护支付体系的稳定,保护消费者的合法权益。

(二)各国电子商务立法的主要内容

起步较早的国家在完成了针对电子签章和电子交易的相关立法之后,更多地把注意力转移到一些更具体的问题上,如完善交易规则、电子政府、反欺诈、打击垃圾邮件和查处网络犯罪等,并同时加大了采纳国际电子商务立法规则的力度。而新修订电子商务立法的国家更多的是寄希望于通过一部综合性的电子商务法将与电子商务相关的内容全部囊括其中。

1. 电子合同。电子合同是各国电子商务立法的一项主要内容。主要包括电子交易的要求、电子交易的效力和证据力、电子合同成立的时间和地点的认定、电子代理人、电子错误等。对于电子合同,各国一般通过电子商务综合性立法来规定电子合同的内容。

---

① 郭懿美,蔡庆辉. 电子商务法[M]. 厦门:厦门大学出版社,2004:29.

2. 电子签名和认证。电子签名和认证也是各国立法者关注的一项重要内容。主要包括电子签名的一般效力与规则，电子签名的安全性要求，电子签名的效力与责任，认证机构的设立、义务及其行为规则。鉴于电子签名在电子商务活动中的重要性，许多国家出台电子商务综合性立法的同时还专门制定《电子签名法》，甚至还有些国家目前的电子商务立法中只有《电子签名法》。

3. 电子政务。电子政务服务的开展能够方便民众及企业与政府部门的交往，有利于提高政府部门的效率，使公众能够更加便利地获得有关政府服务。因此，电子政务的运用成为许多国家电子商务立法中的一项内容。不仅美国、加拿大等电子商务发达国家对电子政务的开展作了规定，而且南非、马来西亚、阿曼等发展中国家也都规定了电子政务的内容，各国电子政务相关规则一般包括政府部门及公共机构可以通过电子方式接受申请文件、提交信息，建立和留存文件，签发许可证和接受支付等。

4. 消费者权益保护。消费者权益问题在各国已经越来越受到重视，部分国家采取修订本国消费者权益保护法的形式将电子商务中的消费者权益保护纳入调整范围，但大部分国家在其电子商务综合法中对消费者权益保护问题进行调整。如韩国 2002 年制定《电子商务用户保护法》，其目标是通过保证电子贸易和直接贸易方式的货物贸易、服务贸易的公平来保护用户权利。

5. 打击垃圾邮件。垃圾邮件耗费了企业和个人大量的精力，对电子商务和个人隐私也造成了极大的危害。因此，打击垃圾邮件也成为各国电子商务立法中的一部分。如，2010 年加拿大通过《打击网络和移动网络垃圾邮件法》，对垃圾邮件和不请自来的电子接触相关的威胁，包括身份窃贼、钓鱼、间谍软件、病毒，规定了处罚措施，同时赋予商人和消费者对这些犯罪分子起诉的权利。

此外，各国电子商务立法的内容还涉及域名、知识产权、个人信息保护、网络犯罪[①]、争议解决等。

---

① 如加纳《电子交易法》分别设专章对域名登记、网络犯罪进行规范。

二、国际电子商务立法的模式

（一）国际组织电子商务立法的模式

国际组织采取的电子商务立法模式有：

1. 制定综合性的国际电子商务立法。这类立法模式的典型代表是1996年联合国国际贸易法委员会通过的《电子商务示范法》。该示范法经过众多的国际法律专家多次集体讨论后制订的，意在向各国政府的执行部门和议会提供电子商务立法的原则和框架，尤其是对以数据电文为基础的电子合同的订立和效力等作出了开创性规范。它是世界上第一部电子商务国际基本法，为各国从事电子商务立法提供了框架和示范文本。示范法确立了电子商务法律制度的基本原则，如功能等同原则、中立原则等，这些原则构成了电子商务法律制度的基石，随后也成为各国电子商务立法中的核心内容，并不断得到各国的补充与完善。但是，相对于国际组织从事的大量单项性的国际电子商务立法，综合性立法在数量上略显单薄。

2. 制定单项性国际电子商务立法。随着国际商事实践中电子交易占的比重越来越大，国际组织开始在各自关注的领域内针对电子商务的某个方面或环节进行国际性立法。如，联合国国际贸易法委员会一直关注商事交易中的电子签名和电子合同问题，《电子商务示范法》颁布以后，又接着从事《电子签名示范法》和《国际合同使用电子通信公约》的制订。其他国际组织如国际商会制订了《电子商务术语》和《跟单信用证统一惯例电子提示补充规则》；欧盟制订了《电子签名指令》、《远程销售指令》等指令；国际海事委员会制订了《电子提单规则》等等。国际组织的这类立法数量较多，内容较完备，涉及电子商务法的方方面面。这类立法的制定消除了电子商务发展的障碍，促进了电子方式在国际贸易中的应用，对跨国电子商务的开展和各国电子商务立法产生了深远的影响。

3. 在现有法律或新法中加入电子商务规范。这类立法通过对现有法律进行，修改或者在新修订的法律文件中增加了涵盖电子商务或专门针对电子商务的条款，以满足国际贸易发展的实际需要。典型的如国际商会在其对《2010年国际贸易术语解释通则》的修订中，对各种贸易术语中的A1/B1条都赋予电子方式的通信和纸质通信相同的效力，只要缔约双方同意或存在交易惯例。欧盟在其制订的《公共采购指令》、《不公平商业实践指令》等指令中也都规定了可以使用电子方式,而避免另行针对电子商务制定规则。

(二)各国电子商务立法的模式

电子商务迅猛发展,成为各国经济发展中不可忽略的重要组成部分。各国为了消除电子贸易的壁垒,促进电子商务的更大发展,纷纷从事电子商务立法。各国电子商务立法的模式可以分为以下四类:

1. 修改适用模式。现行的法律体系主要是以传统的社会行为与商业活动形态为调控对象,因而适用于传统商业活动的法律也完全能够适用于电子商务,如现行的合同法、消费者权益保护法等,这些规定完全适合电子商务。但是电子商务又具有自己的特点,在电子商务的某些方面直接适用传统法律存在许多难题,如电子合同的成立、电子签名的效力,电子商务纠纷的管辖权的确定等。为此,许多国家为调整快速兴起的电子商务活动,要么修改已有的法律规定,要么在已有的法律中增加相应的补充规定,从而使现有的法律体系一方面基本形式、架构得以保持,另一方面又较好地适应了电子商务活动对法律规制的需要。如,德国通过对《德国民法典》和《民事程序规则》的修订,将欧盟《电子签名指令》的转化为国内法。

2. 综合性立法模式。随着电子商务在全球经济、社会生活中的地位不断提升,影响力不断增强,仅靠对现有立法进行修补已难以满足电子商务发展的要求。世界上大多数国家制订了综合性电子商务法,以顺应信息经济时代经济发展的需要。从世界各国以《电子商务法》或《电子交易法》为命名的立法内容来看,基本上与联合国《电子商务示范法》保持一致,主要解决商务手段电子化与传统以纸面为基础法律的冲突,即解决数据电文或电子记录等同于纸面功能或效力的法律要件;同时还规范因使用电子手段订约在要约和承诺等方面引起的一些特殊规则。美国的《统一电子交易法》、加拿大《统一电子商务法》、新加坡《电子商务法》、韩国《电子商务基本法》等是这一模式的代表。

3. 单项立法模式。有些国家从现实需要出发,对本国电子商务领域内较为迫切的一些问题进行先行立法。制定单行法规,如电子签字和认证规则、消费者权益保护规则、电子支付规则、隐私权保护规则等,待时机成熟后,再进行综合立法。这种方法的优点是,能够及时解决电子商务发展过程中的具体问题,并能够在实践中不断积累经验,逐步提出比较完善的综合立法的思路。如马来西亚在1997年《数字签名法》的基础上于2006年制订了

《电子商务法》。此外,已经制定电子商务综合性立法的国家,为进一步完善国内电子商务法律体系,对各个问题制定具体的单行规则。这种"先综合立法后分别立法"的思路有利于从宏观上把握电子商务这一新事物的发展趋势,有利于统一电子商务活动中关键问题的看法。如,韩国在 1999 年出台《电子商务基本法》的基础上又于 2001 年颁布了《电子签名法》。

4. 政策为主,立法缓行模式。电子商务作为新兴的商业模式,许多问题还处于未定状态,包括技术问题、认证问题、信息数据的证据力问题、侵权责任认定问题等,而且这些问题的解决有赖于电子商务的进一步深入发展和各方面经验的积累。但许多国家经济较落后或电子商务刚兴起,对电子商务诸问题的认识不深或更多地来源于其他国家的介绍,缺乏本国的经验累积。在此情况下比较适合采用较灵活的政策去引导电子商务的发展,待各方面条件成熟后再自行制定电子商务法律和法规。实际上,在美国、日本、加拿大、法国等国家电子商务发展的早期,也持这种观点。目前,世界各国电子商务立法进程趋于平稳,而以政策为主导的国家主要是一些电子商务欠发达的国家。[①]

三、国际电子商务立法的主要特点

(一)国际组织电子商务立法的特点

信息技术的发展具有以往几次科技革命所不具备的特点,因而由信息技术革命所引起的电子商务的国际立法在一定程度上也具有以往国际经济贸易立法所不具备的特点。[②] 总的来看,国际电子商务立法具有以下特点。

1. 在电子商务发展的早期国际组织的立法占主导地位。传统的国际民事立法一般都是在各国已制订的国内法律的基础上,由国际组织或一些国家针对各国国内法的差异和冲突进行协调,从而形成统一的国际经贸法律。[③] 但是在电子商务领域,由于信息技术跨越性发展以及电子商务的爆发性增长,在短短的几年时间里,电子商务就在全球迅速普及,面对电子商务

---

① 苏丽琴. 电子商务法[M]. 北京:电子工业出版社,2010:17.

② 沈根荣. 国际电子商务立法的发展进程及特点[J]. 国际商务研究,2000,(2):37 - 41.

③ 沈根荣. 国际电子商务立法的发展进程及特点[J]. 国际商务研究,2000,(2):37 - 41.

发展的汹涌浪潮,各国根本无暇应对,来不及制订系统的电子商务的国内法规。① 同时,由于电子商务的全球性、虚拟性、无边界等特点,任何国家难以单独制定适用于跨国界的电子交易法律规范,而国际组织正好可以发挥其优势,组织全球优秀的法律和电子商务专家深入观察研究电子商务的运行规律,根据电子商务的特点尝试性地从事国际性立法,这些立法获得成功后,便迅速地被各国国内立法所借鉴和吸收,成为各国国内立法的核心内容。

2. 电子商务法的制订与完善保持同步。由于电子商务目前仍处于高速发展的过程中,电子商务中的法律问题必然还会伴随着电子商务的发展而不断涌现,这就注定国际电子商务立法不可能"毕其功于一役",只能就目前已成熟或已达成共识的法律问题制订相应的规范,并在电子商务发展过程中不断地加以修改和完善。② 联合国国际贸易法委员会制订的《电子商务示范法》可以说是这方面的典范,该法第二部分"电子商务的特定领域",目前只制订"第一章货物运输",立法者的意图很明显是为以后出现的特定领域预留空间。此外,该法通过两年后联合国国际贸易法委员会就对其作了补充。③ 电子商务立法的这一特点是其他领域立法所不常见的,但这完全是与国际电子商务的发展相适应的。

3. 电子商务法与传统民商事法之间保持了兼容性。国际组织制订的电子商务法考虑到了各国法律制度的相互融合问题,因此,在立法上充分协调,以求尽量减少冲突。如,联合国《国际合同使用电子通信公约》,在电子通信的发送和接收标准方面,有意避免了两大法系所采取的"投邮主义"与"到达主义"之间的差异。兼容性也是电子商务法中立原则在立法中的具体体现。

4. 电子商务立法体现了适用性。电子商务的发展虽然带来了不少全新的法律问题,但电子商务本身并没有同传统交易方式相对立,而是传统贸易

---

　　① 傅明. 全球电子商务立法的特点及其统一化的必要性与可行性[J]. 国际商务研究,2002,(6):48-55.

　　② 傅明. 全球电子商务立法的特点及其统一化的必要性与可行性[J]. 国际商务研究,2002,(6):48-55.

　　③ 1998年,联合国贸易法委员会对第5条进行了完善,增加了第五条之二,以提及方式纳入条款,"不得仅仅由于信息未载入据称产生法律效力的数据电文而只是在该数据电文中提及,因而否定其所具的法律效力、有效性和可执行性。"

方式的自然延伸,因此,电子商务国际立法的重点在于对过去制订的国际经贸法规加以补充修改,使之适用于新的贸易方式。① 例如,国际商会《2010年国际贸易术语解释通则》,在1990年、2000年修订本的基础上进一步加强电子程序的运用,使之能够更好地适用于新的国际贸易环境。

值得注意的是,在电子商务中,发达国家具有资金、人才、技术等优势,相比较而言,发展中国家的电子商务发展水平普遍较为落后,因而在电子商务立法方面,发达国家,尤其是美国处于主导地位。② 目前有关电子商务立法的各种构想也大多是发达国家,主要是美国和欧盟提出的,而发展中国家处于被动地位,即使此种立法对本国造成不利,也只能被迫接受。③ 例如,在联合国《国际合同使用电子通信公约》的制订过程中,由于美国、加拿大和欧盟等电子商务比较发达的国家和地区在立法上比较成熟,而且经验较为丰富,这就为它们在争取利益上提供了前提条件。实际上,《公约》的规定在多处都体现了这些电子商务发达国家和地区的利益关注。④

(二)各国电子商务立法的特点

1. 立法的速度快、周期短。从1995年俄罗斯的《联邦信息法》、美国犹他州的《数字签名法》开始,在短短16年间,据笔者不完全统计,就有100多个国家和地区制订了综合的或单项的电子商务法。电子商务的变化速度快、尚未成熟的现实状态以及未来难以预测的风险,本应构成电子商务立法的障碍,但在现实中这些障碍轻易被克服,在立法中出现罕见的高效,这在世界立法史上实属奇迹。但是,不可否认的是电子商务对各国经济增长起着重要的推动作用,对国内相关产业的发展至关重要。因此,各国通过立法就是想尽快占领高点,赶上电子商务发展的国际潮流,进而提升本国经济的国际竞争力。

2. 受国际组织电子商务立法的影响非常明显。国际组织在国际层面率

---

① 傅明. 全球电子商务立法的特点及其统一化的必要性与可行性[J]. 国际商务研究,2002,(6):48-55.

② 傅明. 全球电子商务立法的特点及其统一化的必要性与可行性[J]. 国际商务研究,2002,(6):48-55.

③ 沈根荣. 国际电子商务立法的发展进程及特点[J]. 国际商务研究,2000,(2):37-41.

④ 如第12条确认自动电文系统在合同订立中的使用在客观上有利于发达国家众多的电子商务企业。第14条"电子通信中的错误"基本上因为美国一个国家的极力主张,就将早前"撤回发生输入错误的电子通信"改为"撤回电子通信中发生输入错误的部分"。

先制订的电子商务法,成为各国尤其是不发达国家制定本国电子商务立法的模板。如,按照欧盟法,这些指令对于各成员国有约束力,成员国有义务按照指令的规定制定或者修改其国内法,从而使得各成员国的国内法律制度保持协调一致。欧盟在电子商务法领域推出的三部指令,一方面推动了那些尚未在电子商务领域采取立法行动的成员国加快了电子商务立法的步伐;另一方面也促使那些已经制订了电子商务法的成员国根据指令对国内电子商务立法进行必要的更新。

3. 立法各具特色,注重与传统法律的衔接。各国大多从自己本国的实际情况出发,根据电子商务在本国的运用现状以及本国的立法传统来从事立法。部分国家延续传统的立法习惯,制订法律比较严谨、细致,在制订电子商务法时,同时制定配套的条例或实施细则,注重法律的实施。如为了配合《电子签名与认证服务法》的实施,日本同时制订了与之相配套的一系列法律法规,包括《电子签名法的实施》、《电子签名法有关指定调查机关的省令》、《基于商业登记的电子认证制度》等相关法律。而另外一些国家主要是发展中国家则倾向于"拿来主义",立法上只求一个快字,急于利用电子商务提振本国的经济。如,百慕大 1999 年就制订了《电子交易法》、哥伦比亚也在 1999 年制订了《电子交易、数字签名与认证机构法》,这些国家的电子商务立法明显超前于其国内电子商务实践的发展,体现政府的急功近利的心态。

4. 制定新法与修改旧法并重。电子商务中,有些问题需要制订新的法律,如数据电信、电子签名及其认证问题等。而有些问题则需要修改现行立法,以使现行立法能够适用于电子商务。因此,有些国家就在制订新法时对原有的一些法律进行了修改。如印度《电子商务支持法》对以合同法、证据法为代表的若干部重要法律作了一揽子修订,以适应电子商务应用中出现的新情况。德国《多媒体法》对与电子商务相关的各个方面的法律都进行了修订:包括《通信服务使用法》、《通信服务中个人信息的保护法》、《刑法典修正案》、《行政违法修正案》、《版权法修正案》、《电子签名法》、《禁止对未成年人传播不道德出版物修正案》、《价格标示法修正案》等。

5. 立法不平衡、差距大。发达国家和发展中国家的电子商务鸿沟,显示出世界电子商务发展的不平衡。① 电子商务实务发展的不平衡也导致发达

---

① 苏丽琴. 电子商务法[M]. 北京:电子工业出版社,2010:19.

国家与发展中国家在立法方面存在明显的差距。目前,美国、欧盟以及亚洲部分国家在电子商务立法方面已经具有较为成熟的经验,其电子商务立法的覆盖面从电子合同、电子签名和认证、电子政务不断延伸到隐私权保护、打击垃圾邮件等诸多新领域。而部分亚洲、非洲、拉美国家的电子商务立法还非常落后,有很多国家目前还没有电子商务立法,有些国家虽然制订了电子商务法,但由于电子商务基础设施落后,电子商务先天发育不足,其立法大多局限于消除电子商务使用中的壁垒,为电子商务的开展奠定基础。无论是法律的完备程度还是法律的涵盖范围都与发达国家具有非常大的差距。

第三章　国际电子商务立法的最新发展

　　据统计,从世界上出现第一部有关电子商务的立法,①到 2002 年短短的六七年时间,除联合国国际贸易法委员会、国际商会、经合组织等国际组织制订了大量的电子商务立法外,同时还有 57 个国家和地区已经制定或正在制定有关电子商务的法律。② 这段时间可以说是国际电子商务立法的第一个高潮,这一阶段从事立法的主要是部分国际组织、发达国家以及部分迫切希望通过电子商务促进国民经济发展的新兴国家。随着电子商务的不断发展,立法所涉及的范围和内容不断扩大,从消除电子交易的法律障碍逐步扩展到电子商务的各个环节如电子支付、消费者保护、电子政府等。如 2005 年联合国《国际合同使用电子通信公约》(以下简称《公约》)就是顺应电子商务发展的实际并综合各国的立法经验应运而生的。该《公约》的颁布具有强烈的示范意义,为世界各国电子商务立法尤其是还没有立法的国家带来了巨大的冲击和震撼。许多国家借鉴《公约》的成功立法经验,将之作为本国电子商务立法或法律修正的模板。据笔者不完全统计,《公约》颁布以来,从 2006 年至今短短 6 年时间至少已经有 30 多个国家和地区制定或修改了本国电子商务立法,国际电子商务立法正进入了一个新的高潮。这一时期,各国电子商务已经或正在经历高速发展的阶段,在电子商务立法方面,国际上也已经有了足够的成熟立法模式可以参考。因此,这一时期的电子商务立法具有明显的后发优势,立法内容丰富、体系完备,立法质量普遍较高。在本章中,笔者对近年来国际组织制订的 2 部电子商务立法和各国制订的 10 部具有典型意义的电子商务立法进行深入的考察,并以此为基础展开分析,以期把握国际电子商务立法的最新动态和趋势。

---

　　①　美国犹他州于 1995 年 3 月制订的《数字签名法》,首次开创了电子商务专门立法的先例。另外,世界上最早涉及电子商务的国家法律是俄罗斯国家杜马于 1995 年 9 月通过的《俄罗斯联邦信息法》。

　　②　李适时. 各国电子商务法[M]. 北京:中国法制出版社,2003:30.

第一节　国际组织电子商务立法的最新发展

一、联合国 2005 年《国际合同使用电子通信公约》

2005 年 11 月,联合国国际贸易法委员会制订的《国际合同使用电子通信公约》在第 60 届联合国大会正式通过,并于 2006 年 1 月 16 日起开放签署。《公约》仅适用于 B2B 国际商事交易,旨在为国际商事领域建立一个适于电子商务运用的完整的法律框架。《公约》为国际电子订约制订的统一规则,充分考虑了电子商务实践的发展,提升了使用电子手段订立的合同的法律确定性,有助于推动电子商务的发展。①

(一)《国际合同使用电子通信公约》的立法目的和结构

《公约》与联合国国际贸易法委员会之前颁布的两部示范法——《电子商务示范法》和《电子签名示范法》——具有很大的不同:《电子商务示范法》和《电子签名示范法》是为协调各国国内法而制订的范本,是不具有法律效力的"软法",而《公约》则是各国为"统一"法律而颁布的国际法律文书,是具有约束力的"硬法"。②《公约》是联合国国际贸易法委员会在前两部示范法的基础之上制订的,旨在消除国际合同使用电子通信的障碍,消除现有国际贸易法律文件在执行中可能产生的障碍,加强国际贸易合同的法律确定性和商业上的可预见性,从而促进国际贸易的稳定发展。③

《公约》共 4 章 25 条。第一章是"适用范围",包括适用范围、不适用情形、意思自治等;第二章是"总则",包括定义、当事人所在地等;第三章是"国际合同使用电子通信",包括对电子通信的法律承认,发出和收到电子通信的时间和地点、自动电文系统在合同订立中的使用、合同条款的备查和电子通信中的错误等;第四章是"最后条款",包括条约的保存人、签署、批准、接

---

① 刘颖,何其生. 国际合同使用电子通信公约对我国电子商务立法的启示[J]. 暨南学报:哲学社会科学版,2009,14(4):67 – 79.

② Amelia H. Boss. The Evolution of Commercial Law Norms: Lessons to be Learned from Electronic Commerce[J]. Brooklyn Journal of International Law,2009,34(3): 673 – 708.

③ 孙占利.《国际合同使用电子通信公约》:解读与评价[J]. 时代法学,2007,5(5):108 – 115.

受或认可、区域经济一体化组织的参与、关于适用范围的声明等。

(二)《国际合同使用电子通信公约》的主要内容

1.《公约》的适用范围。《公约》适用于"与营业地位于不同国家的当事人之间订立或履行合同①有关的电子通信②的使用"。《公约》适用于国际合同,即位于两个不同国家的当事人之间的合同,但不要求这两个国家都是公约的缔约国。不过,只有当缔约国的法律适用于当事双方的交易时,公约才可适用,如果当事双方未有效选择适用法律,则适用法律由法院所在地国关于国际私法的规则确定。③《公约》不适用于涉及为个人、家人或家庭目的订立合同的电子通信;不适用于在某些金融市场中受某些特别规则或行业标准约束的交易,④也不适用于可转让的所有权票据或单证。⑤

2. 当事人所在地的确定。《公约》制订了一套确定当事人所在地的规则。《公约》未规定当事人有义务披露营业地点,而是作出若干假定,设立若干默认规则,目的是便于确定当事人的所在地。《公约》认为,当事人指明自己的相关营业地,这虽然不是绝对重要,但也是头等重要的。《公约》对 IP 地址、域名或信息系统的物理地址等采取较为谨慎的方式,虽然这些信息都是客观存在的,但是对于当事人的实际所在地的确定几乎没有任何决定性的价值。

3. 合同的处理。《公约》第 8 条规定不得仅以合同系由电子通信形式产生为由而否定其效力或可执行性。⑥ 同时,《公约》第 12 条承认了通过自动电文系统订立合同的效力,即使无自然人对这些系统进行的每一动作或由此产生的合同进行复查也不例外。此外,鉴于在自然人与自动电文系统通信而达成的实时交易或近乎即时的交易中发生错误的风险较高,《公约》第 14 条规定,在某些情况下,发生输入错误的一方当事人可撤回通信中有输入

---

① 《公约》中的"合同"一词用法很宽泛,包括诸如仲裁协议和其他具法律约束力的协议,无论这些协议通常是否称为"合同"。

② 根据公约的规定,"电子通信"是指经由电子手段、电磁手段、光学手段或类似手段生成的,与合同的订立或履行有关的,包括要约和接受要约在内的任何陈述、声明、要求、通知或请求。

③ 《国际合同使用电子通信公约》第 1 条。

④ 排除这些交易是因为金融服务部门已经有明确的规范管理办法和行业标准,这些管理办法和标准可以有效处理这些部门在全球范围内的电子商务活动。

⑤ 因为生成等同于纸质形式的具有可转让性的电子票据或单证具有很大的难度,对此需要制订特别的规则。

⑥ 该规定延续了《电子商务示范法》第 11 条所确定的原则。

错误的部分。

4.电子通信或电子合同的形式要求。《公约》第9条重申了《电子商务示范法》所载的功能等同原则。但是,与《电子商务示范法》的要求不同,《公约》没有对保留记录的问题进行处理,因为《公约》起草者认为这类事项与证据规则虽然与行政要求的关系较紧密,但与合同的订立或履行关系较小。应当指出的是,《公约》第9条以设定最低标准的形式,使法律适用中可能存在的形式要求得到满足。

5.发出和收到电子通信时间和地点的确定。与《电子商务示范法》第15条相类似,《公约》也对发出和收到电子通信的时间和地点的确定制订了一套默认规则,目的是将关于发出和收到数据电文的国内规则移植到电子环境中。《公约》第10条和《电子商务示范法》第15条使用了不同的措辞,其目的不是为了要产生什么不一样的效果,而是为了衔接国内法的相关规定,以便《公约》在各种法律制度中得以实施。根据《公约》的规定,"发出"是指电子通信离开发件人所控制的信息系统,而"收到"则是指电子通信能够由收件人检索,或者按推定在电子通信到达收件人的电子地址时。《公约》对于将通信发送到指定的电子地址和将通信发送到未经指定的地址两种情况分别作了不同的规定。在第一种情况下,通信到达收件人的电子地址时即为收到。对于将通信发送到未经指定电子地址的所有情况,《公约》规定的收到为:(a)电子通信(到达收件人的电子地址)能够被收件人检索,(b)收件人已经实际了解该通信已发送到其地址。

6.与其他国际文书的关系。《公约》第20条的目的是解决现行国际文书对电子商务构成的一些法律障碍,以避免对这些国际条约进行逐一修订。除为避免疑问而规定的第20条第1款外,《公约》第20条第2款也可以适用于其他国际公约、国际条约或国际协议中涵盖的合同所涉及的电子通信,除非缔约国已明确排除此类适用情况。第20条第3款和第4款允许各国在其适用公约条文的国际文书的列表中添加具体的公约——即使该国已根据第2款提交了一份一般声明——或撤除其声明中指明的某些具体公约。

(三)《国际合同使用电子通信公约》评价

《公约》适用于《国际货物销售公约》等公约调整的交易,使传统国际商事公约与电子商务相结合,赋予传统国际商事公约以新的生命力。当某些国家国内电子商务法的适用存在问题时,《公约》的"硬法"性质将得到体现,其作用的发挥是切实的、有效的、可行的,是能够得到法律强制力保证的解决方案,①因此《公约》将更为广泛的鼓励电子商务规范的采用。

在接受《电子商务示范法》的不少条文和内容的基础上,《公约》在立法内容和立法方式等方面也不乏突破和创新。例如,《公约》对《电子商务示范法》中那些未获各国国内法接受的条款予以放弃。② 另外,在吸收美国、加拿大等国内先进立法的基础上,《公约》增加了三个部分:即要约邀请(第11条)、自动电文系统在合同订立中的使用(第12条)和电子通信中的错误(第14条)。《公约》在两部示范法的基础上,经过"一个重述(已有的条款)、改进(需调整的条款)、放弃(多余的、无效条款)和强化(通过增加其他相关条款)的过程"③后完成了自己的使命。

但是,作为电子商务领域的一个国际公约,《公约》避免不了要在不同法律制度之间进行妥协和折衷,这就使得《公约》不可避免地存在一些问题。④ 首先,《公约》在很大层面上体现了发达国家和地区尤其是美国和欧盟的利益。由于美国、加拿大和欧盟等电子商务比较发达的国家和地区在立法上有较为成熟的经验,这就使他们在谈判中占据了主动。《公约》的规定在多处体现了这些电子商务发达国家和地区的利益关注。⑤ 其次,《公约》中很多的术语和用词在谈判中存在很多争议,最终经由妥协达成的《公约》条款可能会使许多国家对《公约》不满。⑥ 因《公约》自身的性质,使最初看来鼓励

---

① Amelia H. Boss. The Evolution of Commercial Law Norms:Lessons to be Learned from Electronic Commerce[J]. Brooklyn Journal of International Law,2009,34(3):673 – 708.

② 公约没有接受《电子商务示范法》的下列条款:第9条关于数据电文的可接受性和证据力;第13条数据电文的归属;第14条确认收讫以及《电子商务示范法》第二部分做出的关于货物运输的特别规定。

③ Amelia H. Boss. The Evolution of Commercial Law Norms:Lessons to be Learned from Electronic Commerce[J]. Brooklyn Journal of International Law,2009,34(3):673 – 708.

④ 何其生. 统一合同法的新发展:《国际合同使用电子通信公约》评述[M]. 北京:北京大学出版社,2007:336 – 337.

⑤ 如第12条确认自动电文系统在合同订立中的使用在客观上有利于发达国家众多的电子商务企业。第14条"电子通信中的错误"基本上因为美国一个国家的极力主张,就将早前"撤回发生输入错误的电子通信"改为"撤回电子通信中发生输入错误的部分"。

⑥ 例如,公约第4条第(8)项关于"营业地"的定义虽然经过多次讨论,最后也只能在权衡中选取了最模糊的条文。这样的条文从历史的角度第一次确立了"营业地",有着开拓性的价值和意义,但对于各成员国来说,关注最多的可能还是由此而带来的实际运用中所可能产生的问题。公约的类似措词和条款还有一些,它们无疑会为公约的接受增添一些不确定性的因素。

电子商务信息披露,提升透明度的一些内容,由于各国的讨价还价而变成了如今模棱两可的规定。① 此外,《公约》在很多方面还存在一些语言晦涩、语意不清、易产生分歧的问题。②

(四)《国际合同使用电子通信公约》对各国电子商务立法的影响

目前已有 18 个国家签署了《公约》,但仍因缺少足够数量国家的批准书或接受书而未能生效。③ 尽管《公约》尚未生效,但从实际操作层面来看,由于其内容的先进性和科学性、制定过程中国际参与的广泛性,《公约》对国际社会电子商务的立法产生了巨大而深刻影响。《公约》对于合同的处理、自动电文系统的运用、电子错误、发送和接受电子通信的时间和地点等内容被许多国家所接受,有的国家甚至将这些内容"原封不动"的纳入本国的电子商务立法之中。④

二、欧盟 2009 年《关于电子货币机构业务开办、经营和审慎监管的指令》

2009 年 9 月 16 日,欧盟委员会通过了《关于电子货币机构业务开办、经营和审慎监管的指令》(2009/110/EC),该指令取代了欧盟原有的电子货币机构监管规范,即欧盟于 2000 年 9 月 18 日发布的《关于电子货币机构业务开办、经营与审慎监管的指令》(2000/46/EC)。指令从电子货币机构的准入条件、资本金要求、重要事项报告、从业范围、资金保障措施以及电子货币的发行与赎回等方面对电子货币机构开业、经营和审慎监管进行了规范。

(一)电子货币和电子货币机构的定义

根据指令的规定,电子货币是指电子货币发行人通过收取货币资金,发行用于支付交易目的、能够被其他自然人或法人接受的电子的(或电磁的)货币价值,它表现为持有人对发行人所享有的一种请求权;电子货币机构则

---

① 例如,公约第7、13、14 条的规定,虽然注重了与国内法的协调,但本身也成了协调的牺牲品,成为没有实质性意义的条文。公约第 6 条"当事人的所在地"本身最初是想确定一些电子通信技术在确定营业地中的地位和作用,但最后却变成一些否定性的推定,条款的价值和意义就大打折扣。

② 如《公约》在根据其他国际公约进行的通信往来、最后条款中区域经济一体化组织的参与、多法域国家的适用以及复杂的声明内容等方面很容易产生分歧。

③ 《公约》第 23 条规定,公约需 3 个国家批准之后方能生效。但截至目前,只有新加坡和洪都拉斯两国批准《公约》。

④ Amelia H. Boss. The Evolution of Commercial Law Norms: Lessons to be Learned from Electronic Commerce[J]. Brooklyn Journal of International Law,2009,34(3):673 – 708.

是指满足准入条件并获得主管当局授权可以发行电子货币的机构。

（二）电子货币机构市场准入制度

根据指令，电子货币机构审慎监管原则上仍可适用 2007 年《支付服务指令》（2007/64/EC）和 2006 年《关于信用机构业务开办与经营指令》（2006/48/EC）的部分内容。① 在市场准入方面，要获得电子货币机构资格，申请者须向所在成员国主管当局提交一份包含营业方案、营业计划、初始资本金证明、建立保障客户资金安全制度的证明、建立防止洗钱与恐怖融资机制的证明、组织架构、直接或间接持有人资料、管理层资料、申请人合法证明与组织章程、机构总部所在地资料等内容在内的申请材料。② 主管当局应当在收到该申请材料后 3 个月内通知申请者申请是否获得授权（authorization），如果申请被拒绝主管当局应当说明原因。③ 获得授权的电子货币机构还需要到主管当局设立的登记部门进行登记备案。同时，主管当局在某些特定情形下有公开撤销电子货币机构经营资格的权利，这些情形包括：电子货币机构 12 个月内未使用授权、明确放弃授权或停止从事相应商业活动超过 6 个月；通过虚假陈述或其他非正常手段获得授权；电子货币机构不再满足获得授权的条件；或继续经营将对支付系统稳定性构成威胁等。

（三）初始资本金和持续性自有资金要求

充足的资本金和持续性自有资金是电子货币机构安全运转、顺利履行各项义务，以及防范化解各种风险的最基本的物质保障。④ 指令明确提出电子货币机构必须具备不低于 35 万欧元的初始资本金。⑤ 同时，指令还对电子货币机构的持续性自有资金作了最低要求，根据电子货币机构开展电子货币发行业务还是其他业务设定了不同的计算标准：如果发行电子货币，电子货币机构的自有资本金的最低持有量不得少于近 6 个月未兑现电子货币的相关负债总额平均值的 2%；如果不发行电子货币，电子货币机构自有资

---

① 根据新指令，2007 年《支付服务指令》第 5 条"授权的申请"，第 10 - 15 条"授权的同意"、"决议的传达"、"授权的撤销"、"登记"、"授权的维持"、"核算和法定审计"，第 17 条第 7 款"支付服务外包"，以及第 18 - 25 条原则上仍适用于电子货币机构。

② Directive 2007/64/EC. Article 5.

③ Directive 2007/64/EC. Article 11.

④ 杨娟，彭韵程. 欧盟电子货币机构审慎监管的经验及对我国的启示[J]. 华北金融，2010，（10）:48 - 50.

⑤ Directive 2009/110/EC. Article 4.

金的要求按规定的 3 种方法之一(按照 2007 年《支付服务指令》第 8 条的规定)来计算。① 最合适的计算方法由主管当局根据成员国法律制定。

(四)重要事项报告制度

根据指令的要求,如果电子货币机构的资金保障措施发生了重大的变动或决策层出现重大的调整时,电子货币机构必须及时向主管当局报告并获得主管当局的同意,以确保主管当局能够及时掌握电子货币机构的运营情况。② 报告的事项主要包括:如果发行电子货币所收取款项的安全措施发生了实质变化时,必须提前向主管当局报告;当电子货币机构中法人或自然人所持有的限定资产资本比例或选举权比例达到、超过或不足 20%、30%、50% 时,或决定并购或处置、增加或减少这些限定资产时,必须及时向主管当局报告。③

(五)从业范围

根据指令,电子货币机构还可以从事除发行电子货币外的以下行为:2007 年《支付服务指令》附件规定的支付服务,如开立资本账户、支付转账、发行或取得电子票据、电子支付中介等。发行电子货币的机构应当根据 2006 年《关于信用机构业务开办与经营指令》的规定加强客户备付金的管理,不得挪用客户的备付金。不发行电子货币的机构应当根据 2007 年《支付服务指令》设立专用的支付交易账户,并且不得挪用客户备付金和其他应偿债资金用于其他的商业活动。

(六)客户资金保护措施

为保护用户的利益不受损害,指令明确规定电子货币机构应当确保通过发行电子货币所获取客户备付金的安全。④ 电子货币机构必须将其自有资金与客户备付金进行隔离,并为客户备付金开立专门的账户,该账户只能对主管当局认定的具有充分流动性的低风险资产进行投资。成员国应当要求发行电子货币的机构遵循 2007 年《支付服务指令》第 9 条的第 1 款和第 2 款的规定;不发行电子货币的机构应当适用 2007 年《支付服务指令》第 9 条

---

① Directive 2009/110/EC. Article 5.
② 刘胜军. 欧盟电子货币监管制度最新发展及其启示[J]. 金融与经济,2010,(3):64 - 65,88.
③ Directive 2009/110/EC. Article 3.
④ 杨娟,彭韵程. 欧盟电子货币机构审慎监管的经验及对我国的启示[J]. 华北金融,2010,(10):48 - 50.

的规定。①

（七）电子货币的发行和赎回

指令第三部分对有资格发行电子货币的机构发行货币作了相关规定，包括平价发行、随时赎回条款、赎回条件、赎回费用和合同终止。② 为增强消费者对电子货币以及整个电子支付系统的信心，指令规定，电子货币发行机构必须明确其在任何时候都承担按照货币价值对电子货币进行赎回的义务。③ 如果赎回行为发生在合同到期前或到期一年后，发行者可按照合同规定收取一定费用，如果赎回行为发生在合同到期时或合同到期一年内，发行者必须免费赎回电子货币。④

此外，指令还规定了电子货币机构禁止向电子货币持有人支付持有电子货币期间的利息；争议解决的庭外投诉和救济程序；最后条款和执行措施；委员会程序；成员国间的协调；过渡性条款及对 2005/60/EC⑤、Directive 2006/48/EC⑥ 的修正。

根据指令，各成员国应在 2011 年 4 月 30 日之前，将该指令转化为国内法律。⑦ 可以预见，随着指令逐渐被欧盟各成员国纳入国内法，指令关于电子支付的相关规定将在更为广泛的领域内得到适用，不仅会对欧盟内部电子商务的发展带来巨大的影响，而且由于欧盟市场在整个国际市场中的地位，指令还将对欧盟之外其他国家的电子支付立法产生深远的影响。

---

① Directive 2009/110/EC. Article 7.

② Directive 2009/110/EC. Article 10 – 13.

③ 刘胜军. 欧盟电子货币监管制度最新发展及其启示[J]. 金融与经济,2010,(3):64 – 65, 88.

④ 刘胜军. 欧盟电子货币监管制度最新发展及其启示[J]. 金融与经济,2010,(3):64 – 65, 88.

⑤ 即欧洲议会和欧盟理事会《关于阻止将金融系统用于洗钱和恐怖融资目的的指令》（DIRECTIVE 2005/60/EC OF THE EUROPEAN PARLIAMENT AND OF THE COUNCIL of 26 October 2005 on the prevention of the use of the financial system for the purpose of money laundering and terrorist financing）

⑥ 即2006 年《关于信用机构业务开办与经营指令》（Directive 2006/48/EC of the European Parliament and of the council of 14 June 2006 relating to the taking up and pursuit of the business of credit institutions）.

⑦ Directive 2009/110/EC. Article 22.

第二节　各国电子商务立法的最新发展

一、新加坡 2010 年《电子交易法》

(一)新加坡 2010 年《电子交易法》的立法背景

新加坡 1998 年就制订了《电子交易法》和《电子交易（认证机构）规则》,是世界上最早通过电子商务立法的国家之一。新加坡《电子交易法》规定了电子商务交易当事人之间权利义务的法律基础,并对电子商务环境下产生的相关法律问题进行了规范。当时,新加坡是世界上最早根据联合国国际贸易法委员会《电子商务示范法》制定国内电子商务立法的国家之一。电子商务立法的完善为新加坡电子商务的快速发展奠定了坚实的基础,此后十多年来,新加坡的电子商务经历了空前的繁荣,在亚洲乃至全球都具有重要的影响。但是,随着信息技术和电子商务实践的不断发展,新加坡现行电子商务法律制度已经远远满足不了电子商务发展的需要,为顺应新加坡电子商务的日趋成长以及国民对电子化政府的需求,新加坡决定对《1998 年电子交易法》和《电子交易（认证机构）规则》进行修正。[1]

2004 年至 2005 年间,新加坡分三个阶段对《1998 年电子交易法》和《1998 年电子交易（认证机构）规则》进行全面的审查并接受公众咨询,涉及的问题主要包括:与联合国《国际合同使用电子通信公约》(以下简称《公约》)条款有关的修改问题、《电子交易法》的排除适用情形、认证机构的规则、电子政府和网络服务提供者的责任豁免等。[2]审查和随后的公众咨询由新加坡资讯通信发展管理局(IDA)和检察总署(AGC)两个部门经与新闻通信及艺术部和司法部磋商后联合执行。经过审查和公众咨询,IDA 和 AGC 于 2009 年 6 月发布了《IDA-AGC 电子交易法 2009 建议修正案联合审查(报告)》,提出了新版的《电

---

[1]　Ken China,Koh See Khiang,etc. Update of the Electronic Transactions Act[EB/OL]. (2010 - 07 - 01)[2011 - 11 - 12]. http://www. lawgazette. com. sg/2010 - 07/feature3. htm.

[2]　IDA&AGC. Joint IDA - AGC Review of Electronic Transactions Act: Proposed Amendments 2009 [EB/OL]. (2009 - 06 - 30)[2011 - 07 - 29]. http://www. ida. gov. sg/doc/Policies% 20and% 20Regulation/Policies_and_Regulation_Level2/20060424112136/ETA_RR(30June09). pdf. .

子交易法案》(建议稿)和《电子交易(认证机构)规则》(建议稿)。

2010年5月19日,新加坡正式通过修正后的《2010年电子交易法》,该法于2010年7月1日正式施行。作为电子商务立法的先驱国家,新加坡此次的法律修正充分吸收了2005年《公约》的成果,紧跟国际电子商务立法的步伐。2010年7月7日,新加坡批准了《公约》,成为继洪都拉斯之后第二个批准该公约的国家。

(二)新加坡2010年《电子交易法》的修正内容

新加坡2010年《电子交易法》(以下简称ETA 2010)在《1998年电子交易法》(以下简称ETA 1998)的框架基础上进行了重新的建构,使法律的框架更为紧凑合理。ETA 1998由12部分64节组成,而ETA 2010精简为7部分39节,内容包括:序言;电子记录;签名和合同;安全电子记录和签名;指定安全程序规则和指定安全程序提供者规则;公共机构使用电子记录和签名;网络服务提供者的责任;一般规定。ETA 2010除正文外还附有4个附件,作为对法律条文的补充。新加坡ETA 2010对ETA 1998的修正主要体现在三方面:一是借鉴国际先进经验,与《公约》保持一致;二是立足本国实际更新电子商务法律;三是注重实际运用,完善实施细则。

1. 借鉴国际先进经验,与《公约》保持一致

《公约》在制定过程中广泛征求各国和有关国际组织的意见,对电子商务领域的统一立法做出了重要的贡献,是电子商务领域的第一个专门性公约,同时也是近年来国际商事立法中最重要的成果。[①] 新加坡修正电子商务法的目的之一就是"履行联合国大会2005年11月23日通过的《国际合同使用电子通信公约》,并使新加坡与电子交易相关的法律,无论是否涉及营业地处于不同国家的当事人,与《公约》的规定保持一致。"因此,为了与《公约》保持一致,ETA 2010中增加了对电子原件要求、要约邀请、自动电文系统的运用、电子通信中的错误等规定,完善了电子通信发送和接收时间和地点的规定,同时删除了归属和确认收讫的规定。

(1)增加了对电子原件要求、要约邀请、自动电文系统的运用和电子通信[②]中的错误等内容的规定。受《公约》的影响,ETA 2010第10节规定满足

---

① 孙占利.国际合同使用电子通信公约:解读与评价[J],时代法学,2007,5(5):108-155.
② 受《公约》的影响,ETA 2010将ETA1998中使用的"电子记录"一词改为"电子通信"。

一定要求①的电子文书、记录或信息,具有与原件类似的法律效果;ETA 2010 第 14 节对要约邀请作了界定,即以电子通信方式提出的可供不特定多数使用信息系统的当事人一般查询的订约提议,应视作要约邀请;ETA 2010 第 15 节规定在电子交易中使用自动电文系统订立合同也具有法律效力;ETA 2010 第 16 节允许发出错误电子通信的一方有权撤回该电子通信,只要该错误是由自然人或自动信息系统所做出的,且系统没能给当事人提供改正该错误的机会。

(2)完善了发送和接收电子通信时间和地点的确定规则。对于发出和接收电子通信时间的确定,ETA 1998 第 15 节规定以进入某一信息系统的时间为准,然而,随着通信技术的发展,当事人双方使用同一信息系统(如邮箱服务器)的情况不断增多,这种情形下,电子通信的发出和收到几乎同时发生,以"进入信息系统"为准确认发出和接收电子通信的时间明显不合时宜。因而,受《公约》的影响,ETA 2010 第 13 节规定电子通信的发出时间是其离开发件人控制范围之内的信息系统的时间,电子通信的收到时间是其能够由收件人在该收件人指定的电子地址检索的时间。这样的规定更适合于邮件服务器之间传播的网络通信。② 对于发送和接收电子通信地点的确定,ETA 1998 和 ETA 2010 虽然都以发件人或收件人设有营业地的地点视为电子记录的发出地和接收地,但是对于营业点的具体确定,ETA 2010 第 2 节做了更为详细的规定。③ 该规定充分考虑了电子商务技术发展的特点,旨在淡

---

① 这些要求包括:电子记录所含信息的完整性自该文书、记录或信息初次以其最终形式——不管作为书面文书或电子记录——生成之时起即有可靠保障;要求对某人提供文书、记录、信息的,该电子记录能够被显示给要求提供该信息的人;如果具有监督权的公共机构规定了与这些电子记录的提供或留存相关的其他要求,这些记录的提供或留存要求已经得到满足。

② 尚明,阿拉木斯. 电子商务国际公约与我国电子商务立法[M].北京:法律出版社,2009: 338.

③ ETA 2010 第 2 节(2)款规定"营业地"是指当事人为了从事一项经济活动,但并非从某一处所临时提供货物或服务而保持一非短暂性营业所的任何地点,如果当事人是没有营业地的自然人,以其惯常居所地为准。第 2 节第(3)款规定,如果当事人指明了营业地,该指明的所在地推定为其营业地,除非另一方当事人证明该当事人在其指明的所在地无营业地;如果当事人未指明营业地并且拥有不止一个营业地的,那么与有关合同关系最密切的营业地为其营业地,但须考虑到双方当事人在合同订立之前任何时候或合同订立之时所知道或所设想的情况;一所在地并不仅因其是一方当事人订立合同所用信息系统的支持设备和技术的所在地或是其他当事人可以进入该信息系统的地方而成为营业地;仅凭一方当事人使用与某一特定国家相关联的域名或电子信箱地址,不能推定其营业地位于该国。

化信息系统所在地在确定发送和接收地点中的作用,确保收件人与视作收件地点的所在地有着某种合理的联系,并使发件人易于查明该地点。

(3)删除了电子记录的归属和确认收讫的规定。受《公约》的影响,ETA 2010删除了 ETA 1998 第 13 节和第 14 节关于电子记录的归属和确认收讫的规定。删除 ETA 1998 第 13 节关于电子记录的归属的规定是因为,用于确定发送人通过物理媒介发送信息的证据规则同样适用于电子通信,另行规定电子记录的归属是没有必要的,该方法实际上与电子通信功能等同原则和非歧视原则类似。删除 ETA 1998 第 14 节确认收讫的规则是因为在新加坡电子交易实务中已不再要求确认收讫,保留确认收讫规则已经没有必要。

2. 立足本国实际,更新电子商务立法

ETA1998 施行 10 多年以来,新加坡的电子商务环境已经发生非常大的变化,这些变化也成为推动新加坡完善电子商务立法的重要动力。为了适应这些变化,新加坡政府一方面适应通信技术的发展,对法律作出相应的更新;同时为建设高效政府,完善电子政府相关立法;并针对电子商务的发展实际做出相应修改。

(1)适应通信技术的发展,对法律作出相应的更新。ETA 2010 对认证机构规范采用技术中立的认证架构,未来认证机构不一定要使用公开密钥基础设施(Public Key Infrastructure,PKI)的相关技术作为提供验证服务的方式,相反,在其他技术逐渐开发的状况下,也可采用其他技术提供验证服务,如生物识别技术。当然,主管机关仍会以相同标准对采用不同验证技术的认证机构进行监管,以确保认证服务的安全性及有效性。正是基于这一理念,ETA 2010 在 ETA 1998 的基础上,将与特定电子签名技术相关的条款从法律中删除,这些条款包括第 6 部分数字签名的效力、第 7 部分有关数字签名的一般责任、第 8 部分认证机构的义务、第 9 部分证书申请者的义务、第 10 部分认证机构的规则等,因为这些内容都是针对数字签名的规则。此外,为了体现技术中立原则,ETA 2010 还以指定安全程序和指定安全程序提供者的称呼取代 ETA 1998 使用的电子签名及电子签名认证机构,并在附件二中规定指定安全程序的类型。目前附件二只规定了电子签名,但这是一个开放性的规定,部长可以通过发布在公告上的命令根据需要增加、删除或修改附件二中规定的安全程序的种类。

（2）为建设高效政府,完善电子政府相关立法。ETA 2010 规定致力于加强电子政府服务的应用,使民众及企业在与政府机关进行交往时,更有效率地使用电子文件等相关服务。为此,ETA 2010 第 25 节中规定公共机构①有权以电子方式履行各种职能。根据第 25 节,公共机构可以通过电子方式接受文书的存档;要求提供信息;要求文书的制作或留存;要求文书、记录或信息以原件形式提供或留存;签发任何许可、执照或批准;或要求支付某些费用。② 相应地,任何人如果以符合公共机构指定要求的电子方式执行上述交易,就满足了成文法规定的执行上述交易的要求。其他与电子政府相关的修正主要着眼于支持政府提供无纸化服务。ETA 2010 对 ETA 1998 第 9 节③电子记录的留存做了修正,删除了 ETA 1998 第 9 节第（1）款（d）项要求留存电子记录需取得相关公共机构同意的规定。因为要取得这些公共机构的同意需经过烦琐的行政程序,这对电子记录的留存的当事人造成了很大的不便,因而大大限制了第 9 条的适用。上述关于电子政府的修正是为了配合新加坡政府在其电子服务网站"电子公民"（eCitizen）中拟推出的 OneInBox④功能,新的规定可使公共机构更方便的向公众发送电子文件,以取代纸质文件,不仅能减少打印和纸张开支,也为公众和企业提供更多的便利。

（3）针对电子商务发展的实际作出相应的修改。一是对 ETA 2010 的不适用情形做了更灵活的规定。附件一所列举的不适用该法的情形在 ETA 1998 的基础上,增加了汇票、本票、运单、提单、仓单或任何其他可使持单人或受益人有权要求交付货物或支付一笔款额的可转让单证或票据。在规定本法不适用情形的同时,新加坡考虑到电子商务以及社会发展需要,

---

① 根据新加坡《2010 年电子交易法》,公共机构是指政府部门、国家机关或根据公法成立的公共机关。

② Electronic Transactions Act 2010 of Singapore. Section 25.

③ 新加坡 1998 年《电子交易法》第 9 节规定,如法律要求某些文书、记录或信息必须留存,留存的电子记录应该"取得监管记录留存的有关政府部门、国家机关和法定法人的同意"才满足了法律规定的留存要求。

④ 新加坡政府部门目前供公众使用的电子服务网站"电子公民"（eCitizen）,2012 年将正式推出一站式地接受政府所有部门的电子信函服务的 OneInbox 功能。公众可通过单一密码——新加坡通行证（SingPass）使用 OneInbox 服务,并可设定电邮和手机短信接到电子邮箱收到新信件的通知,也可在网上为信件存档,并通过相关链接进行付费服务,或通过其他电子服务回复等。这些电子信件可被保存和打印,避免纸张信件遗失带来的麻烦。

附件一的内容可以做适当调整,即采取的开放性的做法,规定部长可以在公报上发布命令对附件一进行修正。二是当事人意思自治规则更加人性化。ETA 1998 第 5 节仅规定了当事人可以通过协议变更该法第二、第四部分的内容。而 ETA 2010 第 5 节则不仅明确规定,当事人可以自主决定接受或者排除使用电子交易,或同意完成/认证合同/交易的附加条件;此外进一步规定,除非另有约定或法律规定的,使用电子交易的协议或同意也可以由当事人的行为推断。此外,ETA 2010 还对指定安全程序和指定安全程序提供者的规定、网络提供者的责任、法人违法等作出了修改。

3. 注重实际运用,完善实施规则

为了实施 ETA 2010 第 22 节和 38 节赋予的权利,新加坡在 1998 年《电子交易(认证机构)规则》的基础上制订了 2010 年《电子交易(认证机构)规则》。新规则于 2010 年 11 月 1 日起正式实施,目的在于使认证机构管理制度得以配合新兴信息安全技术齐驱发展,进而使其与国际趋势相符,其主要内容体现在:

(1)对认证机构实施自愿许可制(Voluntary Accreditation)。新加坡对其1998 年《电子交易(认证机构)规则》对认证机构实行许可制,在许可制下,所有认证机构均应向主管机关申请许可后,才能对外签发认证证书。新规则对此进行了修正,采纳了自愿许可制,赋予了认证机构更大的自主权,即原则上认证机构对外签发认证证书无需主管机关许可,但认证机构如果希望所签发的认证证书具备特定的法律效果,才需要经过许可。

(2)经许可的认证机构签发的认证证书具有证据法上的推定效果。根据自愿申请许可通过的认证机构签发的认证证书而制作的数字签名,除非另有证据否认其效力外,用户无须举证一律推定具有证据法上的效力。而通过未经申请许可的认证机构所签发的认证证书而制作的数字签名,用户需要向法院提出其他辅助证据,才能证明该签名的真实性。

(3)认证机构的责任限制。根据新规则,经过许可的认证机构的责任范围是有限的,认证机构只要符合 ETA 2010 和新规则规定的要求,对因信赖虚假或伪造用户电子签名而造成的损失,可以不承担责任。如果经过认可的认证机构疏于履行某些义务,该认证机构也仅在认证证书上特别载明的范围内承担责任。

此外,新规则还对认证机构申请认证的程序和审计规则进行了优化和整合。总之,新加坡《电子交易法》修正后,不论从体系上还是从具体规则的内容上来看,都更加完善,为新加坡电子商务的发展创造了良好的法律环境,并极大地推动了新加坡电子商务的发展和创新。

(三)新加坡2010年《电子交易法》的评价

新加坡《电子交易法》经修正后,其立法体系和规则内容更加完善和完备,概括来讲,具有如下特质。

1.作为统领电子商务的基本法,具有宏观性。新加坡是国际上从事电子商务立法最早的国家之一,电子商务基础条件和法制环境比较成熟,但他们对此并不满足,仍然根据电子商务发展的需要不断完善相关立法,希望在电子商务领域继续保持全球领先位置并在国际市场占据更大的份额。新加坡修正 ETA 2010 时,就意在制定一部适用于电子交易的综合性法典,[①]为电子商务提供一个综合性的可预测的法律环境。电子商务基本法的制定有利于新加坡从宏观上构建电子商务法制框架,从而全盘把握电子商务发展趋势,引导和鼓励电子商务所依赖的信息技术的发展。由于侧重于宏观指导,ETA 2010 无法将电子商务的所有内容事无巨细全部纳入其中。因此,新加坡在修正电子商务基本法时对有些可由其他传统法律调整的问题(如,电子交易中的消费者权益保护、个人数据保护、电子支付、知识产权等)未作规定,而是交由传统的相关法律来解决。这种结合其他法律的处理方法,使电子商务基本法与传统法律相结合,共同形成了系统的电子商务法律体系。[②]

2.与国际立法保持同步,具有先进性。电子商务立法作为国际交易的基本规则之一,不可避免地具有全球性的特征,因此各国都高度重视本国立法与国际标准的协调。新加坡在联合国贸易法委员会1996年颁布《电子商务示范法》后立即开始相关电子商务的立法研究与立法起草工作,并于1998年通过了《电子交易法》,该法诸多内容以《电子商务示范法》为模板。在联合国 2005 年通过《公约》后又立即根据《公约》对现有 ETA 1998 进行修正,新修正的 ETA 2010 中借鉴了《公约》的先进经验,增加了对原件、发送和接

---

① Electronic Transactions Act[EB/OL]. (2006 – 04 – 20)[2011 – 11 – 12]. http://www. ida. gov. sg/Policies%20and%20Regulation/20060420164343. aspx.

② 李静. 新加坡电子交易法的前瞻表征及启示[J]. 东南亚研究,2010,(3):28 – 34.

收电子通信的时间和地点、要约邀请、自动电文系统的运用、电子通信中的错误等规定。新加坡积极从事电子商务立法的目的就是使本国电子商务立法与国际立法保持同步,从而有助于新加坡在不断发展的电子商务市场中继续保持优势。

3. 立足于信息技术发展的实际,具有科学性。新加坡 1998 年制订《电子交易法》时,数字签名是较为成熟的安全技术,所以当时的立法在坚持技术中立原则的同时将数字签名单独列出,赋予其更高的法律地位。ETA 2010 修正之前,新加坡对 ETA 1998 和 1998 年《电子交易(认证机构)规则》进行了全面的审查并广泛接受公众咨询,以保证立法符合民众的愿望。随着信息技术的发展,保障电子交易安全的签名形式已经大大发展,不再局限于数字签名,所以新加坡 ETA 2010 将基于 PKI 技术的特定条款作为法律的附件,为新的电子技术的运用及其法律地位预留了空间。

为了完成 ETA 2010,新加坡投入了大量的人力物力,一方面积极借鉴国际经验,另一方面广泛征求国内民众、企业及相关政府部门的意见,充分考虑到了新加坡电子商务发展的国内国外环境,因而立法反映了电子商务的实际,具有较高的质量,体现了宏观性、先进性和科学性。虽然该法并非完美无缺,如 ETA 2010 第 26 节对网络服务提供者如何界定? 在确定侵权资料是否由第三方生成时,构成"有效控制"的标准是什么? 在电子交易方式越来越普及的现实背景下,这些问题急需进一步明确。但瑕不掩瑜,ETA 2010 仍不愧为近年来电子商务立法的重要成果。

二、马其顿 2007 年《电子商务法》

马其顿拥有现代化的数字通信网络,互联网应用具有较高的水平。2005 年 12 月成为欧盟候选国后,该国的法律政策包括电子商务法律政策开始逐渐向欧盟标准靠拢。在欧盟《电子商务指令》的影响下,该国 2007 年 10 月 26 日通过了《电子商务法》。[①] 马其顿《电子商务法》共由 7 章 25 条组成,主要包括一般条款、通信信息和商业通信、以电子方式缔结的合同、信息社会服务提供者和接收者的责任、监督和检查、处罚条款和仲裁、过渡和最后

---

① Ana Hadzieva. Macedonian Law on Electronic Commerce[J]. Emerging Macedonia, 2008,(2): 22.

条款。

马其顿《电子商务法》与欧盟一样使用信息社会服务（information society services）一词对其法律规范下的各类电子商务活动进行概括。信息社会服务一般是指在服务用户的要求下，通过处理和存储数据的电子装置远程提供的服务。①

《电子商务法》的颁布为马其顿建立起了一个支持电子商务的法律框架，该法目的在于消除跨境在线服务的障碍并对商人和市民从事电子商务行为提供法律上的确定性。② 该法规定了提供信息社会服务特别是电子商务的基本原则、信息社会服务提供者的责任、电子形式合同的缔结和消费者保护的相关规则。③

与欧盟《电子商务指令》一样，马其顿电子商务法并不调整著作权和工业产权、电子资金的转移、税收、与行使公共权力有直接或特定联系的公证机关或相类似行业的活动、代表客户并为其利益出庭抗辩行为、或涉及在碰运气的游戏中下具有货币价值赌注的赌博活动（包括彩票与打赌交易）。④ 该法不要求服务提供者在提供信息业服务之前获得用户事先的授权、批准或承认。⑤

为了保护信息接收者的利益，马其顿《电子商务法》对信息业服务提供者的信息披露作了特别的规定，要求服务提供者必须向信息接收者或政府机构披露以下信息：名称、地址、联系方式、在登记机构登记的信息、向主管机关提交的资料（服务需要获得有关许可或授权的情形）、纳税号码（服务提供者缴纳增值税的情形）等。信息服务提供者应确保商业通信中的资料至少符合如下条件：（1）用户收到该商业通信时即可对其识别；（2）发出商业通

---

① 根据马其顿《电子商务法》的规定，信息社会服务涵盖的范围很广，例如通过计算机网络进行货物买卖、在计算机网络上提供信息或者商业性宣传等行为都属于信息社会服务。有些服务在本质上不能以电子方式远程提供，例如法定的公司账目审计，或者需要对病人进行现场检查的医疗服务，因此不属于信息社会服务。

② Ana Hadzieva. Macedonian Law on Electronic Commerce[J]. Emerging Macedonia, 2008,（2）: 22.

③ Ministry of Information Society and Administration. Analysis on the e – Commerce Situation in the Republic of Macedonia[EB/OL].（2010 – 11 – 29）[2011 – 11 – 12].

http://www. mio. gov. mk/files/pdf/en/e – CommerceAnalysis_29. 11. 10. pdf.

④ Macedonian Law on Electronic Commerce. Article 5.

⑤ Macedonian Law on Electronic Commerce. Article 6.

信的自然人或法人能被识别;(3)商业通信中的任何促销方式(包括折扣与
馈赠)应能被清楚识别,使用促销手段所需满足的条件应易于被知悉并清楚
无误的显示。①

　　马其顿《电子商务法》鼓励以电子方式缔结合同。该法规定,合同的要
约和承诺都可以通过电子方式作出,不得仅仅因为合同以电子方式缔结而
否认其有效性。如果合同缔结或生效需要签名,电子签名只要符合电子签
名规则就具有同样的效果。但是这些规定不适用于设立或转移租赁权以外
的不动产权利的合同;法律规定要求法庭、公共机构或行使公共权力的职业
技术人员介入的合同;为行业、业务或职业以外的目的提供保证或从事担保
的合同;受家庭法或继承法调整的合同。②

　　马其顿《电子商务法》明确了信息业服务提供者的责任,该法第四章规
定了服务提供者在提供信息传输、储存、链接服务时,可以享受责任豁免,即
服务提供者不因其提供传输、存储、链接的信息中包含有违法内容而承担法
律责任,只要该服务提供者未对被传输或存储的信息内容作出任何修改。
这是因为在这些情况下,服务提供者对信息的传输和存储是技术性的、自动
性的和暂时性的,服务提供者并不知道被其传输或存储信息的具体内容。
但是,如果服务提供者故意与其服务接收者合谋从事违法活动的,则不属于
责任限制之列。

　　马其顿《电子商务法》规定了经济部、交通通信部和电子通信局等政府
部门有权在依法对该法的实施进行监督检查,信息业服务提供者应当配合
监督检查。此外,为了有效的解决电子商务争端,马其顿《电子商务法》规
定,服务提供商和服务接收者之间可以通过仲裁方式解决争端。

三、牙买加 2007 年《电子交易法》

　　牙买加《电子交易法》于 2007 年 4 月 2 日正式生效。该法对电子文书
和电子交易的诚信和可靠性制定了一套法律框架,目的是增强本国和国际
社会对电子商务的信心。对于该法在牙买加的实施,负责执行该法的牙买
加采矿和通信部部长 Clive Mullings 认为:"这将是牙买加进入数字社会的一

---

①　Macedonian Law on Electronic Commerce. Article 8.

②　Macedonian Law on Electronic Commerce. Article 10(5).

个里程碑"。① 该法的颁布实施是为了实施政府制定的一项电子交易计划，该电子交易计划的目标是建立一个法律和监管框架，以确保所有牙买加公民以及与牙买加有商业来往的人从事电子交易的信心；对电子商务提供与传统商务同等的保护；以及在数字领域保持与国际社会同步等。②

该法共6部分39条，主要内容包括：序言，电子交易运用的要求，与电子通信和签名相关的当事人的行为，与供应货物、服务或设施相关的电子交易的义务，认证机构，最后条款。

该法明确规定了电子通信在法律上应与书面通信具有同等的法律效力，可以在法庭上作为证据使用。该法的调整对象不仅仅包括电子交易，电子通信的许多方面都涵盖在内，例如消费者保护问题也包括在内。该法适用于任何供应商以电子交易方式达成的供应商品、服务或设备的协议，只要该供应商：（1）在牙买加境内以销售、出租或以物换物方式向境内或境外的公民提供商品、服务或设备；或（2）无论在牙买加境内还是境外，以销售、出租或以物换物方式向牙买加境内公民提供商品、服务或设备。

尽管牙买加《电子交易法》的目标在于覆盖所有的电子交易，但以下这些交易除外：（1）遗嘱或其他神圣文书的制作、执行、更改或撤销；（2）不动产以及不动产上任何利益的让与或转让；（3）信托或代理权的成立、变更、执行或实施；（4）民事诉讼程序规则。上述这些事项之所以排除在外，是因为根据牙买加法律，这些交易的性质决定这些交易应该以非常慎重的、正式的方式完成，利用电子方式来完成是不合适的。如果这些交易以电子方式执行的话，相关交易行为在法律上应当会被视为无效。③

牙买加《电子交易法》对电子签名采用了"技术中立"的方式，以便日后

---

① S Coward. Move to conduct business online［EB/OL］.（2007 – 12 – 31）.

http：//www. caribbeanpressreleases. com/articles/2505/1/E – Transactions – Act – 2007 – Launched – in – Jamaica/Page1. html.

② Tricia Gaye Watson. The Electronic Transactions Act – Doing Business the " E – Way"［EB/OL］.（2008 – 03 – 26）.

［2011 – 11 – 12］http：//www. myersfletcher. com/newsletter – issues/item/the – electronic – transaction. html.

③ The Ministry of Energy Mining and Telecommunications launched the promotion of the E – Transaction Act（ETA）2006 on 23rd October 2007 at the Knutsford Court Hotel in Kingston［EB/OL］.（2008 – 11 – 19）［2011 – 10 – 13］. http：//www. mmt. gov. jm/eta – page. htm.

随着技术的发展,无需作出修改仍然能够继续适用该法。① 该法规定,以下电子交易是安全的:(1)具有可靠的方法对个人的身份进行认证;(2)在传输和储存期间,通信的完整和准确没有遭到任何方式的破坏;(3)发件人无法否认其已经发送或以收件人收到的形式发送该通信。

该法并不强行要求个人或公司以电子方式从事交易,除非在交易中当事人都同意以电子方式从事交易。但是,如果政府是交易的一方当事人,那么政府可以作出明确的保证,在其参与的所有交易中都必须以电子方式完成。②

此外,该法还就电子合同的成立规则、电子通信和签名的法律承认、电子交易双方当事人的权利义务、电子签名、消费者权益保护、认证机构、违反该法的处罚措施等进行了规定。

四、萨摩亚2008年《电子交易法》

2008年5月8日,太平洋岛国萨摩亚③颁布了《电子交易法》。该法受联合国国际贸易法委员会《电子商务示范法》的影响很大,整个法律框架比较简单,原则性规定较多,主要是为了支持电子交易的运用,促进国内电子商务的发展。该法由4部分17条组成,主要包括:序言、电子记录适用的法律要求、电子记录的传递和杂项规定。

该法明确规定,未经当事人同意,不得要求其使用、提供或接受电子记录,但这种同意可以从当事人的行为作出推断。④ 该法不适用于以下事项:(1)遗嘱或文书的制作执行和撤销;(2)不动产的让与或不动产相关利益的转移;(3)任何须经公证的其他事项;(4)经由根据本法制定的条例所规定的事项。⑤

---

① The Ministry of Energy Mining and Telecommunications launched the promotion of the E – Transaction Act (ETA) 2006 on 23rd October 2007 at the Knutsford Court Hotel in Kingston[EB/OL]. (2008 – 11 – 19)[2011 – 10 – 13]. http://www.mmt.gov.jm/eta – page.htm.

② Myers, Fletcher, Gordon. The Electronic Transactions Act[EB/OL]. (2008 – 02 – 02)[2011 – 11 – 12]. http://www.myersfletcher.com/pdf/The% 20Electronic% 20Transaction% 20 Act.pdf.

③ 萨摩亚是太平洋岛国,国土面积2934平方公里,人口18万。

④ Electronic Transaction Act of Samoa. Article 4.

⑤ Electronic Transaction Act of Samoa. Article 3.

对于电子记录的法律承认,该法受联合国国际贸易法委员会《电子商务示范法》的影响很大,规定不得仅仅以信息采用了数据电文的形式或该信息未载入据称产生法律效力的数据电文而仅在该数据电文中被提及为理由否定其法律效力、有效性或可执行性。[1] 对于电子签名,该法遵循技术中立等原则,规定一项电子签名只要能够鉴别签字人的身份并表明签字人同意与该签字相关的信息,就满足了法律规定的签字要求。[2] 对于数据电文的可接受性和证据力,该法同样效法《电子商务示范法》规定,一项数据电文不得以其不是原件为由而否定其作为证据的可接受性;对于以数据电文为形式的信息,应给予应有的证据力。[3]

该法设专章对数据电文的传递作出了规定,该章的规定大多来自于《电子商务示范法》。对于合同的订立及有效性,该法规定,对于合同的订立而言,除非当事人各方另有协议,一项要约以及对要约的接受均可以数据电文的形式表示;如订立合同时使用了一项数据电文,则不得仅仅以该合同使用了数据电文为由而否定其有效性或可执行性;当合同的订立中使用了一项电子记录,除非当事人另有约定,该合同受萨摩亚法管辖。[4] 对于电子记录发出和收到的时间和地点,尽管《公约》的相关规定更为先进,该法仍然采取《电子商务示范法》的做法,规定应以电子记录进入发端人控制范围之外的某一信息系统的时间为发出时间,以电子记录进入指定信息系统的时间为接收时间;以发端人或收件人设有营业地的地点视为电子记录的发出地和收到地;如果发端人或收件人拥有一个或一个以上的营业地,以与基础交易具有最密切联系的营业地为准,若无任何基础交易,则以其主要营业地为准;如果发端人或收件人无任何营业地,则以其惯常居住地为准。[5] 此外,该章还规定了当事各方对电子记录的承认,电子记录的归属,确认收讫等,这些规定与联合国国际贸易法委员会《电子商务示范法》大同小异。

---

[1] Electronic Transaction Act of Samoa. Article 6.
[2] Electronic Transaction Act of Samoa. Article 8.
[3] Electronic Transaction Act of Samoa. Article 11.
[4] Electronic Transaction Act of Samoa. Article 12.
[5] Electronic Transaction Act of Samoa. Article 16.

五、赞比亚 2009 年《电子通信和交易法》

近十多年来,赞比亚信息技术产业取得了巨大的发展,为进一步扫清电子商务发展的障碍,2009 年 8 月,赞比亚国会正式颁布《电子通信和交易法》。该法的主要目的是:为消费者、商业部门和政府处理和使用电子通信创造一个安全、可靠和有效的环境;提升电子通信产业的法律确定性和信心并鼓励其投资和创新;促进可靠通信系统和网络的建立;成立中央监控和协调中心并明确其职能;废除 2004 年计算机滥用和刑事犯罪法;以及对与上述情形相关的或附带的情形进行规范。

赞比亚 2009 年《电子通信和交易法》由 16 章和 114 条构成,主要内容为:序言、数据电文的法律要求、数据电文的传递、密码提供者、认证服务提供者的认证和承认、消费者保护、个人信息保护、关键数据库的保护、域名规则、服务提供者的责任限制、通信的拦截、储存通信的进入、加密通信、网络检查、网络犯罪、一般条款。

赞比亚《电子通信和交易法》明确规定,该法可适用于任何电子交易和数据电文,但不适用于以下交易:依据土地法的不动产转让;根据遗嘱和遗产管理法的遗嘱及遗嘱附录的执行、留存和出示;汇票的执行;以及与担保相关的交易。

该法第二章对数据电文的法律要求作了详细的规定。根据赞比亚《电子通信和交易法》,不得仅仅以信息采取数据电文形式为由而否认其法律效力和作用;不得仅仅由于信息未载入据称产生法律效力的数据电文而只是在该数据电文中提及,而否认其所载数据电文的法律效力和作用;包含在协议中而不是在公共领域的信息可视为已经包含了数据电文。① 对于书面形式,该法规定,一项文件或信息若以数据电文的形式出现并可以调取以备日后查用,就满足法律规定必须采用书面形式的要求。② 对于电子签名,该法采取了技术特定的处理方式,"一项电子签名不得仅仅因为其电子形式而否定其法律效力","当法律规定要求一个人的签名且未规定签名的类型时,只有使用了先进的电子签名,对于该数据电文而言,才算满足了该项签字要

① The Electronic Communications and Transactions Act of Zambia. Article 4.
② The Electronic Communications and Transactions Act of Zambia. Article 5.

求"。① 此外,该章还规定了数据电文原件的确定,数据电文作为证据的可接受性和证据力,数据电文的留存,文书或信息的生成,公证、承认和认证,其他要求和自动化交易。

该法第三章规定了数据电文的传递。该章规定,一项数据电文,如果是由发端人自己发送、由有权代表发端人行事的人发送或由发端人的自动运作的信息系统发送,即为该发端人的数据电文。② 该章还规定了当事人之间协议变更、协议的成立和生效、数据电文发出和收到的时间和地点、表达意图和其他声明、收到数据电文的承认、接受电子档案处理和文书的签发等。

第四章密码提供者。该章规定,未经注册,禁止在赞比亚境内提供密码服务或相关产品。③ 该章具体规定了提供密码服务或产品的登记、密码提供者的登记、登记信息的限制披露等内容。

第五章认证服务提供者的认证和承认。规定了认证管理机构和其他官员的任命、认证产品和服务的销售、认证管理机构的权利和义务、认证产品和服务的认证、认证标准、认证的撤销和中止、外国认证产品和服务的承认以及认证规则。

第六章消费者保护。该章规定,消费者可以在购买货物或服务后,7天之内无理由撤销该项交易。④ 此外,该章还对消费者保护的适用范围、供应商提供的信息、冷却期、履行、外国法的适用、投诉等做出了详细的规定。

第七章个人信息的保护。规定了个人信息保护的范围、以电子方式收集个人信息的原则。

第八章关键数据库的保护。规定了关键数据库的保护范围、关键数据和关键数据库的认定、关键数据库的登记、关键数据库的管理、信息披露的限制、关键数据库的审计以及例外情形。

第九章域名规则。规定了域名的规则、登记和注册的许可、争议解决。

第十章服务提供者的责任限制。包括定义、服务提供者代表机构的认

---

① The Electronic Communications and Transactions Act of Zambia. Article 6.
② The Electronic Communications and Transactions Act of Zambia. Article 18.
③ The Electronic Communications and Transactions Act of Zambia. Article 22.
④ The Electronic Communications and Transactions Act of Zambia. Article 36.

可、合格服务提供者的条件、单纯连接的无责、缓存、托管、通知记录、服务提供者无监控非法行为的一般义务、保留等。

第十一章通信的拦截。该法规定,除非另有规定,任何人不得从事拦截通信的行为,截断通信的行为构成犯罪最高将导致 25 年的监禁。① 但是,根据本法设立的中央监控和协调中心具有拦截通信的权利。

第十二章储存通信的进入。规定了储存通信的禁止披露、消费者记录的披露、电子储存通信的进入、远程计算服务通信的进入、电子通信服务和远程计算服务中记录的披露。

第十三章加密通信。规定了加密通信的使用、一般构成、禁止未经授权的解密和公布密钥、密钥持有者披露记录和信息的禁止、法律执行官员的障碍、密码产品的销售和取得、禁止披露或使用储存的复原信息、复原机构的豁免。

此外,该法第十四章至十六章规定了网络检查、网络犯罪和一般条款。对网络检查官的任命和职权、网络犯罪的定义、类型和处罚等做出了规定。

六、阿曼 2008 年《电子交易法》

为了给电子商务提供一个良好的发展环境,历经 3 年的修改和完善,阿曼苏丹国 2008 年 5 月正式发布《电子交易法》。该法的起草工作由信息技术局与相关政府机构以及一家私人律师事务所负责,《电子交易法》草案的起草充分研究了联合国国际贸易法委员会、经合组织、欧盟等国际组织以及美国、马来西亚、突尼斯等国家的电子商务立法,并以此基础完成了《电子交易法》草案的文本。② 这是阿曼有史以来颁布的第一部电子商务立法,该法旨在使电子交易合法化,为阿曼的电子商务发展提供法律基础。该法的颁布使阿曼进入了一个新的时代,阿曼步入电子化社会的愿望已经逐渐变成现实。这同时也是阿曼信息技术局实施国家 IT 战略的一个重要里程碑。信息技术局认为,该法的目的是通过对公众使用电子交易、电子信息和电子记录相关的个人数据予以充分的保护,从而加强公众对安全使用电子交易、电

---

① The Electronic Communications and Transactions Act of Zambia. Article 64.

② Electronic Transaction Law of Oman:a Review[EB/OL]. (2008 - 08 - 11)[2011 - 10 - 03].
http://www. articlesbase. com/internet - law - articles/electronic - transaction - law - of - oman - a - review - 517399. html.

子信息和电子记录的信心。[①]

阿曼《电子交易法》由 9 章共 54 条构成,主要内容包括:定义与一般规定、电子信息和电子交易的要求及其法律后果、电子交易与合同的订立、保护电子交易的方法、主管部门、证书和认证服务的相关规定、个人资料的保护、电子记录和签名的政府使用、处罚等。

该法调整通过电子渠道如互联网传输的电子数据和信息。根据该法,任何完全或部分使用电子方式完成合同、协议或通信的行为被称之为电子交易,为了鼓励电子交易,任何以电子方式完成的合同、协议或通信都被认为具有法律效力。

阿曼《电子交易法》使电子商务中使用数字签名合法化,各类机构和组织如果希望使用数字签名都必须在信息技术局通过正式的程序批准。同时,该法对认证电子信息和电子记录制定了统一的规章、条例和标准。在建立安全和信任的基础之上,该法对电子签名和电子交易进行了规范,以此加强电子交易在本国、海湾国家以及阿拉伯国家的发展。电子商务中电子签名的使用为基于互联网或其他电子媒介的电子认证提出了一个共同的法律框架,它将在缔结合同、开展业务中扮演关键的角色,并帮助人们以电子方式合作共事。

作为一部综合性的法律,该法对电子信息的共享予以高度重视,为确保信息和通信的安全对之实施更高的认证、诚信和隐私要求。[②] 该法规定加密作为确保保密信息或数据电文的安全、验证发件人身份、防止他人获得保密信息或数据电文的方式。政府机构现在可以在招标系统中使用电子年报以及电子签名,许可证申请程序和税收系统同样可以以电子方式收取费用或接受支付。

此外,阿曼《电子交易法》还对电脑系统中的个人资料提供隐私保护。

---

① 信息技术局行政总裁 Salim Al Ruzaiqi 博士指出该法的主要目的是促进电子交易的发展,这对阿曼的电子政府和电子商务运用是非常关键的。See: Electronic Transaction Law of Oman: a Review [EB/OL]. (2008 – 08 – 11) [2011 – 10 – 03].

http://www. articlesbase. com/internet – law – articles/electronic – transaction – law – of – oman – a – review – 517399. html.

② Electronic Transaction Law of Oman: a Review[EB/OL]. (2008 – 08 – 11) [2011 – 10 – 03].

http://www. articlesbase. com/internet – law – articles/electronic – transaction – law – of – oman – a – review – 517399. html.

该法将保护电子系统和数据的责任交由管理这些电子系统的机构以及发行有效电子签名的授权机构承担。为了优化监管环境,该法还对滥用电子系统如侵入计算机系统、获取或篡改数据等犯罪行为施加严厉惩罚。

七、卡塔尔 2010 年《电子商务和交易法》

2010 年 8 月 19 日卡塔尔发布艾米利法令(Emiri Decree)正式颁布了国内第一部综合性的电子商务法——《电子商务和交易法》。《电子商务和交易法》由 10 章 73 条构成,主要内容包括:定义、法的适用、电子交易要求、电子交易的效力和证据力、电子签名、认证服务、信息的传输和储存、消费者保护、最高委员会的权力、犯罪和处罚。该法的颁布使卡塔尔国内电子商务和电子交易的商业使用向前迈出了重要的一步。① 负责监管卡塔尔国内电信和 IT 行业的信息和通信技术最高委员会((ictQATAR)在该法颁布之前作了大量的工作,在广泛借鉴联合国国际贸易法委员会和欧盟制定的关于电子商务、电子签名的示范法和指令以及其他国家电子商务立法实践的基础上,ictQATAR 完成了该法的草案,并就该草案与相关政府机构进行协商。②

卡塔尔《电子商务和交易法》适用于卡塔尔境内当事人协议采用电子通信方式进行的交易,包括电子政务服务。但是该法不适用于与家庭和人身有关的文书,在土地上创设利益的文书,根据法律规定必须进行公证的文书以及流通票据。③

卡塔尔《电子商务和交易法》对电子交易的形式要求做了专章的规定。关于数据电文的归属,《电子商务和交易法》第 5 条规定,一项由发端人自己发送的数据电文为该发端人的数据电文;在发端人与收件人之间,由发端人的有权代表人发送,或经由发端人设计或他人代为设计程序的信息系统或自动信息系统发送数据电文等情况下,应视为发端人之数据电文。该法第 6 条同时规定了不能视为发端人发送的两种情形:(1)自收件

---

① Qatar e – Commerce Law Enacted[EB/OL]. (2010 – 08 – 20)[2011 – 09 – 05]. http://www. ictqatar. qa/en/news – events/news/qatar – e – commerce – law – enacted.

② Qatar e – Commerce Law Enacted[EB/OL]. (2010 – 08 – 20)[2011 – 09 – 05]. http://www. ictqatar. qa/en/news – events/news/qatar – e – commerce – law – enacted.

③ Electronic Commerce and Transactions Law of the State of Qatar. Article (2).

人收到发端人的通知获悉有关数据电文并非该发端人的数据电文时起,但必须给予收件人合理的时间采取相应行动,(2)自收件人适当加以注意或使用任何商定程序就可以知道或应当知道该数据电文并非发端人的数据电文时起。①

关于数据电文发送错误,《电子商务和交易法》第19条规定,一自然人与另一方当事人之间利用自动电文系统往来的数据电文交换过程中发生错误,若该自动电文系统未提供任何更正错误的机会,该人或其所代表的当事人有权对数据电文中输入错误的部分进行撤回,只要该自然人或其所代表的当事人一经发现错误就毫不迟延的将该错误通知另一方当事人,并且没有从该输入错误中受益。②

卡塔尔《电子商务和交易法》明确承认了电子交易的证明力和法律效力,规定通过电子通信方式缔结的合同具有法律效力。第20条规定,数据电文中的信息不得仅仅以其数据电文的形式而拒绝承认其法律效力、有效性和约束力。

《电子商务和交易法》设专章共7条使电子签名合法化,电子签名合法化对于卡塔尔电子商务发展而言具有重要意义,通过电子签名可以使网上缔结合同和开展业务变得更为普及。③ 对于电子签名的要求,该法直接借鉴了联合国国际贸易法委员会《电子签名示范法》第6条的规定。该法第28条规定,"具有证据效力的电子签名须符合几个条件:(1)签名制作信息只与签名人而不是还与任何其他人相关联;(2)签名制作信息在签名时处于签名人而不是还处于任何其他人的控制之中;(3)凡在签名后对电子签名的任何篡改都可以被觉察;(4)如果签名的法律要求目的是对签名所涉及信息的完整性提供保证,凡在签名后对该信息的任何篡改都可以被觉察。"此外,该法第32条还规定,一项电子签名是否具有法律效力,与该电子签名生成或使用的地理位置,或签字人营业场所的地理位置无关。

---

① 该规定参考了国际国际贸易法委员会《电子商务示范法》第13条。
② 该规定完全照搬《联合国国际通信使用电子合同公约》第14条的规定。
③ Qatar's e-commerce regulations [EB/OL]. (2011-01-05) [2011-09-05]. http://www.gulf-times.com/site/topics/article.asp? cu_no=2&item_no=408250&version=1&template_id=46&parent_id=26.

《电子商务和交易法》对服务提供者进行了保护,第 45 条规定服务提供者对传递服务使用者提供或要求的电子商务服务信息不承担责任,只要该服务提供者:(1)不是首先进行传输的一方;(2)对传输的接受者不做选择;(3)对传输的信息没有做选择或更改。①

《电子商务和交易法》在保护商人利益的同时也对消费者提供保护。该法通过以下几种方式保护网络消费者:第 54 条规定在未经事先同意的情况下向他人发送垃圾邮件为违法行为;第 57 条规定以电子通信方式缔结合同的消费者有权在合同缔结之日起 3 天内撤销或终止合同;第 58 条规定了服务提供商交付或其他履行延迟超过 30 天时消费者可以终止合同,并有权取回货款;第 59 条规定了消费者资料保护,除法律规定允许或消费者同意外,服务提供商不得收集、使用、保留或披露消费者个人信息。

根据《电子商务和交易法》的规定,ictQATAR 作为调整通信和信息技术的最高权力机构主管机关,有权监督提供、使用和发展电子商务和交易;根据本法的规定颁发、更新、暂停和取消许可证和执照;监督服务提供商的行为,并对信息技术行业协会制定行为准则作出监督;采取适当的法律行动和执行措施。②

八、阿联酋 2006 年《联邦电子商务和交易法》

早在 2002 年,阿联酋的迪拜就制定了地方性的《电子交易和商务法》,该法在地方层面为阿联酋电子商务的发展起到了重要的作用,并使阿联酋电子商务在阿拉伯国家中保持领先位置。为进一步在全国范围内规范电子商务的发展,2006 年 1 月,根据商业和计划部(Minister of Commerce and Planning)的立法提议(proposal)和部长委员会(Council of Ministers)的同意(agreement),阿联酋最高联邦委员会(High Federal Council)正式批准了《联邦电子商务和交易法》。③ 该法的目标是通过制定完善的法律框架促进电子

---

① 该条借鉴了《欧盟电子商务指令》第 12 条的规定。

② Electronic Commerce and Transactions Law of the State of Qatar, Article (60).

③ Stephen E. Blythe. Fine - Tuning the E - commerce Law of the United Arab Emirates: Achieving the Most Secure Cyber Transactions in the Middle East. International Journal of Business and Social Science, 2010,1(1):163 - 172.

商务的发展①,为达此目标,该法同时授权阿联酋经济和计划部(Ministry of Economy & Planning)在必要时制定执行该法的条例和决定。②

《联邦电子商务和交易法》由10章37条组成,主要包括定义、法律适用和目标、电子交易要求、电子交易、安全电子记录与签名、电子认证证书和认证服务的相关规定、国外认证和电子签名的承认、电子记录和签名的政府使用、处罚、附则。

第1章是对该法中使用的术语进行定义。

第2章规定了该法的不适用情形并列举了该法的目标。根据第2条的规定,该法不适用于结婚和离婚、遗嘱、不动产契据、不动产转让、流通票据和需要公证的文书。此外,内阁(Cabinet)可以决定增加或减少不适用该法的情形。如果《电子商务和交易法》对某特定事项未作规定,可以适用国际民商法的一般原则。该法的主要目标是,保护电子交易当事人的利益和促进电子商务的运用。

第3章调整电子信息、电子登记和电子签名。根据该法,使用或接受电子格式的信息须经当事人同意,但这种同意可以从其行为进行推断。对于电子文件的效力,该法规定,不得仅仅以一项电子信息采用电子形式为理由而否认其法律效力、有效性或可执行性。只要满足该章规定的访问和储存要求,电子文书或文件就视为等同于法律要求的书面文书。该法承认了电子签名的地位并设定了承认的标准,符合该标准的电子签名可视为等同于手写签名。此外,该法还规定,电子信息具有证据价值,其证据价值应根据本法第10条规定的要求来进行评估。

第4章调整电子交易,规定了在线合同的订立及其有效性。③ 根据该章的规定,不得仅仅以一项合同使用了一个或多个电子信息为理由而否定其有效性和可执行性;在无人工干涉的情况下由两个或两个以上的自动电子

---

① Stephen E. Blythe. Fine – Tuning the E – commerce Law of the United Arab Emirates:Achieving the Most Secure Cyber Transactions in the Middle East. International Journal of Business and Social Science, 2010,1(1):163 – 172.

② Federal Law No. 1 of 2006 on Electronic Commerce and Transactions of the United Arab Emirates, Article. 35.

③ A Step Forward:New Electronic Transaction and Commerce Law[EB/OL]. (2006 – 06 – 08) [2011 – 09 – 08]. http://www. internationallawoffice. com/newsletters/detail. aspx? g = 6c3d75e4 – 16eb – da11 – 8a10 – 00065bfd3168.

系统缔结的在线合同具有法律效力;收件人有权将一项电子信息视为发件人的电子信息,并依此推断行事。同时,该法还制定了确定电子信息发送和接收的时间和地点的规则并对确认收讫作出了规定。

第5章规定了安全电子记录和签名。安全电子签名需符合第18条规定的要求,即,该电子签名具有认证服务提供商签发的证书;该电子签名和证书是可靠的。[①] 此外,一项安全电子签名必须:对于用户而言是独一无二的;根据仅由用户控制的程序生成;与电子文书相关联,因此该文书随后的任何改变都会导致该签名无效。

第6章规定了电子认证证书和电子认证服务。该法规定任命一名认证服务管理员(Controller Of Authentication Services)。管理员的主要义务是许可、监控、批准和监督认证服务提供商的行为。第21条列举了认证服务提供商的义务,包括了各项业务环节中的义务。

第7章规定国外电子认证和签名。国外电子认证和签名的法律效力应该被承认。该法第23条规定,确定一项电子认证证书或电子签名是否具有法律效力时,既不应当考虑该证书或签名发行的位置,也不应考虑该证书或签名的发行者的营业所在地的位置。

第8章规定了政府使用电子记录和电子签名。根据第8章,政府部门应当接受电子记录形式文书的文件归档、发送、生成和留存;同意存放和提交以电子记录的形式生成和储存的文书;以电子记录的形式发布许可证、执照、决定或批准;收取费用或任何其他付款;接受电子表格;以电子方式就政府采购项目提出招标和接受投标。该法同时要求政府应详细说明履行上述职能的方式和程序。

第9章规定了处罚。规定对一系列的电子商务犯罪行为的处罚,包括罚款、没收犯罪工具、监禁、驱逐出境(针对外国人)等。

第10章是附则。第35条授权经济计划部部长就进一步实施该法颁布规则和决定。第36条规定所有与本法相抵触的法律规定必须取消。

为了构建完善的、发达的和现代化的电子商务法律体系,阿联酋在联邦和地方层面都对电子商务进行立法,以确保对投资者提供完善的法律保

---

① Federal Law No. 1 of 2006 on Electronic Commerce and Transactions of the United Arab Emirates, Article. 18(3).

护,同时使法律体系足以应对新兴数字经济引发的新问题所带来的挑战。[①] 阿联酋最近的立法实践及其电子商务的迅速发展表明,电子商务的成长和壮大与国家相关法律、法规的发展和完善息息相关。尽管该法不调整电子商务和交易的其他方面(如隐私、管辖权、数据保护、域名等),但该法与《联邦网络犯罪法》等法律一起,构成了维持网络社会秩序的重要基础。[②]

九、印度尼西亚 2008 年《电子信息和交易法》

2008 年 4 月 21 日,由国会议长阿贡·拉克梭诺主持的国会全体会议通过 2008 年第 11 号法令正式颁布《电子信息与交易法》。这项法令是印尼国内第一部调整网络行为的法律,对正在向数字化时代迈进的印尼具有重要的历史性意义。[③]《电子信息和交易法》规定了有关电子交易、电子信息及电子数据有关的其他事项,内容共 13 章 54 条,主要包括:一般条款,原则和目标,电子信息、记录和签名,电子证书和电子系统,电子交易,域名、知识产权和隐私权保护,禁止行为,争议解决、政府和民众的作用,处罚条款,过渡条款,生效条款。

《电子信息和交易法》的调整对象是本国或外国自然人、法人从事的该法令规定的行为,只要该行为发生在印尼境内或者虽发生在印尼境外但在印尼境内产生法律后果或侵犯了印尼的利益。[④] 该法规定了信息技术和电子交易的使用原则,即法律确定性原则、利益原则、审慎原则、诚信原则和自

---

① A Step Forward: New Electronic Transaction and Commerce Law[EB/OL]. (2006 – 06 – 08) [2011 – 09 – 05]. http://www. internationallawoffice. com/newsletters/detail. aspx? g = 6c3d75e4 – 16eb – da11 – 8a10 – 00065bfd3168.

② A Step Forward: New Electronic Transaction and Commerce Law[EB/OL]. (2006 – 06 – 08) [2011 – 09 – 05]. http://www. internationallawoffice. com/newsletters/detail. aspx? g = 6c3d75e4 – 16eb – da11 – 8a10 – 00065bfd3168.

③ Harun Reksodiputro. The law on electronic transactions and information – a general outline[EB/OL]. [2011 – 09 – 15] http://www. asialaw. com/Article/2004303/Channel/17441/The – law – on – electronic – transactions – and – information – a – general – outline. html.

④ Law of the Republic of Indonesia Number 11 of 2008 Concerning Electronic Information and Transactions. Article 2.

由选择技术(技术中立)原则。①

该法令规定电子信息、电子文书及其打印稿可以作为合法和有效的证据,但是,法律规定某些文书必须采取"书面"的除外。

该法承认电子签名的法律效力,但对有效的电子签名设定了一定的条件。根据该法,一项电子签名只有满足以下条件方具法律效力:(1)构成该签名的数据只与签名人相关连;(2)该签名属签名人在其能力范围之内的签署;(3)该签名作出之后发生的任何改变都可以清楚地识别;(4)该签名能够起到鉴定和验证签名人的作用;(5)具有可以确认签字人的同意包含在电子签名中的数据的方法。②

对于电子交易,该法规定,电子交易是指使用计算机、计算机网络和/或其他电子媒体开展的任何法律行为。双方当事人以电子方式达成的交易对当事人具有约束力。公共或私人领域的电子交易可以使用双方同意的电子系统,也即用以准备、收集、操作、分析、储存、显示、发送和/或传播电子信息的设备或电子程序。从事电子交易必须恪守诚信,对于因电子方式缔结合同发生的争议,合同当事人可以选择合同适用的法律,也可以选择以替代性争议解决方式解决合同纠纷。③

《电子信息和交易法》规定,所有的政府机构、个人和法律实体都可以基于"注册在先"原则拥有域名,域名的使用必须恪守诚信原则,不能侵犯他人的权利,也不能用于不公平的商业竞争④;域名管理机构为印尼政府及其部门,如果出现域名争议,政府可以临时控制该争议域名;对于境外域名,在不与印尼法律法规相冲突的前提下,政府承认境外域名的管理者和登记的域名;与个人或法律实体相关的资料及电子媒介信息的使用须经相关个人或

---

① Harun Reksodiputro . The law on electronic transactions and information – a general outline [EB/OL]. (2008 – 07 – 20) [2011 – 09 – 15]. http://www. asialaw. com/Article/2004303/Channel/17441/The – law – on – electronic – transactions – and – information – a – general – outline. html.

② Law of the Republic of Indonesia Number 11 of 2008 Concerning Electronic Information and Transactions. Article 11.

③ Harun Reksodiputro . The law on electronic transactions and information – a general outline [EB/OL]. (2008 – 07 – 20) [2011 – 09 – 15]. http://www. asialaw. com/Article/2004303/Channel/17441/The – law – on – electronic – transactions – and – information – a – general – outline. html.

④ Harun Reksodiputro . The law on electronic transactions and information – a general outline [EB/OL] (2008 – 07 – 20). [2011 – 09 – 15]. http://www. asialaw. com/Article/2004303/Channel/17441/The – law – on – electronic – transactions – and – information – a – general – outline. html.

法律实体的同意。此外,该法规定具有知识产权的电子信息、电子文书和网址受印尼知识产权法的保护。

《电子信息和交易法》也对一些犯罪行为进行了规定,其中包括发送、传播或提供违反印尼道德规范、与赌博相关或含有侮辱、毁谤、敲诈、胁迫他人的电子信息或电子文书。该法同时禁止以任何方式进入他人的计算机,这些限制同样适用于在印尼境外从事的针对印尼境内电子系统的行为。该法根据犯罪程度的不同,规定了监禁和罚金两种刑罚。

十、印度 2008 年《信息技术法》

2000 年 5 月印度颁布了《信息技术法》(The Information Technology Act),该法立法目的是确认电子商务活动的法律地位,规范电子商务活动,并防范和打击针对计算机和网络的犯罪。该法令对电子商务的法律承认和保护作了明确的规定,规定包括"电子合同"在内的任何"电子文书"或"数字化签名"只要经过了适当的认证手续,就具有法律效力。① 该法的颁布,对印度国内电子商务的发展以及互联网安全环境的完善起到了巨大的推动作用,并使电子商务法律环境得到进一步改善,印度也因此形成了一套以《信息技术法》为中心,其他相关法律法规相辅佐,政府政策为指导的综合性国家信息法律体系。②

印度政府认为,信息技术的快速发展对电子交易、电子政务、个人数据和信息的保护等都提出了更高的要求,而关键信息基础设施的保护对国家安全、经济发展、公共健康和安全具有至关重要的意义,因此有必要对相关法律进行完善。③ 因此,印度在 2006 年、2008 年两度对《信息技术法》进行修正,现在生效的是 2008 年修正后的《信息技术法》,该法于 2008 年 12 月22 日通过,2009 年 2 月 5 日生效。④

该法共分 13 章 94 条。内容包括序言,电子签名的法律地位和有效要件,电子政务,电子文书的归属、承认和发送,安全电子记录和安全电子签

---

① 纪凡凯. 印度互联网管理立法及其对我国的启示[J]. 经营管理者,2011,(6):245 – 255.
② 纪凡凯. 印度互联网管理立法及其对我国的启示[J]. 经营管理者,2011,(6):245 – 255.
③ 纪凡凯. 印度互联网管理立法及其对我国的启示[J]. 经营管理者,2011,(6):245 – 255.
④ The Information Technology ACT 2008. [EB/OL]. [2011 – 12 – 12].
http://cybercrime. planetindia. net/it – act – 2008. htm.

名,认证机构的管理,电子签名证书,用户的义务,处罚和裁决,网络上诉法庭,犯罪,网络服务提供者的免责,杂项规定。

第1章序言,主要规定了该法的立法目的,同时提出了要对现行的《刑法》、《证据法》、《银行法》等相关法律的部分条款进行修改。

第2章电子签名的法律地位和有效要件,强调电子签名必须与签名人具有确切的联系,并且应当处于签名人排他性的控制之中,对经过认证后的签名及其所涉信息的修改必须是可检测的。

第3章电子政务,对政府部门使用电子文书和电子签名做了具体的规范,强调在电子政务领域电子文书和纸质文书具有同等的法律地位,政府部门有权对电子文书进行审查。

第4章电子文书的归属、承认和发送,对电子文书的归属、承认和发送以及电子票据的确认作了具体的规定。

第5章安全电子文书和安全电子签名,对电子文书和电子签名的安全性作出了具体的规定,并强调电子签名处于签名人排他性的控制中和以专门手段存储和固定等情况下是安全的。

第6章认证机构的管理,规定认证机构的主任、代理主任和助理主任应由政府通过官方公报的方式任命,并对认证机构的主任、代理主任和助理主任的职能和职责范围进行了明确。

第7章对电子签名证书,规定了电子签名证书的有效要件、适用的程序、续期条件以及吊销条件等。

第8章用户的义务,对电子签名证书用户的义务进行了规定,包括电子签名证书的认可、私钥的控制以及披露要求。

第9章处罚和裁决,规定了8类构成"破坏计算机和计算机系统"犯罪的行为,一经查实,犯罪者需承担最高可达1000万卢比的民事赔偿金额。这些行为包括未经许可侵入他人计算机、计算机系统或网络;私自下载他人计算机或系统内的数据信息以及制造和散播计算机病毒等。

第10章网络法规上诉法庭,规定成立网络法规上诉法庭专门受理计算机和互联网领域的争议案件,同时对网络法规上诉法庭的人员组成、法庭组成、管辖范围、审理程序和权限等做了具体的规定。

第11章犯罪,详细规定了计算机相关犯罪构成及其处罚,如篡改计算机源文件是指故意隐瞒、销毁、破坏、更改计算机源代码的行为最高可判处3年监禁或 2 万卢比的罚款,同时,该法还明确了由国家计算机应急响应小组作为计算机事故响应的国家机构,并就其具体职能作了规定。

第 12 章对网络中介服务提供者不承担责任的具体情形进行了规定。

第 13 章杂项规定,主要是关于政府制定实施本法的规则等相关杂项规定。

第三节　国际电子商务立法最新发展分析

联合国《国际合同使用电子通信公约》颁布以来,各国电子商务立法进入了一个高速发展的阶段,据笔者统计自 2006 年以来,至少已有 30 个国家制订或在原有法律的基础上修正了电子商务法。针对这一阶段世界各国的电子商务立法,笔者对其中具有代表性的立法进行了详细考察,并试图对这些国家的电子商务立法的特点、发展趋势做一个粗浅的分析。

一、近年来国际电子商务立法的时代背景

(一)近年来从事电子商务立法的国家主要是发展中国家

据笔者统计,从 2006 年至今,至少已经有 30 个国家制订了电子商务立法(见下表《2006 年至 2011 年各国电子商务立法一览表》),除部分修正原有电子商务法的国家外,新颁布电子商务立法的国家都是发展中国家。发达国家在电子商务发展方面占尽了先机,为了保障国内电子商务的健康发展,较早地开始了电子商务立法,并且根据执行中出现的情况不断地加以完善。而大多数发展中国家接触电子商务时间较晚,电子商务实践发展并不充分,电子商务立法问题长期未受到足够的重视。然而,随着电子商务的日益普及,电子商务所体现出的巨大商机和对国家经济带来的根本性的影响使发展中国家不得不重视电子商务的发展。为了充分把握电子商务所带来的发展机遇,他们必须加快发展的脚步,这其中重要的一个环节当然就是为电子商务的发展创造好的法制环境。例如,2010 年卢旺达制定了《电子信息、电子签名和电子交易法》,该法致力于调整电子交易、电子签名和所有与信息技术有关的其他运用,以使商业系统处理商业电子化变得更为便利。

尽管该国电子商务基础设施和发展状况还比较落后,但国家毫不犹豫的选择了超前立法,体现了该国迫切希望把握住电子商务的发展机会,使本国快速摆脱在电子商务领域的不利局面。

2006～2011 年各国电子商务立法一览表

国　　　家	名　　　称	生效时间
美洲国家(6 个)		
牙买加	《电子交易法》	2007 年
危地马拉	《电子通信和签名承认法》	2008 年
蒙特色拉特岛	《电子交易法》	2009 年
尼加拉瓜	《数字签名法》	2010 年
巴拉圭	《数字签名法》	2010 年
特立尼达和多巴哥	《电子交易法》	2011 年
欧洲国家(3 个)		
马其顿	《电子商务法》	2007 年
葡萄牙	《电子商务法》	2004 年 (2009 年修正)
黑山	《电子商务法》	2004 年 (2010 年修正)
亚洲国家(11 个)		
斯里兰卡	《电子交易法》	2006 年
越南	《电子商务命令》	2006 年
马来西亚	《电子商务法》	2006 年

续表

国　　家	名　　称	生效时间
亚洲国家(11 个)		
阿联酋	《电子商务和交易法》	2006 年
尼泊尔	《电子交易法》	2006 年
沙特阿拉伯	《电子交易法》	2007 年
阿曼	《电子交易法》	2008 年
印度	《信息技术法》	2000 年 (2008 年修正)
印度尼西亚	《电子信息和交易法》	2008 年
卡塔尔	《电子商务和交易法》	2010 年
新加坡	《电子商务法》	1998 年 (2010 年修正)
太平洋国家(3 个)		
澳大利亚	《电子交易法》	1999 年 (2011 年修正)
萨摩亚	《电子交易法》	2008 年
斐济	《电子商务法》	2008 年
非洲国家(7 个)		
苏丹	《电子交易法》	2007 年
加纳	《电子交易法》	2008 年
毛里求斯	《电子交易法》	2000 年 (2009 年修正)
赞比亚	《电子通信和交易法》	2009 年
卢旺达	《电子信息、电子签名和电子交易法》	2010 年
纳米比亚	《电子交易和通信使用法》	2010 年
乌干达	《电子交易法》、《电子签名法》	2011 年

（二）各国电子商务立法受全球化大潮的推动

任何法律的产生及其发展变化都是社会现实推动的结果,电子商务的立法也是如此。随着互联网的日益普及,电子商务迅猛发展,已经成为经济增长的重要引擎。据统计,2010 年全球电子商务网上零售规模为 5725 亿美元,预计到 2013 年全球电子商务销售额将接近万亿美元,达到 9630 亿美元。但是全球电子商务销售分布很不平衡,2010 年美国电子商务占全球交易额比例为 29%,欧洲达到 34%①,发展中国家在其中所占的份额非常的少。随着全球化的不断深入发展,电子商务滚滚大潮迎面向发展中国家袭来,面对来势汹涌的电子商务热潮,发展中国家已经无法无动于衷,寄希望于利用电子商务提振本国经济,大批发展中国家开始有计划有目的的加强本国的电子商务体系建设,他们一方面大力加强信息化基础设施建设,另一方面则是为电子商务的发展营造良好的法制环境。在电子商务的运用方面以及法制建设方面,部分国际组织和发达国家由于介入时间较早,无论是在电子商务的运用方面,还是在电子商务的立法方面都已经形成了比较成熟的做法。因此,自然而然,国际组织和发达国家电子商务立法的先进经验立法成果成为发展中国家立法的模板。例如,阿曼为了给电子商务提供一个好的发展环境,立法部门集中各界力量认真研究联合国国际贸易法委员会、经合组织（OECE）、欧盟等国际组织以及美国、马来西亚、突尼斯等国家的电子商务立法,并在此基础上完成了《电子交易法》草案,整个立法过程花费 3 年多的时间才完成。

（三）立法的目的是与国际社会保持同步

历经 10 余年的发展,电子商务已经对整个经济环境和竞争格局产生了深远的影响,已经成为各国经济发展中不可分割的重要组成部分。鉴于电子商务在国家发展中具有重要的地位,各国无不重视对电子商务基础设施建设的投入,同时加大相关法制建设的力度。这其中,发达国家由于先发优势,在电子商务的发展中已经"尝到了甜头",而部分发展中国家才刚刚领略到电子商务的巨大魅力。发展中国家清楚地认识到自身与发达国家的差距,为了使本国与国际社会保持同步,尽快缩小与发达国家的差距,发展中

---

① Internet Retailer:2013 年全球电子商务销售额将达到 9630 亿美元[EB/OL].（2011 – 05 – 18）[2011 – 10 – 13]. http://www. yewuyuan. com/bbs/thread – 1551064 – 1 – 1. html.

国家必须大力发展电子商务基础建设,同时加速电子商务的立法进程。因此,发展中国家电子商务立法的重点在于为电子商务的开展消除障碍和保障交易安全,与国际社会保持同步,从而使本国跻身于电子商务强国之列。例如,牙买加制定《电子交易法》的目的就是确保所有牙买加公民以及与牙买加有商业往来的人从事电子交易的信心;对电子商务提供与传统商务同等的保护以及在数字领域保持与国际社会同步等。①

二、近年来国际电子商务立法的特点

联合国《国际合同使用电子通信公约》颁布以来,各国电子商务立法进入了一个高速发展的阶段。这一时期的电子商务立法具有以下特点:广泛吸收先进经验、立法起点高;规则详备合理、体现了时代性;强调为电子商务创造良好的法制环境。

(一)广泛吸收先进经验、立法起点高

当代电子商务立法所处的时代正是电子商务发展进入高速发展的时期,国际组织和发达国家的电子商务立法立足于电子商务发展的实际,经过不断地尝试、逐步摸索已经发展出了一套成熟的法律体系。近期从事电子商务立法的国家大胆吸收了国际国外的成熟经验和有益做法,使电子商务立法站在一个较高的起点上,具有明显的后发优势。例如,卡塔尔《电子商务和交易法》对电子交易的形式要求就充分借鉴了联合国《电子商务示范法》第13条的规定。关于数据电文发送错误则参照了联合国《国际合同使用电子通信公约》第14条的规定。再如,新加坡制定《2010电子交易法》时,在其本国《1998电子交易法》的基础上对联合国《国际合同使用电信通信公约》进行了大胆地吸收。在对电子原件、要约邀请、发送和接收的时间和地点、自动电文系统等方面几乎是完全采纳了联合国《国际合同使用电信通信公约》中的规定。

(二)规则详备合理、体现了时代性

近年来各国电子商务立法的内容不仅包括了电子商务法中的电子合

---

① Tricia Gaye Watson. The Electronic Transactions Act – Doing Business the "E – Way" [EB/OL]. (2008 – 03 – 26).
[2011 – 10 – 13] http://www.myersfletcher.com/newsletter – issues/item/the – electronic – transaction.html.

同、电子签名等传统内容,而且根据电子商务的发展特性,将一些热点问题如电子政务、隐私权、消费者保护等也纳入进来。例如,在电子政务方面,阿联酋《电子商务和交易法》将电子政府纳入进来,规定政府部门应当接受电子记录形式文书的文件归档、发送、生成和留存;以电子记录的形式发布许可证、执照、决定或批准;收取费用或任何其他付款等。此外,很多国家的电子商务立法中规定了消费者保护的内容。如阿曼《电子交易法》对电脑系统中的个人资料提供隐私保护,将保护电子系统和数据的责任由管理这些电子系统的机构以及发行有效电子签名的授权机构承担。卡塔尔《电子商务和交易法》则对网络消费者权益的保护进行了详细的规定:在未经事先同意的情况下向他人发送垃圾邮件为违法行为;消费者以电子通信方式缔结合同有权在合同缔结之日起 3 天内撤销或终止合同;服务提供商交付或其他履行延迟超过 30 天时消费者可以终止合同,并有权取回货款。

(三)强调为电子商务创造良好的法制环境

在经济全球化快速发展的环境下,电子商务既是未来国际贸易的发展方向,也是各国实现自主创新、积极参与国际竞争的需要。但是,电子商务的健康发展离不开相关法律的保驾护航。完备的电子商务法律环境是参与国际经济竞争的必然要求,也是各国电子商务健康快速发展的有力保障。美国、欧盟等发达国家和地区正是因为抢先从立法层面完善电子商务发展环境,因而推动了国内电子商务的持续繁荣。因此,近年来各国电子商务立法紧紧围绕电子商务基础设施建设,提供有利于电子商务发展的法制环境,以此通过树立民众对电子商务交易的信心,以使商业活动得以顺利进行。因此,各国电子商务立法重点在于扫清电子商务发展的障碍,为电子商务的广泛运用提供法律确定性。例如,加纳 2008 年颁布《电子交易法》目的是消除电子通信和电子交易运用中的障碍,提升电子通信交易和电子交易的法律确定性,促进电子政务的开展,促进电子交易的发展,满足消费者的需求。

三、近年来国际电子商务立法的趋势

电子商务法制建设,对于推动电子商务的发展具有极其重要的作用。世界各国越来越深刻地认识到,电子商务立法已经成为电子商务发展的关键。综观各国的电子商务立法,其主要特点是广泛采用综合性立法模式、立法内容具有趋同性、法律适用趋于全球性。

(一)广泛采用综合性立法模式

笔者考察了自 2006 年以来 30 个国家从事电子商务立法,发现采取综合性立法模式的国家有 25 个,占绝大多数。根据笔者的判断,这种情况的出现绝不是偶然,在电子商务尚不成熟的年代,早期电子商务立法倾向于专项立法,这种立法模式注重实用性,以能够及时解决实践中的具体问题为目标,通过这种方式,早期从事立法的国家达到了预定的立法目的并逐步积累了立法经验。但是这种方式的缺点也非常明显,由于各单项立法往往针对不同的具体问题,考虑问题的角度也不尽相同,因而不可避免的缺乏宏观思考,全局性不足,各单行法律之间很难实现统一和协调。相形之下,综合性立法具有综合性、全局性的特点,制定一部统领电子商务领域的框架性法律能保持法律体制的连贯性和统一性。如果说,在电子商务的发展初期,由于许多法律障碍未能充分显露,过早的制定综合性立法难以充分把握电子商务的实质,法律的实际效力会受到减损。但就目前而言,电子商务发展已经进入一个相对成熟的阶段,各种电子商务的法律问题在国际和国内都已经受到人们的关注,并已经有了法律解决方案,制定电子商务综合性立法的最好时机已经到来。近几年从事立法的国家正是发现了这一点,在全面考查电子商务法的基本问题的基础上,借鉴国际国外的经验做法,较轻松的完成了制定电子商务综合性立法的任务。

(二)立法内容具有趋同性

法律的趋同,是指不同国家的法律,随着社会需要的发展,在国际交往日益发达的基础上,逐渐相互吸收,相互渗透,从而趋于接近甚至趋于一致的现象。① 各国电子商务立法的趋同性和一致性现象非常明显,这是其他领域的立法所无法企及的,其原因是多方面的,其中最重要的两个原因:一是电子商务的全球性使其立法也具有类似的特征;二是国际组织电子商务立法的高度发展在很大程度上避免了不同国家法律理念的冲突。当前,电子商务立法的基本框架已经基本形成,虽然各国在电子商务的某些具体问题上还存在一定的分歧,如电子签名上的"技术特定"与"技术中立"之争,但针对电子商务各主要问题的看法基本一致,制定电子商务法的总体目标非常

---

① 李双元,张茂,杜剑.中国法律趋同化问题之研究[J],武汉大学学报(哲学社会科学版),1994,(3):3 – 11.

相似,即消除电子商务运用的障碍,建立安全规范的电子商务法律环境。一些国际组织在充分把握电子商务最新发展的基础上,利用自己的优势率先制定出一些国际公认的国际性法律文件,这些国际性法律文件把握了全球最新电子商务实践和立法实践,得到世界各国的认同,并被各国的国内立法所吸收。例如,联合国国际贸易法委员会《电子商务示范法》提出的"功能等同"、"技术中立"等原则构成了电子商务法律制度的基石,也成为各国电子商务立法的核心内容。此外,电子商务立法自 1995 年以来经过10 多年的发展,国际组织和发达国家在电子合同、电子签名、电子支付、消费者保护等领域已经形成了一套成熟的立法经验,经过实践的不断检验,这些立法经验已经逐渐获得了国际社会的认同。近期立法的国家正是在这种背景下从事自己的立法,因此,各国电子商务立法的内容不可避免具有趋同性。

(三)法律适用趋于全球性

电子商务的全球化特性,成为 21 世纪经济全球化的重要推动力量,同时也进一步促进了电子商务法律的全球化。为了满足电子商务全球化发展的需要,国际和各国的立法者纷纷制定或修订相关法律,为电子商务的全球化运用提供法律支持。考虑到电子商务与国际贸易和国际交往的密不可分,近几年各国的电子商务立法中都出现了规范本国公民或机构与外国公民或外国机构的内容。一方面将外国当事人列入法律的调整对象,如牙买加《电子交易法》适用于任何供应商以电子交易方式达成的供应商品、服务或设备的协议,只要该供应商:(1)在牙买加境内以销售、出租或以物换物方式向境内或境外的公民提供商品、服务或设备;或(2)无论在牙买加境内还是境外,以销售、出租或以物换物方式向牙买加境内公民提供商品、服务或设备。另一方面,各国对国外电子认证和签名的法律效力予以被承认。如阿联酋《电子商务和电子交易法》第 23 条规定,确定一项电子认证证书或电子签名是否具有法律效力时,既不应当考虑该证书或签名发行的位置,也不应考虑该证书或签名的发行者的营业所在地的位置。再如,危地马拉《电子通信和签名承认法》规定成立专门的政府机构负责管理所有提供电子签名证书发行服务的国内外公司,由此为电子商务这一与全球化密切相关的新型商务形式的运用准备条件。

第四章　国际电子商务立法的趋势

在经济全球化不断推进的时代背景下,电子商务既是未来国际贸易的发展方向,也是各国实现自主创新、积极参与国际竞争的需要。部分国际组织为了推动全球贸易的发展,积极制定电子商务规则,以利于国际电子贸易的发展。而世界各国也纷纷把推行电子商务作为增强国家竞争力、赢得全球资源配置优势的战略举措,并相继制定了一系列法律法规,通过法律制度来保障和促进电子商务的发展。因此,国际和国内两种立法交替进行:一方面,国际组织利用自身优势,结合国际电子商务贸易的实际,率先制定出具有"软法"性质和"自律"性质的国际电子商务规范,供国际贸易当事人在交易中采用,也为希望完善本国电子商务法制的各国政府提供了一个模板;另一方面,各国从自身实际出发针对电子商务中出现的新问题积极加以关注并完善,可以说国际电子商务立法的过程就是一个国际国内电子商务立法互动的过程。在这个过程中,我们认为,国际电子商务立法已经呈现出全球化、统一化、民间化和法典化的趋势。

第一节　电子商务立法的全球化

电子商务生来具有全球化的特点,一方面,全球化推动了电子商务在全球范围内的普及,并开启了电子商务的时代;另一方面,电子商务以其独特的优势加强了国际民商事间的交往,便利国际贸易的开展,推动全球化的进一步深化。在电子商务立法方面,电子商务的全球化决定了电子商务立法的全球共同性,与其他领域立法相比较,电子商务立法更趋全球化。

一、全球化背景下的电子商务

全球化是 20 世纪 80 年代以来在世界范围日益凸显的一种新现象。尽管至今还没有人能对全球化下一个精准的定义,但一般认为全球化是一个以经济全球化为核心、包含各国各民族各地区在政治、文化、科技、军事、安全、意识形态、生活方式、价值观念等多层次、多领域的相互联系、影响、制约的多元化概念。[①] 现今,全球化已经成为当今时代的基本特征,成为不可抗拒的历史潮流。[②] 全球化是从经济领域率先开始的。20 世纪 80 年代以来,世界经济形势和格局发生了巨大的变化:主要资本主义国家为了提高自己的竞争力,开始削减六、七十年代的福利国家政策,重视市场的作用,经济实现良性发展;多数社会主义国家或前社会主义国家完成了从计划经济向市场经济的转轨,为全球统一市场的形成创造了条件。与此同时,发展中国家与发达国家之间的关系也发生了变化,它们之间联系越来越紧密,相互依存度越来越高。无论发展中国家还是发达国家,在这个世界市场统一化的过程中经济都获得了明显的增长,都从经济全球化中获得了巨大的好处。

电子商务的产生和发展是在经济全球化背景下产生的,因而天生具有全球化的特质。电子商务是以网络化、数字化技术环境为依托进行商务活动的一种全新方式,其范围涉及各行各业。从上世纪九十年代开始,互联网的飞速发展使国际商事实践产生了根本性的变化,商务活动的数字化及其虚拟特性使信息以低成本和高速度传递,在这种环境下,商务主体之间的距离被无限的缩短,商务交易的时间限制和空间限制被突破,商务交易的范围从有限的区域性小市场走向全球化的大市场,公司和消费者之间、卖方和买方之间以及服务提供者和顾客之间的联系也变得更为直接。据统计,截止2011 年 12 月 31 日,全球互联网用户已经超过 22.67 亿,占全球人口总数的32.7 %。[③] 另据英国电子零售商的行业组织互动媒体零售集团(IMRG:Interactive Media in Retail Group)发布的报告显示,2011 年全球电子商务网上零售交易规模已达 6900 亿美元,较上一年度增长 20% ,并且预计未来一段时间还将继续保持快速增长,2013 年将有望突破 1 万亿美元。[④]目前,电子

---

① See:http://baike.baidu.com/view/25886.htm? fr = ala0_1.[2011 - 05 - 25].

② 朱炳元.全球化与中国国家利益[M].北京:人民出版社,2004:2.

③ Internet World Stats. World Internet Usage And Population Statistics[EB/OL].[2012 - 04 - 05]. http://www.internetworldstats.com/stats.htm.

④ Adrian Medland. Global e - commerce sales rise nearly 20% in 2011[EB/OL].(2012 - 06 - 13)[2012 - 07 - 05]. http://www.myhermes1.co.uk/news/global - e - commerce - sales - rise - nearly - 20 - in - 2011 - 801383246.news.

商务已经成为全球经济的最大增长点之一。①

与传统商务相比较,电子商务的市场深深的打上了全球化的烙印。电子商务的全球化特性,成为 21 世纪经济全球化的重要推动力量。电子商务是经济全球化的技术基础,它冲破了国家和地区间设置的各种障碍,摆脱了传统商业交易模式存在的局限,并从根本上改变了原有的贸易磋商、交易、物流和支付等方式。电子商务作为经济全球化和信息网络化的产物,已经成为全球经济最具活力的增长点,有力地推动了世界经济的发展与繁荣。随着电子商务基础设施的进一步完善,电子商务市场规模仍将继续扩大,电子商务的应用领域也将不断拓宽和加深。放眼未来,电子商务无疑代表着未来贸易方式的发展方向,其日益广泛的应用将给世界各国的社会经济带来巨大的变革与收益。

二、全球化时代下的电子商务立法

经济全球化的影响不会仅仅只停留在单纯的经济领域,经济的驱动力使国家不可避免的对国家政策与法律进行变革,以适应经济全球化的发展。一直以来,有没有健全的法制环境都是判断一国商业环境好坏的关键性因素之一。因此,这些法律改革的基本原则和最终目的就是增加法律的确定性、可预测性,即实现法治,以保证资本的跨国界的自由流动,保证世界范围内的贸易自由。

电子商务立法是推动电子商务健康发展的前提和重要保障,这一点早已成为国际社会和世界各国的共识。然而,电子商务实践是在一个没有哪个国家为其量身定做法律的时代发展起来的。②对于快速发展的电子商务实践,任何国家都难以单独制订国内法律进行有效规范,无论是美国还是其他电子商务发达国家,都缺乏处理电子商务的相关法律,也缺乏处理相关问题的经验。而部分国际组织,利用自身拥有的优势,集合全球最优秀的法律专家,站在全球化的高度,从电子商务实践出发,对电子商务问题提出了具有实用性和可操作性的解决方案。这些解决方案来自于实践,充分考虑了行业的特性,具有足够的可适用性,因而成为了电子商务立法领域既现实又明

---

① 才书训,王雷震. 电子商务概论[M]. 北京:科学出版社,2009:3-4.

② Amelia H. Boss. Electronic Commerce and the Symbiotic Relationship Between International and Domestic Law Reform[J], Tulane Law Review,1998,72(6):1931-1984.

智的选择。

因此,联合国国际贸易法委员会、欧盟、国际商会、经合组织、世界贸易组织等国际组织开始积极从事国际性电子商务立法。这些国际组织在充分把握电子商务最新发展的基础上,利用自己的优势制定出一系列国际公认的国际性法律文件,从而消除了电子商务运用上的障碍,为电子商务的广泛运用提供了法律确定性。这些国际性电子商务立法站在全球的高度,经过广泛的研究论证,代表了电子商务立法的发展方向,因而无可争辩的成为各国制定电子商务立法的重要参考。各个国际组织基于自身性质、职能的不同,往往从不同的角度对电子商务进行理解,有的国际组织从宏观出发,希望制定全面的电子商务规则,如联合国国际贸易法委员会制定的《电子商务示范法》和《国际合同使用电子通信公约》、欧盟制定的《电子商务指令》等;有的国际组织从微观层面出发,侧重于制定电子商务中的某类具体规则,如国际商会制定的《跟单信用证统一惯例电子提示补充规则》、国际海事委员会制定的《电子提单规则》等。从总体上看,国际组织从事的电子商务立法的内容已经涵括了电子合同、电子签名和认证、税收、消费者权益保护、打击垃圾邮件、保护个人数据、知识产权、电子支付、电子商务安全等电子商务的各类问题。

而与此同时,为了有效应对网络经济带来的挑战,并充分抓住网络经济这一新的经济增长点,各国也在不断摸索规范电子商务的经验,他们一方面积极吸收国际组织的先进经验,将国际组织的先进立法经验转化成本国立法;另一方面根据本国国情制定适合本国实际的国内电子商务立法。起步较早的国家在完成了针对电子签名和电子交易的相关立法之后,更多地把注意力转移到一些更具体的问题上,如电子政府、反欺诈、打击垃圾邮件和查处网络犯罪等,并同时加大了参与制定国际电子商务规则的力度。而新修订电子商务立法的国家更多的是积极借鉴全球先进立法经验,在消化吸收的基础上制定出一部综合性的法律,并寄希望于通过这部综合性的电子商务法将与电子商务相关的内容全部囊括其中。

三、电子商务立法全球化的路径

电子商务立法全球化主要有两种方式,一种是国际电子商务立法的国内化,另一种是国内电子商务立法的国际化。前一种是主权国家对国际组织或国家间制定的统一性规则的接受,即将国际性规则纳入国内法体系。而后一种则表现为某些国家的国内法转化为具有普遍意义的法律,并影响其他国家国内法的制定。虽然两种方式的电子商务全球化路径具有很大的区别,但两者又是相互联系和相互转化的。国际组织的立法体现了某些国家在该领域中的主导地位,而这些规则的来源往往又是这些国家国内的有关规则。①

1. 国际组织电子商务立法的全球化。自电子商务诞生之日起,制定适宜电子商务发展的法律框架就成为有关国际性、地区性组织和许多国家政府关注的重点,他们认为,为了顺应电子商务的发展,应该营造一个适应电子商务发展的法律法规环境,在这个过程中国际组织和政府部门都应该积极发挥作用。国际组织在充分把握电子商务最新发展的基础上,利用自己的优势制定出一套国际公认的国际性法律文件,以消除电子商务适用的障碍,为电子商务适用提供了法律确定性。在这个电子商务国际立法的过程中,联合国国际贸易法委员会走在了前列,率先于1996年通过了《电子商务示范法》。国际贸易法委员会从事电子商务立法时面临的问题与其他商事领域有所不同。传统商事领域,如货物销售、货物运输、有价证券或担保交易等,各国国内法律规范均有不同程度的发展。因此,这些领域的国际立法,重点在于如何统一、协调不同国家的法律。而电子商务领域与此不同,当时电子商务领域尚处于发展的初级阶段,且发展极不均衡。例如,当美国等国家电子商务发展到要求法律支持的阶段时,而在其他国家距离电子商务广泛使用的时代还很遥远。② 但是,就当时的具体情况而言,不论是发达国家还是发展中国家,不论是普通法系国家还是大陆法系国家及具有不同文化和法律传统的其他国家,都没有建立调整电子商务的综合性的法律架构。因此,人们所面临的挑战是:把具有不同经济能力、法律传统、电信基础设施及不同需求的国家组织起来,对以前从未遇到的问题进行分析并寻找

---

① 朱景文. 关于法律和全球化研究的几个有争议的问题[J]. 南京社会科学,2010,(1):103 – 108。

② 这种电子商务发展的不均衡状态被人称之为"数字鸿沟",联合国贸易与发展委员会曾数度撰文提请国际社会关注这个问题。参见:U. N. Conference on Trade & Dev. [UNCTAD], Secretariat, Electronic Commerce and Information and Communication Technologies for Development:Selected Issues, PP 5 –8, U. N. Doc. TD/B/COM. 3/62 (Oct. 7, 2003)。

应对之策。①

联合国国际贸易法委员会采取了示范法的形式为电子交易精心设计了一套原则性的法律框架,这套法律框架具有足够的灵活性以适应不断发展的商事实践的需要。此外,由于当时没有其他现成的法律——不管是国际法还是国内法——对电子商务产生的问题进行全面的考虑,这就凸显出了示范法的独特价值,因此,示范法很自然的成为了各国国内电子商务立法的模板。

《电子商务示范法》的制定确立了电子商务领域中的基本规则,这些原则既使新型电子技术取得法律地位,同时又给予新技术发展的空间,因此,成为各国电子商务立法遵循的基本原则,②对各国电子商务立法产生了深远的影响。截至目前为止,有 50 多个国家和地区在采纳和借鉴《电子商务示范法》的基础上完成了本国的电子商务立法,其中,加拿大和美国等联邦制国家更是以《电子商务示范法》为基础分别制订了本国的《统一电子交易法》和《统一电子商务法》供本国各州或各省的立法机构采纳。③

除联合国国际贸易法委员会之外,其他重要的国际组织如欧盟、经合组织、世界贸易组织、国际商会等也都是国际电子商务立法的积极制定者和推广者。这些国际组织的电子商务立法活动也都在不同层面、不同程度上对各国国内立法产生了影响,如欧盟制定的一系列关于电子商务的指令对其成员国电子商务立法具有较强的约束力;世贸组织和国际商会制定的电子商务贸易规则为国际贸易中的电子方式使用指明了方向。这些国际性规则的确立,一方面开拓了各国国内立法者的视野,促使各国立法者从全球化的立场出发制定电子商务规则;另一方面也为各国的立法提供了更多的参考和借鉴,使各国的立法在内容上体现了全球化的特征。

2. 国内电子商务立法的国际化。在电子商务全球性立法的进程中,美国、欧盟国家以及亚洲的部分国家一直处于领先位置。如德国 1997 年颁布的《数字签名法》,新加坡 1998 年颁布的《电子交易法》,美国 1999 年推出的

---

① Amelia H. Boss, Jane Kauffman Winn. The Emerging Law of International Electronic Commerce [J]. The Business Lawyer, 1997, 52(4): 1469 – 1491.

② Amelia H. Boss. The Evolution of Commercial Law Norms: Lessons to be Learned from Electronic Commerce[J]. Brooklyn Journal of International Law, 2009, 34(3): 673 – 708.

③ See: http://www. uncitral. org/uncitral_texts/electronic_commerce/1996Model_status. html. [2011 – 10 – 08].

《统一电子交易法》、2000 年颁布的《全球及全国商务电子签名法》等,这些国家的电子商务立法立足于商事实践,从解决电子商务中重要的问题出发制定适于商业运用的电子商务综合性法典或单项电子商务立法。由于这些国家的立法根植于丰富的电子商务实践,具有比较强的科学性、合理性和实用性,因此,一方面容易影响国际电子商务立法的制定,另一方面也更容易被其他国家尤其是电子商务欠发达国家在制定电子商务立法时所借鉴。

在发达国家,电子商务立法对国际立法的影响方面,《电子签名示范法》是一个极好的范例。发达国家基于立法理念和本国电子商务实践的不同,对电子商务中的一些具体问题作了不同的规定。如针对电子签名立法,各国就先后出现了"技术特定模式"、"技术中立模式"和"折衷模式"。各国对电子签字采取不同的立法处理方式,给跨国电子商务造成了很大的麻烦。这直接推动了 2001 年《电子签名示范法》的颁布。《电子签名示范法》的制定直接借鉴各国的立法经验,致力于调和各国之间在电子签名方面的做法,从而为电子签名的确认设定一般标准。联合国国际贸易法委员会制定《国际合同使用电子合同公约》时也面临同样的问题:伴随着电子商务的发展,美国、加拿大等国制定了一套行之有效的电子商务规则,这些规则来源于电子商务实践,具有较强的科学性和合理性,因而,《公约》借鉴这些国家立法中的有益经验,对这些国家电子商务法中的要约邀请、自动电文系统的运用、电子通信中的错误等内容进行了吸收。

在国家层面,各国在对发达国家现有立法进行认真研究和分析的基础上,结合自身实际,纷纷制定了本国调整电子商务的立法。如近年来,在充分借鉴美国、加拿大、新加坡等国关于电子签名的立法经验的基础上,牙买加、危地马拉、苏丹、沙特阿拉伯等国制定了本国的电子商务立法。美国、加拿大、新加坡等国家的电子商务立法经验不断地被各国的立法所吸收和借鉴,同样体现了国内电子商务立法的全球化趋势。

第二节　电子商务立法的统一化

电子商务立法虽然历史不长,但电子商务实践的发展却非常的迅猛,并由此带来了诸多传统法律制度所无法解决的法律难题。为了解决这些法律难题,国际和国内立法者加大了相关立法的力度,电子商务立法的统一化具备了现实的条件。此外,电子商务立法的全球化的背景也使电子商务立法的统一化相较于其他领域立法的统一化具有独特的优势。联合国国际贸易法委员会及其他国际组织为电子商务立法统一化做出了突出的贡献,而各国在广泛接受国际规则的基础上制定的电子商务立法也促进了电子商务立法的统一化。

一、电子商务立法统一化的现实基础

国际电子商务法的统一化能够迅速取得一定成效,具有一定的现实基础,主要表现在:

1. 电子商务立法的统一化是电子商务发展的需要。现代信息技术与商务活动相结合奠定了电子商务产生和发展的基础,互联网技术全球性和开放性的特点,使得全球电子商务发展迅猛,电子商务已经成为现代国际贸易的重要推动力量。[①] 为了支持并促进电子商务的全球性发展,就必须建立一套符合其发展规律的国际性统一性法律框架,这一法律框架必须能够适用于潜在的全球范围内的当事人,为达此目标,立法者必须站在全球的立场制定电子商务法。

2. 国际社会的共识加速了电子商务法统一化。电子商务的诞生虽然仅仅只有10余年的时间,但各国和国际组织均看好电子商务的发展,通过立法规范电子商务的发展也成为各国的共识。国际社会对电子商务法统一化达成的共识主要体现在三个方面:第一是国际组织的积极推动,联合国国际贸易法委员会、经合组织、世界贸易组织、国际商会等政府间组织或非政府间组织都在各自职能范围内研究电子商务的立法,已经取得了不少成果。第二是各国政府的共同促进,电子商务发达国家积极推动全球电子商务立法的统一化,如美国、澳大利亚、德国、新加坡、日本等国都先后制订了本国电子商务相关立法,并积极参与国际规则的制定。而发展中国家则积极跟进,借鉴先进立法经验,与国际规则保持一致。第三是电子商务实务界的共同努力,主要体现在电子商务领域的通用技术标准成为普遍接受的行业惯例

---

① 傅明. 全球电子商务立法的特点及其统一化的必要性与可行性[J]. 国际商务研究,2002,(6):48－55.

甚至被立法者接受而确定为国家法律规范。这些技术标准由市场选择,适于电子商务发展的技术标准,将通过互联网迅速传遍全球,最终成为全球电子商务法的统一化的重要力量。

3.电子商务法的技术性特点使电子商务法易于统一化。技术性是电子商务法的一个重要特征。电子商务具有固定的交易模式和实施步骤,其中的每一个环节都与网络技术和信息技术的发展息息相关。与传统法律部门所具有的浓厚主权色彩不同,电子商务因其技术性、开放性和全球性特征使得电子商务法相对较少的受到国家利益与国家主权的影响。此外,电子商务法所关注的问题大多数是全球范围内具有共性的问题,与国别关系不大,不同法律制度、社会制度、经济发展水平的国家在电子商务法统一化方面不存在或者基本不存在根本性的利害冲突。这一点无疑非常有利于电子商务法的统一化。

4.现有国际贸易法律体系为电子商务法的统一化奠定了基础。电子商务依附于现有的国际贸易体系,既借助于现有国际贸易体系不断发展壮大,又充分利用其特色为现有贸易体系提供了新的生命力。经过多年的发展完善,现有国际贸易已经建立起了一套较为完善的统一法体系,具有较为成熟的经验可供电子商务法统一化作借鉴。① 如联合国《国际货物合同销售公约》、国际商会的《国际贸易术语解释通则》等被国际贸易当事人所广泛采用,已经成为国际贸易领域广泛接受的统一规则。现有的构建良好的国际贸易统一法体系无疑为电子商务立法的统一化奠定了坚实的基础。

二、电子商务立法统一化的路径

从电子商务规则的形成来看,全球电子商务立法的统一化主要通过以下五种路径。

1.条约。条约具有"硬法"性质,对条约的成员国具有约束力的,因而是电子商务立法统一化最为有效地一条途径。但是,目前调整电子商务领域的公约并不多,专门针对电子商务的公约只有联合国 2005 年 11 月通过的《国际合同使用电子通信公约》。《公约》是有关电子商务的第一个专门性公

---

① 杨晋董.电子商务法统一化研究[D].北京:中国政法大学,2007.

约,为解决使用电子通信订立商事合同所涉及的法律问题规定了一个综合性的框架,为国际电子订约制定了统一的规则,提升了使用电子手段订立的合同的法律确定性,有利于推动电子商务的发展。但遗憾的是,尽管该《公约》已有18个国家签署,但截至目前仅有2个国家(新加坡和洪都拉斯)批准,没有满足条约生效的条件。虽然《公约》未能生效,但是《公约》的制定立足于不断发展的电子商务实践,集中了全球最优秀的法律专家,其立法对世界各国产生了巨大的影响。

目前除《国际合同使用电子通信公约》外,还有欧洲委员会制定的《网络犯罪公约》,该公约是全世界第一部针对网络犯罪行为所制订的国际公约。《网络犯罪公约》制定的目标之一是期望国际间对于网络犯罪的立法有一致共同的参考标的,也希望国际间在进行网络犯罪侦查时有一个国际公约予以支持,而得以有效进行国际合作。

2. 由政府间国际组织颁布的关于电子商务的示范法或其他软法性规范。以联合国国际贸易法委员会《电子商务示范法》、《电子签字示范法》为代表的电子商务软法规范,在电子商务法律体系中具有非常重要的作用。虽然这些软法规范本身并不是国际条约,不具有对当事人的法律约束力,但是,其法律位阶却高于一般意义上的国际惯例,因为,这些软法规范的制定机关是政府间国际组织,在一定程度上体现了各国政府的意志。国际社会制定软法性质的适于电子商务运用的统一性国际规则的约束力来源于世界各国制定本国法时的采纳以及当事人在合同中的约定。这些软法规范一经被有关国家立法机关所采用,或被交易当事人通过协议所选用,就将具有法律约束力。

3. 国际贸易惯例中的电子商务规范。如国际商会《2004年电子商务术语》、《2010年国际贸易术语解释通则》等国际贸易惯例对电子商务协议发出和收到、电子方式的通信和纸质通信相同的效力等问题作了相关规定。这些贸易惯例的效力虽然来自于当事人的自愿选择使用,但这些规则具备符合行业习惯、适于应用的特点,很容易获得当事人的青睐。

4. 联邦制国家的统一法。典型的如美国、加拿大等联邦制国家,由国内的统一州法委员会等民间机构制定统一法,供各州或省采纳。如加拿大统一法委员会颁布了《统一电子商务法》(UECA),得到了全国9个省和3个地区的采纳。① 该统一法本身并不具有法律效力,但是由于其内容被省或地区的立法机关纳入法律,因而被赋予了法律生命。

5.国内立法。目前,关于电子商务的有约束力的法律规范主要表现为主权国家的国内立法,这也是目前世界电子商务立法统一化的最主要形式。② 各主权国家在国际组织制定的法律文件的基础上,借鉴先进国家进行电子商务立法的成功经验,并结合自身实际,制订符合本国电子商务发展的国内电子商务法。虽然,从全球范围来看,世界各国电子商务立法进度参差不齐,现有电子商务立法的立法质量和覆盖面也存在较大的差异,但是,全球电子商务立法的统一化已经具有了良好的开端。蕴涵于各国国内法中的有全球性电子商务法律规则已经广泛适用于跨国电子商务交易活动,成为实现电子商务立法统一化进程中不可忽视的一条重要途径。

三、电子商务立法统一化对各国电子商务立法的影响

电子商务立法的统一化导致各国电子商务立法的趋同化,主要表现在各国国内法的制定过程中,不断涵纳国际社会的普遍实践与规则,并积极参与国际社会推动电子商务法律统一化的活动。③ 各国电子商务立法的趋同化具有其他领域立法所无法企及的优势,其原因主要有三点:第一是作为电子商务全球化的时代背景决定了电子商务立法的全球性和开放性特征;第二是电子商务立法的发展与电子商务的发展具有同步性;第三是国际电子商务立法的及时跟进,避免了各大法系之间的冲突。国际社会电子商务立法的趋同化主要体现在以下方面。

1.立法所追求的价值目标趋同。随着各国电子商务交往的不断加深,各国电子商务立法追求的价值目标逐步趋于一致。从实践来看,各国在电子商务立法领域均一致追求的价值目标主要包括:为电子商务的运用扫清障碍、推动本国电子商务的发展、保障当事人意思自治、技术中立、保障电子商务交易安全等。

① Alysia Davies. The Development of Laws on Electronic Documents and E – Commerce Transactions [EB/OL].[2010 – 11 – 20]. http://www. parl. gc. ca/Content/LOP/Research Publications/prb0012 – e. htm.

② 博明. 全球电子商务法统一化问题研究[D].厦门:厦门大学,2001.

③ 李双元.市场经济与当代国际私法趋同化问题研究[M].武汉:武汉大学出版社,1994:3.

2.立法技术的趋同。在立法技术方面,各国电子商务立法的共同点表现为:在"破"和"立"的关系处理方面,均是有破有立,都强调把电子商务纳入现有商事法律体系之中,而不是甩开现有法律体系,另起炉灶。[①] 例如,关于数据电文法律效力的承认问题,传统商事法律规定的书面形式要求对电子商务的发展构成了障碍,如何消除这一障碍,各国普遍采纳联合国国际贸易法委员会《电子商务示范法》所确立的"功能等同"原则,在不否定或突破传统法律的书面形式要求的基础上,通过探寻法律规定的书面形式要求的背景与立法意图,赋予具备一定条件的数据电文,具有与书面文件同等的法律地位。[②]

3.立法形式的趋同。一是成文法的立法形式已经被广泛接受。目前,世界各国都以成文法的形式制订电子商务法,就算是在判例法占主导地位的英美法系国家也不例外。如英国颁布了《电子签名条例》和《电子商务条例》,美国也颁布了《统一电子交易法》和《全球及全国商务电子签名法》。二是综合性立法成为各国的选择。各国不管是电子商务发达国家还是欠发达国家,都把制定电子商务综合性立法作为本国电子商务立法的主要形式,以顺应数字时代或信息经济时代的经济发展的需要。这样既可以从宏观上建构电子商务法制框架,明确电子商务立法的思路和原则,又可以使电子商务立法能够反映并服务于电子商务迅速发展的现实。

4.立法内容的趋同。在立法的内容方面,从目前来看,美国、欧盟以及亚洲部分国家在电子商务立法方面已经具有较为成熟的经验,其立法所涵盖的内容从电子合同、电子签名和认证、电子政务等方面不断延伸到消费者保护、电子支付、打击网络犯罪等诸多新领域。而部分亚洲、非洲、拉美国家的电子商务立法还非常落后,有很多国家目前还没有电子商务立法,有些国家虽然制定了电子商务法,但由于电子商务发展落后,当前的立法大多局限于消除电子商务使用中的壁垒,覆盖面无法达到发达国家那样的程度。但是,凡有电子商务立法的国家,不论采取什么体例,不管是发达国家还是不发达国家,其电子商务立法所关注的主要问题都比较趋同,例如,各国对于

---

① 傅明. 全球电子商务立法的特点及其统一化的必要性与可行性[J]. 国际商务研究,2002,(6):48-55.

② 傅明. 全球电子商务立法的特点及其统一化的必要性与可行性[J]. 国际商务研究,2002,(6):48-55.

数据电文的法律效力、电子合同规则、电子签名等电子商务的基本问题的规定基本相同。这些内容基本上与联合国国际贸易法委员会《电子商务示范法》、《国际合同使用电子通信公约》等国际立法的规定类似。

第三节 电子商务立法的民间化

电子商务的产生和不断发展壮大给整个社会经济生活带来了巨大的变革,同时也给传统法律体制提出了挑战。如何迎接这种挑战,如何确立电子商务新规则,各国都没有现成的经验,也没有多少可以借鉴的对象。因此,新规则的确立需要在实践中摸索,或者说,新规则确立的过程就是一个不断探索和试验的过程。相对于由各国政府机关主导的立法而言,民间或非政府机构具有熟悉行业运行规律的优势,其推动制定的电子商务规则在某些情况下更容易取得成功。从实践来看,这些民间机构推动制定的电子商务规则不仅促进了行业的发展,也为国家电子商务立法的完善提供了大量可借鉴的经验。但是,这些组织不具有国家所赋予的立法权,他们所制定的电子商务规则(为行文方便,笔者将这些规则简称为民间电子商务规则)并不具有法律约束力,是一种"软法",其效力主要来自于当事人的自愿采纳。不过,民间电子商务规则来自于实践,适于电子商务的发展,一旦运作成熟后,各国政府可通过立法程序对这些规则进行确认,也即将这些规则上升为国家法律。

一、电子商务民间立法的特点

由于电子商务所依托的信息技术日新月异,要对这一快速发展的市场进行规范,各国都没有可借鉴的经验。因此,政府在电子商务发展的初期,没有贸然的进行立法规范,而是采取走一步看一步(wait and see)的态度,静观行业的发展变化。规则的缺位显然不利于电子商务的发展,因而制定电子商务规则的动力主要来自于政府之外的包括国际组织、民间机构、行业协会以及企业在内的各类民间组织,这些民间组织与电子商务实务接触非常紧密,其制定的规则直接以行业实践为基础,具有可适用性和可操作性,容易受到电子商务参与者的接受。这些民间电子商务规则,虽不具有法律约束力,但切合行业实际,具有软法性、技术性和先行性的特点。

1. 软法性。民间电子商务规则不具有法律约束力即国家强制力,只有在当事人自愿接受的情况下才能发生效力。但是这种规则往往能够通过诸如舆论谴责、共同体成员的一致对待、强迫退出或其他形式的外部压力使当事人遵守。软法规则的制定体现了行业自治与协商治理的精神,是多方利益主体在充分沟通的基础上达成的一种共识,属于自下而上式的协商治理。① 与传统商务模式相比较,电子商务参与的主体较多,除了买卖双方之外,还包括各类基础设施服务提供者以及网络中介机构,其活动范围也大大超越了传统商务模式,商务活动的全球化程度非常强。这一切都使得电子商务规则体系必须打破国家和地区间的界限,在不同利益主体、不同国家法律制度之间寻求某种平衡。电子商务领域的软法在各方利益主体共同协商的基础上形成的规则体现了电子商务参与者的实际需要,因此具有很强的生命力,尤其是容易获得电子商务实务界的青睐。

2. 技术性。电子商务规范与电子商务的技术性密切相关,具有极强的技术性。因此,只有熟悉电子商务运作的人士才能制定适应这些技术的规范。这些技术规范对当事人之间的交易形式和权利义务的行使产生了非常重要的影响。例如,关于网络协议的技术标准,当事人如果不遵守,在开放的网络环境下就不可能进行电子商务交易。此外,电子商务技术始终处于不断发展的状态,电子商务规则不仅要为不断创新和发展的技术预留空间,而且还要根据技术的发展及时作出法律方面的回应,以适应电子商务技术性提出的挑战。因此,电子商务的技术性决定了电子商务规则的制定应交由熟悉电子商务技术特点的民间组织完成,因为只有他们才最了解技术的运作和发展规律。

3. 先行性。20 世纪 90 年代以来,受益于信息技术的不断进步,电子商务在全球蓬勃发展,使各国无法及时制订相关的电子商务法律规范。由民间组织先行立法,可以给立法提供试错的机会,从而积累立法经验。从电子商务的立法实践来看,由于电子商务的全球性、无边界的特点,电子商务的立法的发展首先便是由国际性民间组织制订的有关规则对各国的立法施加影响而最终完成的。

民间电子商务规则的发展有效地为电子商务活动提供了保障,为电子

---

① 宋玉萍. 电子商务的软法规范[J]. 中国经贸导刊,2009,(16):81.

商务立法开辟了一条新的规则途径。民间规则的软约束力为当事人遵守和运用规则提供了一定的弹性空间,也为立法者提供了一个有益的参考。因而,通过充分的实践检验之后,民间组织根据实践发展而制定的民间电子商务规则有可能得到国家立法机关的承认,并上升为国家法律从而具备法律约束力。

二、国际组织电子商务立法民间化的路径

电子商务发展之初就体现出了强大的生命力,其全球性、无边界的特点对现有法律体系带来的挑战令各国主权者来不及应对,除美国等个别发达国家以外,各国毫无应对之策,因而,电子商务立法的初期发展是通过国际组织制订有关民间规则并推广到各国。

1. 政府间组织从事的电子商务立法。政府间组织发布的关于电子商务的部分法律文件如联合国国际贸易法委员会制定的示范法,OECD、APEC 等组织发布的宣言、指南,这类规范都不是公约,是对各国不具约束力的"软法",不能直接适用,但可以作为各国制定本国电子商务立法时的参考和借鉴。如 1999 年月经合组织制订了《电子商务消费者保护准则》,提出保护消费者三大原则和七个目标。[①] 该准则不具有法律约束力,其意义在于向国际社会宣示一种治理电子商务的理念,这种理念一旦得到各国的认同并纳入其法律体系之中就具有了现实的法律约束力。此外,联合国国际贸易法委员会等政府间组织制定的一些电子商务规则也具有类似的效果。

2. 非政府间组织从事的电子商务立法。部分非政府间组织,依托其在国际贸易体系内的优势地位,积极促进全球性法律的创设。这些非政府间组织创设的电子商务规则本身也是软法性质的规则,不具有当然约束力,只有被国际贸易中的当事人自愿选择采纳,才具有了约束力。例如,国际商会于 1997 年 11 月发布了《国际数字签署商务通则》;2004 年制定了《电子商务术语》;2007 年根据修订后的《跟单信用证统一惯例》(UCP600)制订了《跟单信用证统一惯例电子提示补充规则》(eUCP600);2010 年又在其公布的《国际贸易术语解释通则》对电子程序的运用作了进一步的规定。由于这些

---

① 李顺德. 电子商务立法与知识产权保护[EB/OL]. (2006 - 12 - 24)[2011 - 11 - 05]. http://www.iolaw.org.cn/showArticle.asp? id = 178.

电子商务规则一方面依托于在国际贸易体系内具有极强影响力的商事组织,其权威性具有保障;另一方面,这些非政府间组织集中了大量的熟悉电子商务运作的电子商务和法律专家,其制定的规则符合商事实践。正因如此,这些规则在国际商事领域获得了当事人的青睐,体现了极强的生命力。

三、各国国内电子商务立法民间化的路径

在电子商务立法领域,各国国内民间力量主要表现在:

1. 联邦制国家制定的统一法。美国、加拿大等联邦体制国家,统一州法委员会以统一法的形式制定电子商务规则供各州或省采纳,并以此上升为法律。如为了消除电子商务活动的障碍,美国统一州法委员会及美国法律学会1999年7月29日公布了《统一电子交易法》(UETA),允许在所有的交易中使用电子记录及电子签章,为电子交易的持续发展提供了稳固的法律框架。UETA目前已经被除伊利诺伊州、纽约州和华盛顿州三个州外所有的47个州及哥伦比亚特区、波多黎各自治邦和维尔京群岛所采纳。①

2. 各国国内一些社会团体、非赢利商业组织出台的自治规则。这些自治规则对加入团体或组织的成员具有约束力,其效力源自于团体或组织成员对该自治规则的同意。例如,2000年美国商业改进局(Better Business Bureau)②发布了"在线商业行为法典"(Code of Online Business Practices),其效力源自于大家同意遵守同一个标准,使互联网成为一个自治的社会。再如,2005年4月18日,中国电子商务协会政策法律委员会组织有关企业起草《网上交易平台服务自律规范》正式对外发布。以行业规范的形式确立了网络交易平台与监督。这些自治规则使其成员在从事电子商务行为时遵守同一标准,体现了成员对自身电子商务行为的自我约束和自我管理。这类规则来源于成员的同意,因而具有可执行性。

3. 行业组织或企业之间联合制定的规则。部分企业之间联合制定规则,通过相互约束,以实现行业健康有序发展。美国 Visa 和 MasterCard 两大信用卡组织等联合推出的 SET(Secure Electonic Transcation 即安全电子交易

---

① See:http://www.ncsl.org/default.aspx? tabid = 13484.[2011 - 08 - 13].
② 该组织旨在维护社会风尚,使人们免遭不正当、骗人或欺诈性广告和推销行为的诓骗。这些组织属于地方附属机构,商业改进局对商业活动进行调查研究,制定规范标准,接受对不正当业务行为的申诉,开展教育运动,使公众警惕广告和推销中的各种欺骗手段。

协议)是应用在 Internet 上以信用卡为基础的电子付款系统规范,目的是为了保证网络交易的安全。再如 2004 年由 Visa 卡、万事达卡、Discover 卡和美国运通 4 个主要信用卡公司组成的支付卡行业安全标准委员会制订了《支付卡行业数据安全标准》(Payment Card Industry Data Security Standard,PCI DSS),该标准是一套广为接受的政策和程序,目的是为了优化信用卡、借记卡和现金卡交易的安全,保护持卡人的个人信息,以防被他人利用。这些行业电子商务规范对制定者和用户都具有某种约束力,对于规则制定者而言,同意该制定规则意味着按照行业惯例约束自身行为;对于用户而言,遵守这些规则是使用服务的前提条件。

4. 企业发布的服务协议和行为规范。世界上的一些著名互联网公司、网站及从事在线交易的大企业均有自己的服务协议和行为规范,这些协议或规范用以阐明交易各方的权利义务,有助于填补法律的空白。如大型电子商务支付企业 PayPal 制定了详细的用户协议,详细的规定了用户的权利义务,该协议对自愿加入的用户具有约束力的。此外,还有部分大型互联网企业制定了具体的行为规则和争议处理规则,如美国 INTERNET 域名与地址分配公司(ICANN)制定的《统一域名争议解决政策》和《统一域名争议解决政策实施规则》现已成为 INTERNET 领域解决域名争议的统一"法律"。这些大型企业发布的服务协议和行为规范因其用户数量众多而具有很大的影响力,这类规则的影响越大越容易成为行业的惯例。这些规则效力的来源是:加入即为同意,即只要是同意成为其成员就得接受其规则,该规则就成为约束企业和客户的具有法律约束力的规范。

第四节 电子商务立法的法典化

法典化有非常广泛的含义,一般是指将众多杂乱的法律规范,予以分门别类,将同性质的法律规范有系统地编纂于同一法典之中。[①] 本文所谓的法典化,是在更宽泛意义上的法典化,它不仅仅限于国家权力机关对法律规范

---

① 徐冬根. 论欧、美国际私法法典化的不同进路及其法哲学思想[J]. 河南省政法管理干部学院学报,2004,84(3):60 – 64.

的编纂活动和系统化工作,也包括学者、专家或由其组成的社会团体、学术团体草拟系统化法律文件和对法律文件的编纂工作。法典化一词在西方常常同时指"过程"(制定行为)和"结果"(制定的法典)。① 从国际趋势来看,制定综合性的电子商务立法的国家越来越多。据笔者不完全统计,世界上已有71个国家和地区制订了电子商务综合性立法,这些立法规定了电子交易的基本原则、电子交易规则、数字签名等电子商务的基本规则。从法典化的制定过程的意义上来说,全球电子商务立法法典化趋势正在形成。

一、综合性立法成为各国电子商务立法的主要模式

从全球范围来看,电子商务立法的模式主要有三种:一是修改现行立法适用于电子商务,如在现行合同法或相关法中加入电子商务条款;二是制定单项性电子商务立法,如电子签名法、电子政务法等;三是制定综合性的电子商务立法,一般冠以《电子交易法》或《电子商务法》。

这三种立法模式是伴随着电子商务的发展而发展的。电子商务发展的初期,为了排除电子商务运用的障碍,有些国家在修订其他法律的时候加入电子商务规范。但随着电子商务的进一步发展,电子商务中一些独特的问题如电子签名等问题,仅靠对现有立法进行修补已难以满足电子商务发展的要求。因此,有关国家开始专门针对电子商务中的这些特定问题进行立法,在这个立法过程中,有的国家进行了大量的专项立法即针对电子商务的某项问题立法,如电子签名法,信息安全法或电子政府法;有的国家针对电子商务的所有问题制定综合性的立法;有的国家既制定综合性的电子商务立法,又制定了大量的单项电子商务立法。

总体情况来看,世界上大多数国家制定了综合性电子商务法(包括同时也制订了部分单行电子商务立法的国家)。据笔者不完全统计,世界上共有71个国家和地区(见各国电子商务综合性立法一览表)制订了电子商务综合性立法,电子商务综合性立法已成为各国电子商务立法的主要模式。在笔者看来,各国对于电子商务立法模式立场如此一致绝非偶然。在电子商务发展的初期,人们对其认识还不全面,电子商务的许多问题还没有完全展现出来,这时候贸然进行综合性立法的条件还不成熟,因此这时专项立法成为

_____

①　石佳友. 民法法典化的方法论问题研究[M]. 北京:法律出版社,2007:3.

立法者们比较现实的选择。这种立法模式注重实用性,以解决具体问题为目标,但过于具体,全局性不足,各单行法规之间也很难实现统一性和一体性。而综合性立法从宏观着手,注重构建统一的电子商务法律体系,能够保持法律体制的连贯性和统一性,因而更适合于电子商务实践。随着电子商务的发展日趋成熟,电子商务中的各类法律问题在国际和国内都已经受到关注,一些国家已经提出了有效的法律规范,积累了立法经验。制定电子商务综合性立法的条件已经成熟。

目前,各国电子商务综合性立法的内容一般都包括指导原则、电子合同、电子签名、电子政府、消费者保护、信息安全以及法律责任等电子商务立法的基本规范。有些国家尤其是新制定电子商务立法的国家,对综合性的电子商务立法寄予了厚望,在立法中不仅体现了电子商务的基本规范,还包括域名争议、电子政府、隐私权保护、网络犯罪等内容。应该说各国电子商务立法包含的内容越丰富、越来越完善,虽然目前这些电子商务立法还难以构成电子商务法典,但是从近期电子商务立法的实际情况来看,电子商务立法的法典化的趋势已经显现。

各国电子商务综合性立法一览表

国　　家	名　　称	生效时间
美洲国家(14 个)		
美国	《统一电子交易法》	1999 年
加拿大	《统一电子商务法》	1999 年
哥伦比亚	《电子交易、数字签名与认证机构法》	1999 年
百慕大	《电子交易法》	1999 年
墨西哥	《电子商务法令》 (Electronic commerce decree)	2000 年
开曼群岛	《电子交易法》	2000 年
巴巴多斯	《电子交易法》	2001 年
多米尼加	《电子商务、数字文件和签名法》	2002 年
厄瓜多尔	《电子商务、电子签名和电子数据法》	2002 年

续表

国 家	名 称	生效时间
美洲国家（14 个）		
巴哈马群岛	《电子通信和交易法》	2003 年
伯利兹城	《电子交易法》	2003 年
牙买加	《电子交易法》	2007 年
蒙特色拉特岛	《电子交易法》	2009 年
特立尼达和多巴哥	《电子交易法》	2011 年
欧洲国家（21 个）		
卢森堡	《电子商务法》	2000 年
爱尔兰	《电子商务法》	2000 年
俄罗斯	《电子商务法》	2001 年
罗马尼亚	《电子商务法》	2002 年
英国	《电子商务条例》 （Electronic Commerce Regulations）	2002 年
西班牙	《信息社会服务和电子商务法》	2002 年
马耳他	《电子商务法》	2002 年
丹麦	《电子商务法》	2002 年
奥地利	《电子商务法》	2002 年
冰岛	《电子商务和其他电子服务法》	2002 年
阿塞拜疆	《电子贸易法》	2003 年
列支敦士登	《电子商务法》	2003 年
意大利	《电子商务法令》 （Legislative Decree on Electronic Commerce）	2003 年
比利时	《电子商务法》	2003 年
挪威	《电子商务法》	2003 年
克罗地亚	《电子商务法》	2003 年

续表

国　　家	名　　称	生效时间
欧洲国家(22 个)		
斯洛文尼亚	《电子商务和电子签名法》	2000 年 (2004 年修正)
塞浦路斯	《电子商务法》	2004 年
马其顿	《电子商务法》	2007 年
葡萄牙	《电子商务法》	2004 年 (2009 年修正)
黑山	《电子商务法》	2004 年 (2010 年修正)
亚洲国家(21 个)		
印度	《电子商务法》	1998 年
菲律宾	《电子商务法》	2000 年
文莱	《电子交易法》	2001 年
约旦	《电子交易法》	2001 年
泰国	《电子交易法》	2001 年
韩国	《电子商务基本法》	1999 年 (2002 年修正)
巴基斯坦	《电子交易条例》 (Electronic Transactions Ordinance)	2002 年
巴林	《电子交易法令》 (Electronic Commerce Decree)	2002 年
伊朗	《电子商务法》	2004 年
缅甸	《电子交易法》	2004 年
香港	《电子交易条例》	2000 年 (2004 年修正)
斯里兰卡	《电子交易法》	2006 年

续表

国　　家	名　　称	生效时间
亚洲国家(21 个)		
越南	《电子商务法》	2006 年
马来西亚	《电子商务法》	2006 年
阿联酋	《电子商务和交易法》	2006 年
尼泊尔	《电子交易法》	2006 年
沙特阿拉伯	《电子交易法》	2007 年
阿曼	《电子交易法》	2008 年
印度尼西亚	《电子信息和交易法》	2008 年
卡塔尔	《电子商务和交易法》	2010 年
新加坡	《电子商务法》	2010 年(修正)
太平洋国家(5 个)		
澳大利亚	《电子交易法》	1999 年 (2011 年修正)
瓦努阿图	《电子交易法》	2000 年
新西兰	《电子交易法》	2002 年
萨摩尔	《电子交易法》	2008 年
斐济	《电子商务法令》 (Decree on e – Commerce)	2008 年
非洲国家(10 个)		
突尼斯	《电子交易和电子商务法》	2000 年
毛里求斯	《电子交易法》	2000 年 (2009 年修正)
南非	《电子通信与交易法》	2002 年
佛得角	《电子商务法》	2003 年
苏丹	《电子交易法》	2007 年
加纳	《电子交易法》	2008 年

国　　家	名　　称	生效时间
非洲国家(10 个)		
赞比亚	《电子通信和交易法》	2009 年
卢旺达	《电子信息、电子签名和电子交易法》	2010 年
纳米比亚	《电子交易和通信使用法》	2010 年
乌干达	《电子交易法》	2011 年

二、电子商务立法法典化的路径

1. 国际组织立法推动了各国电子商务立法法典化。与其他部门立法不同,电子商务发展非常迅速之时,各国电子商务立法均处于起步阶段,有些发展中国家和不发达国家甚至在电子商务立法方面仍是空白。联合国国际贸易法委员会率先在国际范围内从事电子商务立法工作,为各国国内立法提供可借鉴的模板,是电子商务立法法典化的重要推动力量。联合国国际贸易法委员会《电子商务示范法》是世界上第一个电子商务的统一法规范,其目的是向各国提供一套国际公认的法律规则,以供各国法律部门在制定本国电子商务法律规范时参考。虽然它既不是国际条约,也不是国际惯例,仅仅是电子商务示范的法律范本,但却有助于各国完善、健全电子商务相关的法律法规,并给全球化的电子商务创造出统一的、良好的法律环境。《电子商务示范法》的制定确立了电子商务领域中的基本规则,对各国电子商务立法产生了深远的影响,有 50 多个国家和地区在采纳和借鉴《电子商务示范法》的基础上完成了本国的电子商务立法。由于《电子商务示范法》本身就属于一部综合性的电子商务法,这一立法模式对各国具有巨大的示范作用,大多数采纳该示范法的国家都采取了综合性立法模式。

2. 部分国家民间组织从事电子商务法典化的努力。在美国、加拿大等联邦体制国家,部分民间组织如统一州法委员会致力于制定电子商务统一的电子商务规则,供各州或省采纳。这些统一法律规则体系完备,内容翔实,规定了电子商务环境的基本内容,具有法典化的特征。如 1999 年 9 月 30 日,加拿大统一法委员会颁布了《统一电子商务法》(UECA),对电子商务法律问题进行了规范。该法属于民间组织立法,不具有法律效力,需获得加拿大各省、各地区的采纳方能发挥效力。但是由于该统一法委员会在立法领域的影响力,该法在加拿大获得了广泛的接纳。截止目前,加拿大全国 10 个省和 3 个地区都制定了电子商务法,除魁北克省之外的省和地区全都采纳了《统一电子商务法》。①

3. 各国立法机关推动电子商立法法典化的努力。在《电子商务示范法》的示范作用下,世界上大多数国家制定了电子商务相关立法,以顺应数字时代或信息经济时代的经济发展的需要。各国电子商务立法主要包括单行法和综合性立法,在具体的制定上包括以下几种方式。

(1) 先制定综合性立法再制定单行法。已经制定电子商务综合性立法的国家,为进一步完善国内电子商务法律体系,对各个问题制定具体的单行规则。这种"先综合立法后分别立法"的思路有利于从宏观上把握电子商务这一新事物的发展趋势,有利于统一电子商务活动中关键问题的看法。如加拿大在 1999 年出台《统一电子商务法》的基础上又于 2000 年颁布了《个人信息保护与电子文件法》、2011 年颁布了《打击网络和无线网络垃圾邮件法》。突尼斯 2000 年制定了《电子交易和电子商务法》,随后 2004 年颁布了《隐私保护法》和《计算机安全法》,以进一步完善电子商务相关立法。

(2) 先制定单行法性立法再制定综合性立法。有些国家从现实需要出发,对本国电子商务领域内较为迫切的一些问题进行先行立法。制定单行法规,如电子签字和认证规则、消费者权益保护规则、电子支付规则、隐私权保护规则等,待时机成熟后,再进行综合立法。这种方法的优点是,能够及时解决电子商务发展过程中的具体问题,并能够在实践中不断积累经验,逐步提出比较完善的综合立法的思路。如马来西亚在 1997 年《数字签名法》的基础上于 2006 年制定了《电子商务法》。美国制定《统一电子交易法》之前也已经制定了《电子信息自由法》、《儿童在线隐私保护法》以及《数字千年版权法》等法律。

(3) 只制定电子商务综合性立法。部分国家电子商务起步较晚,为了加快本国电子商务的发展,加快了立法的脚步。这些国家根据自己的具体情

---

① Alysia Davies. The Development of Laws on Electronic Documents and E – Commerce Transactions [EB/OL]. (2008 – 12 – 20) [2010 – 11 – 20]. http://www. parl. gc. ca/Content/LOP/Research Publications/prb0012 – e. htm.

况,制定了综合性的电子商务立法,希望将电子商务的所有问题在一部法律中解决。如蒙特色拉特岛、特立尼达多巴哥等国都只制定了《电子交易法》。

三、电子商务立法法典化的体系

从目前国际和各国电子商务立法的内容来看,电子商务综合性立法已经涵括了电子合同、电子签和认证、电子政务、消费者权益保护、电子商务安全等基本内容,形成了较为完善的法律制度体系。

1. 电子合同。电子商务方式是由买卖双方通过电子数据传递实现的,其合同的订立与传统商务合同的订立有许多不同之处,因而需要对电子商务合同的成立作出相应的法律调整。各国电子商务立法无一例外都对涉及电子合同的成立、要约邀请、自动电文系统在合同订立中的使用、电子通信中的错误等问题作了详细的规定,确保了电子商务正常进行所需的稳定性和可预测性。

2. 电子签名和认证服务。电子签名在电子商务中具有重要的作用,是开展电子商务的基础。因此,各国的电子商务立法也都将电子签名及其认证作为立法的重要内容。关于电子签名和认证服务的规定主要包括电子签名的一般效力与规则,电子签名的安全性要求,电子签名的效力与责任,认证机构的设立、义务及其行为规则。鉴于电子签名在电子商务活动中的重要性,许多国家出台电子商务综合性立法的同时还专门制定《电子签名法》。如乌干达2011年同时制定了《电子交易法》和《电子签名法》。

3. 电子政务。在民众及企业与政府机关之间进行交往时使用电子政府服务,能够提高政府部门的效力,使公众更加便利的接受政府部门的相关服务。因此,电子政务的运用成为大部分国家电子商务立法中的一项重要内容。如美国《统一电子交易法》、加拿大《统一电子商务法》、澳大利亚《电子交易法》、新加坡《电子商务法》、阿曼《电子交易法》等都设专章就政府部门及公共机构通过电子方式履行接受申请文件、提交信息、建立和留存文件和原件、签发许可证和接受支付等职能作出规定。

4. 消费者权益保护。满足消费者在保护个人资料和隐私方面的愿望是构建全球电子商务框架必须考虑的问题。相当一部分国家在其电子商务立法中设专章规定消费者权益保护,如赞比亚《电子通信和交易法》设专章调整消费者保护,详细规定了消费者保护的适用范围、供应商提供的信息、冷却期、履行、外国法的适用、投诉等。卡塔尔《电子商务和交易法》也单设专章调整消费者权益,对以电子通信方式缔结合同的消费者进行交易中的权利和消费者资料保护等问题做出了规定。

5.电子商务安全。在电子数据传输的过程中,安全和保密是电子商务发展的一项基本要求。目前,各国都认识到安全在电子商务中的重要性,在电子商务综合性立法中也都体现了保障安全的内容。例如,阿曼《电子交易法》规定以加密作为确保保密信息或数据电文的安全、验证发件人身份、防止他人获得保密信息或数据电文的方式。其他国家的电子商务立法中也都有相应的条款。

此外,还有部分国家的电子商务综合性立法,几乎系统的规定了与电子商务相关的所有问题。如卢旺达 2010 年《电子信息、电子签名和电子交易法》共 14 章 81 条,内容非常丰富,包括:一般条款、电子信息承认的法律要求、通信技术网络服务认证机构和中介的责任、电子信息的交流、电子签名、安全电子信息和签名、电子签名的效果、消费者保护、计算机滥用、认证机构的管理、电子交易、电子信息和电子签名的政府使用、杂项规定、最后条款。此外,加纳 2008 年制定的《电子交易法》内容更为丰富,规定更为全面,几乎涉及了电子商务的方方面面。该法共 13 部分 144 条,包括:目标和范围、电子交易、电子政府服务、认证机构、消费者保护、计算机和重要数据库的保护、域名登记、申诉法庭、行业论坛、服务提供商和中间商的责任、网络检查员、网络犯罪、杂项规定。这些国家的电子商务立法内容丰富、体系健全,已经初步形成了系统化的电子商务法典。

第五章 我国电子商务立法的完善

据中国互联网络信息中心(CNNIC)发布的《第 30 次中国互联网络发展状况统计报告》显示,截至 2012 年 6 月,我国网民规模达到 5. 38 亿人,[①]继续保持世界首位。另据数据显示,2011 年,我国电子商务交易额达 5. 88 万亿元人民币,网上零售市场交易规模达 7825. 6 亿元。[②]与此同时,我国电子商务企业数量也不断增长,截至 2012 年 6 月,电子商务企业数量已达 38780家,直接从业人员超过 190 万人,间接带动的就业人数超过 1400 万人。[③] 电子商务的迅速发展需要有完善的法律机制予以规范,而只有在良好的法制条件下,电子商务才能更快更好地发展。经济发展与法制建设二者相辅相成,互相促进。在电子商务快速发展的背景下,我国也制定了大量的电子商务法律法规,但这些法律法规所发挥的作用却并不尽如人意,因此本章就如何借鉴国际立法规则并完善我国电子商务立法进行探讨。

第一节 我国电子商务立法现状

自从 1994 年以来,我国制定了一系列调整电子商务的法律、法规及规范

---

① 中国互联网络信息中心. 第 30 次中国互联网络发展状况统计报告[EB/OL]. (2012 - 07 -19)[2012 - 08 - 01]. http://www. cnnic. cn/hlwfzyj/hlwxzbg/hlwtjbg/201207/P020120723477451202474. pdf.

② 2012 年 5 月 29 日,首届京交会进入第二天,在当天举行的 2012 中国(北京)电子商务大会上,商务部发布了 2010 -2011 年度《中国电子商务发展报告》。报告显示,2011 年中国电子商务交易总额达 5. 88 万亿元人民币,同比增长近三成。中国网络购物用户达到 1. 94 亿人,网络应用使用率达到 37. 8%,实现网络零售总额 7825. 6 亿元,在社会消费零售总额所占的比重达到 4. 32%。参见:张铁骁. 2011 年电商交易总额近 6 万亿[EB/OL]. (2012 - 05 - 29)[2012 - 06 - 08]. http://www.aliresearch. com/? m - cms - q - view - id - 72721. html.

③ 中国电子商务研究中心. 2012 年(上)中国电子商务市场数据监测报告[EB/OL]. (2012 -08 - 21)[2012 - 09 - 01]. http://www. 100ec. cn/zt/2012sj/.

性文件。但从整体来看,国家最高立法机关全国人大制定的电子商务立法还不多,主要包括《电子签名法》以及其他国家法律中与电子商务相关的规定,大量的电子商务立法体现在国家的政策性文件、政府规章以及地方性法规当中。

一、我国调整电子商务的国家立法

我国目前专门调整电子商务的法律只有 2005 年颁布的《电子签名法》,但《合同法》、《关于维护互联网安全的决定》以及《会计法》、《刑法》、《著作权法》等法律中也包含部门涉及电子商务的法律条款。此外,国务院和最高人民法院颁布的一些行政法规和司法解释中也包含了调整电子商务的内容。

(一)《合同法》

我国 1999 年 3 月制订的《合同法》在合同形式方面大胆地引入了数据电文形式,并承认其为书面合同的一种。《合同法》关于电子商务的规定共有以下三个方面。[1]

1. 承认数据电文为书面形式。根据我国《合同法》的规定,书面形式是指合同书、信件以及数据电文(包括电报、电传、传真、电子数据交换和电子邮件)等可以有形地表现所载内容的形式。[2] 也就是说,无论合同采用什么载体,只要可以有形地表现所载内容,就可以认为符合法律对"书面形式"的要求。我国《合同法》的这一规定,符合联合国国际贸易法委员会《电子商务示范法》建议采用的"功能等同原则"。

2. 确定电子合同的到达时间。根据我国《合同法》的规定,采用数据电文形式订立合同,收件人指定特定系统接收数据电文的,该数据电文进入该特定系统的时间,视为到达时间;未指定特定系统的,该数据电文进入收件人的任何系统的首次时间,视为到达时间。[3]

3. 确定电子合同的成立地点。根据我国《合同法》的规定,采用数据电文形式订立合同的,收件人的主营业地为合同成立的地点;没有主营业地的,其经常居住地为合同成立的地点。[4]

---

① 参见《中华人民共和国合同法》第 11、16、34 条的规定。
② 参见《中华人民共和国合同法》第 11 条。
③ 参见《中华人民共和国合同法》第 16 条。
④ 参见《中华人民共和国合同法》第 34 条。

我国《合同法》的这些规定目的在于使电子合同能够在现有的合同法框架下得以开展。但是,这些规范不但内容极其简单,且涉及面非常狭窄,根本无法解决现代电子商务交易中的电子交易的订立、履行等问题。

(二)《关于维护互联网安全的决定》

2000 年 12 月 28 日,全国人大常委会第 19 次会议通过了《关于维护互联网安全的决定》,《决定》以保障互联网的运行安全和信息安全为主要目的。这是我国针对信息网络安全制定的第一部法律性决定。该决定主要针对保障互联网的运行安全、维护国家安全和社会稳定、维护社会主义市场经济秩序和社会管理秩序、保护个人、法人和其他组织的人身、财产等合法权利等内容作了具体规定。同时,《决定》也对利用互联网实施的违法行为规定了相应的法律责任。

(三)《电子签名法》

2004 年 8 月 28 日,全国人大常委会第 11 次会议表决通过了《电子签名法》,并于 2005 年 4 月 1 日正式生效。该法首次赋予可靠电子签名与手写签名或盖章同等的法律地位,并确立了电子认证服务的市场准入制度。该法共 5 章 36 条,第一章总则,对立法目的、适用范围和电子签名、数据电文的概念作了定义,同时明确了消费者有权选择使用或不使用电子签名;第二章数据电文,主要规定数据电文的书面形式效力、原件效力、保存要求、证据效力等;第三章电子签名与认证,规定了安全电子签名的效力、安全电子签名的条件,认证机构的设立条件,行为规范和管理机关;第四章和第五章分别是法律责任和附则。[1]

对于电子签名及其认证问题,《电子签名法》明确规定,电子签名需要由第三方即电子认证服务机构进行认证。[2] 而电子认证服务机构从事相关业务,必须经过国家主管部门(即国家工业与信息化部)的许可。[3] 未经许可提

---

① 参见《中华人民共和国电子签名法》。
② 参见《中华人民共和国电子签名法》第 16 条。
③ 根据《电子签名法》第 18 条的规定,从事电子认证服务,应当向国务院信息产业主管部门(国家工业与信息化部)提出申请,并提交符合本法第十七条规定条件的相关材料。国务院信息产业主管部门接到申请后经依法审查,征求国务院商务主管部门等有关部门的意见后,自接到申请之日起四十五日内作出予以许可或者不予许可的决定。予以许可的,颁发电子认证许可证书;不予许可的,应当书面通知申请人并告知理由。

供电子认证服务的,国家主管部门可处以最高 30 万元的罚款。①

为保护电子签名人的合法权益,《电子签名法》规定,伪造、冒用、盗用他人电子签名的行为,构成犯罪的应依法追究刑事责任;给他人造成损失的,依法承担相应的民事责任。该法同时还规定,电子签名人或者电子签名依赖方依据经过认证的电子签名从事民事活动而遭受损失的,如果电子认证服务提供者不能证明自己无过错,应当承担赔偿责任。②

《电子签名法》遵循"最少干预、必要立法"的原则,立法的主要目的是为数据电文、电子签名的法律有效性消除障碍。③ 因此"自然人、法人或者其他组织可以约定使用或者不使用电子签名、数据电文"、"当事人也可以选择使用符合其约定的安全条件的电子签名。"④但是,根据《电子签名法》的规定,在一些特定的情形下如婚姻、收养、继承等涉及人身关系的文书;土地使用权、房屋产权等涉及不动产权益转让的文书;供水、供热、供电等涉及公用事业的文书,以及其他不适用电子文书的情形,都不适用于这部法律。⑤

(四)我国其他法律中关于电子商务的规定

此外,我国其他法律中也包含了一些关于电子商务的规定,如:

1. 我国在法律制度上认可数据电文形式的第一部法律是 1985 年的《会计法》(1993 年和 1999 年两次修正)。该法第 13 条第 2 款规定:"使用电子计算机进行会计核算的,其软件及其生成的会计凭证、会计账簿、财务会计报告和其他会计资料,也必须符合国家统一的会计制度的规定。"

2. 2000 年新修定的《海关法》确定了电子数据报关单的法律地位,承认其具有与纸质报关单同等法律效力。⑥

3. 在刑法方面,《刑法》第 285、286、287 条对破坏作为网络交易基础设施的计算机系统或者利用计算机网络系统进行犯罪的行为,作出了处罚规定。

4. 2001 年修订的《著作权法》第 10 条确认著作权人享有作品的信息网络传播权,第 41 条确认录音录像制作者享有信息网络传播权和获取报酬权,

---

① 参见《中华人民共和国电子签名法》第 29 条。
② 参见《中华人民共和国电子签名法》第 28 条。
③ 阿拉木斯.《电子签名法》电子商务发展的里程碑[J].通信业与经济市场,2004,(9):26 - 28.
④ 阿拉木斯.《电子签名法》电子商务发展的里程碑[J].通信业与经济市场,2004,(9):26 - 28.
⑤ 参见《中华人民共和国电子签名法》第 3 条。
⑥ 参见《中华人民共和国海关法》第 25 条。

第47条规定未经著作权人许可,通过信息网络向公众传播其作品应承担侵权责任。

（五）国务院颁布相关的法规以及最高人民法院的相关解释

为了维护电子商务市场秩序,1994年以来国务院和最高人民法院发布了一系列关于电子商务的行政法规和司法解释。主要包括:

1994年2月,国务院发布《中华人民共和国计算机信息系统安全保护条例》,①该条例具体规定了计算机信息系统建设和使用、安全等级保护、国际互联网的备案、计算机信息系统使用单位的安全案件报告、有害数据的防治管理等计算机信息系统安全保护等制度。

2000年9月,国务院颁布《中华人民共和国电信条例》,该条例明文允许私营企业经营互联网和商业增值电信业务,包括通过互联网和多媒体网络提供信息以及其他相关服务。

2000年9月,国务院颁布《互联网信息服务管理办法》,规定经营性信息服务须取得许可,非经营者须履行备案手续。

2001年12月,国务院公布《外商投资电信企业管理规定》。《规定》共25条,规定了外商投资电信企业可以经营基础电信业务、增值电信业务,具体业务分类依照《中华人民共和国电信条例》的规定执行。外商投资电信企业经营业务的地域范围,由国务院信息产业主管部门依照有关规定确定。2008年9月,国务院对该规定作了部分修改。

2006年5月18日,国务院发布了《信息网络传播权保护条例》。《条例》共27条,包括合理使用、法定许可、避风港原则、版权管理技术等一系列内容,区分了著作权人、图书馆、网络服务商、读者各自可以享受的权益,网络传播和使用都有法可依,形成一个相互依存、相互作用、相互影响的"对立统一"关系,很好地体现了产业发展与权利人利益、公众利益的平衡,为产业加速发展做好了法律准备。

2000年5月,最高人民法院发布《关于审理扰乱电信市场管理秩序案件具体运用若干问题的解释》。根据该解释,今后擅自经营港澳台电信业务的,以非法经营罪论处;盗用别人账号、密码上网的,则将以盗窃罪定罪处

---

① 参见《中华人民共和国计算机信息系统安全保护条例》[EB/OL].（2005 - 08 - 06）[2012 - 02 - 01] http://www.gov.cn/flfg/2005 - 08 - 06/content_20928.htm。

罚;如果用假身份证办理上网或移动电话的手续,则构成诈骗罪。

2000 年 12 月,最高人民法院颁布了《关于审理涉及计算机网络著作权纠纷案件适用法律若干问题的解释》,该解释经 2003 年 12 月和 2006 年 11 月两次修正,对涉及网络著作权纠纷案件的管辖、作品数字化形式与著作权的关系、著作权人享有的在网络上传播作品的权利、网络传播作品行为的性质、网络环境下的法定许可使用作品、侵权行为的认定、网络服务提供者的法律责任、权利管理信息保护、侵权损害赔偿的责任范围等问题的法律适用作了规定。

2001 年 7 月,最高人民法院颁布《关于审理涉及计算机网络域名民事纠纷案件适用法律若干问题的解释》,对公众关注的域名纠纷案件的案由、受理条件和管辖,域名注册、使用等行为构成侵权的条件,对行为人恶意以及对案件中商标驰名事实的认定等,都作出了规定。这项司法解释的公布实施,标志着我国计算机网络环境下商标(特别是驰名商标)、商号、域名等民事权益的司法保护和权利义务关系司法调整机制的确定。

二、我国调整电子商务的国家政策性文件

(一)国务院办公厅《关于加快电子商务发展的若干意见》

2005 年 1 月 8 日,国务院办公厅《关于加快电子商务发展的若干意见》颁布。① 该意见是我国政府颁布的第一个专门指导电子商务发展的政策性文件,意见指出"推进电子商务是贯彻科学发展观的客观要求,有利于促进我国产业结构调整,推动经济增长方式由粗放型向集约型转变,提高国民经济运行质量和效率,形成国民经济发展的新动力,实现经济社会的全面协调可持续发展;加快电子商务发展是应对经济全球化挑战、把握发展主动权、提高国际竞争力的必然选择,有利于提高我国在全球范围内配置资源的能力,提升我国经济的国际地位;推广电子商务应用是完善我国社会主义市场经济体制的有效措施,将有力地促进商品和各种要素的流动,消除妨碍公平竞争的制约因素,降低交易成本,推动全国统一市场的形成与完善,更好地

---

① 参见《国务院办公厅关于加快电子商务发展的若干意见》(国办发〔2005〕2 号)〔EB/OL〕.(2008 - 09 - 05)〔2012 - 01 - 28〕. http://eb. mofcom. gov. cn/aarticle/ab/c/200809/20080905806843. html.

实现市场对资源的基础性配置作用"。① 上述论断系统阐述了我国发展电子商务与贯彻科学发展观、应对经济全球化挑战以及完善社会主义市场经济体制的关系,确认了电子商务在我国宏观经济发展战略中的地位。

意见对于政府在发展电子商务中的作用做了准确的定位,这种定位是针对我国电子商务的现状和发展趋势做出的现实选择。意见既明确了政府在发展电子商务中的"推动"角色,又强调了政府要加强在网络环境中的市场监管、在线行为规范、信息安全保障等方面的作用,以维护电子商务活动的正常秩序。

对于如何务实的发展电子商务,意见提出了六大举措:第一,完善相关政策法律环境,包括组织建设,法律法规、财政税收、投融资环境的完善;第二,加快电子商务支撑体系的建设,包括与电子商务配套的信用、认证、标准、支付、物流等体系;第三,推进企业信息化应用,分别从推进面向骨干企业、行业、中小企业以及消费者的电子商务应用入手;第四,提升电子商务技术和服务体系建设;第五,加强宣传教育培训工作;第六,加强国际交流合作。

(二)《2006~2020 年国家信息化发展战略》

2006 年 5 月 8 日,中共中央办公厅、国务院办公厅发布了《2006~2020 年国家信息化发展战略》②(以下简称《发展战略》)。《发展战略》立意高远,力导创新,明确提出要"贯彻落实科学发展观,坚持以信息化带动工业化、以工业化促进信息化,坚持以改革开放和科技创新为动力,大力推进信息化。"《发展战略》同时还提出我国信息化发展的战略目标、具体目标③和战略重点④。我国信息化发展的战略目标是:到 2020 年,综合信息基础设施基本普

① 参见《国务院办公厅关于加快电子商务发展的若干意见》(国办发〔2005〕2 号)[EB/OL].(2008 - 09 - 05)[2012 - 01 - 28]. http://eb. mofcom. gov. cn/aarticle/ab/c/200809/20080905806843.html。

② 参见中共中央办公厅、国务院办公厅《2006~2020 年国家信息化发展战略》[EB/OL].(2006 - 10 - 03)[2012 - 02 - 01]. http://hebei. mofcom. gov. cn/aarticle/sjdixiansw/200610/20061003346801.html/。

③ 我国信息化发展的具体目标是:促进经济增长方式的根本转变;实现信息技术自主创新、信息产业发展的跨越;提升网络普及水平、信息资源开发利用水平和信息安全保障水平;增强政府公共服务能力、社会主义先进文化传播能力、中国特色的军事变革能力和国民信息技术应用能力。

④ 我国信息化发展的九大战略重点是:一、推进国民经济信息化;二、推行电子政务;三、建设先进网络文化;四、推进社会信息化;五、完善综合信息基础设施;六、加强信息资源的开发利用;七、提高信息产业竞争力;八、建设国家信息安全保障体系;九、提高国民信息技术应用能力,造就信息化人才队伍。

及,信息技术自主创新能力显著增强,信息产业结构全面优化,国家信息安全保障水平大幅提高,国民经济和社会信息化取得明显成效,新型工业化发展模式初步确立,国家信息化发展的制度环境和政策体系基本完善,国民信息技术应用能力显著提高,为迈向信息社会奠定坚实基础。①

三、我国调整电子商务的部门规章

自电子商务进入我国以来,国家相关部委出台了大量的电子商务法规,这些法规对促进电子商务的健康发展作出了重要的贡献,这些法规中较有代表性的主要有:

（一）《电子认证服务管理办法》

为了配合《电子签名法》的实施,原信息产业部2005年2月8日发布了《电子认证服务管理办法》。办法以电子认证服务机构为规范重点,围绕电子认证机构的设立、电子认证服务行为规范、对电子认证服务提供者实施监督管理等内容作出明确和具体的规定。② 具体包括电子认证服务许可证的发放与管理、电子认证服务行为规范、暂停或者终止电子认证服务的处置、电子签名认证证书的格式和安全保障监督和对违法行为的处罚等内容。③根据国务院关于规章清理的统一部署,2009年2月28日工业和信息化部修订并重新颁布《电子认证服务管理办法》。

（二）《电子支付指引（第一号）》

2005年10月,中国人民银行发布了《电子支付指引（第一号）》(以下简称《指引》),旨在规范电子支付业务,规避支付风险,保证资金安全,维护银行及其客户在电子支付活动中的合法权益,促进电子支付业务健康发展。《指引》以调整银行和客户之间的关系为主线,引导和规范境内发生的银行

---

① 参见中共中央办公厅、国务院办公厅《2006～2020年国家信息化发展战略》[EB/OL].(2006 – 10 – 03)[2012 – 02 – 01]. http://hebei. mofcom. gov. cn/aarticle/sjdixiansw/200610/20061003346801. html/。

② 参见《电子认证机构管理办法》[EB/OL]. (2009 – 03 – 10)[2012 – 02 – 01] http://www. gov. cn/flfg/2009 – 03/10/content_1255352. htm。

③ 参见《电子认证机构管理办法》[EB/OL]. (2009 – 03 – 10)[2012 – 02 – 01]. http://www. gov. cn/flfg/2009 – 03/10/content_1255352. htm。

为客户提供的电子支付业务。① 《指引》共6章49条,主要内容包括:界定电子支付的概念、类型和业务原则;统一电子支付业务申请的条件和程序;规范电子支付指令的发起和接收;强调电子支付风险的防范与控制;明确电子支付业务差错处理的原则和要求。② 由于电子支付工具和支付方式的复杂性,参与主体的多样性以及创新性,人民银行还将针对电子支付业务的特点,继续建立和完善电子支付相关业务规则,对电子支付进行较为全面的指导。

(三)《网络商品交易及有关服务行为管理暂行办法》

2010年5月,国家工商行政管理总局发布《网络商品交易及有关服务行为管理暂行办法》(以下简称《办法》),自2010年7月1日起施行。《办法》共分为6章44条,主要规定了网络商品交易及有关服务行为规范、提供网络交易平台服务的经营者的义务与责任、网络商品交易及有关服务行为监督管理职责以及违反《办法》的法律责任。

(四)《电子银行业务管理办法》和《电子银行安全评估指引》

2005年11月10日,中国银行业务监督管理委员会审议并通过了《电子银行业务管理办法》(以下简称《管理办法》)和《电子银行安全评估指引》,旨在有效控制电子银行业务风险,尽快完善我国电子银行业务的监管规章体系。③ 《办法》共9章99条,分为总则、申请与变更、风险管理、数据交换与转移管理、业务外包管理、跨境业务活动管理、监督管理、法律责任和附则等九部分。《电子银行安全评估指引》共5章57条,分为总则、安全评估机构、安全评估的实施、安全评估活动的管理和附则等五部分。《管理办法》的施行使我国网络支付的安全性将进一步得到保障。新法规将电话银行、手机银行和ATM机也纳入电子银行的管理范围。《管理办法》将电子银行分为两大部分:一是网上银行、电话银行和手机银行;二是其他利用电子服务设备和网络,由客户通过自助服务方式完成金融交易的银行业务,包括自助银行、ATM机等。

---

① 人民银行就《电子支付指引(第一号)》答问[EB/OL].(2005 - 10 - 31)[2012 - 02 - 01]http://www.gov.cn/zwhd/2005 - 10/30/content_86871.htm.

② 中国人民银行,《电子支付指引(第一号)》[EB/OL].(2005 - 10 - 31)[2012 - 02 - 01]http://www.gov.cn/ztzl/2005 - 10/31/content_87377.htm.

③ 参见《电子银行业务管理办法》、《电子银行安全评估指引》,2005年11月由中国银监会发布。

（五）《非金融机构支付服务管理办法》

2010 年 5 月 19 日,中国人民银行通过了《非金融机构支付服务管理办法》,办法规定,非金融机构如果要提供支付服务,应当依据本办法规定进行申请取得《支付业务许可证》,成为支付机构。对于本办法实施前已经从事支付业务的非金融机构,应当在本办法实施之日起 1 年内申请取得《支付业务许可证》。逾期未取得的,不得继续从事支付业务。为配合《非金融机构支付服务管理办法》的实施工作,中国人民银行 2010 年 12 月 1 日正式发布《非金融机构支付服务管理办法实施细则》。《实施细则》对《非金融机构支付服务管理办法》中有关申请人应具备的资质条件、应提交申请资料的要式条件、应符合的申请审批程序等条款进行细化和解释,以避免因理解差异等引起行政许可程序上出现不必要的麻烦。

（六）《第三方电子商务交易平台服务规范》

2011 年 4 月,商务部发布《第三方电子商务交易平台服务规范》(以下简称《规范》)。① 《规范》共 9 章 32 条,从平台设立与基本行为规范、平台经营者对站内经营者的管理引导、对消费者的合理保护、与相关服务提供者的协调监管等五个方面明确交易各方责任、保护各方权益。作为独立于交易双方的第三方平台,《规范》要求其应当遵从"业务隔离"原则,必须分离平台自营业务与第三方服务业务,从制度上确保平台相对交易双方的公平、公正和独立。《规范》提出,平台经营者应对其平台上的交易信息进行合理谨慎的管理,网页上显示的商品信息必须真实。对实物(有形)商品,应当从多角度多方位予以展现,不可对商品的颜色、大小、比例等做歪曲或错误的显示;对于存在瑕疵的商品应当给予充分的说明并通过图片显示。《规范》提出,第三方交易平台经营者应当通过合同或其他方式要求站内经营者依照国家有关规定,实施商品售后服务和退换货制度,对于违反商品售后服务和退换货制度规定的站内经营者,平台经营者应当受理消费者的投诉,并可依照合同追究其违约责任。

（七）其他调整电子商务的部门规章

2005 年 3 月,国家密码管理局颁布了《电子认证服务密码管理办法》。

---

① 参见《第三方电子商务交易平台服务规范》[EB/OL]. (2011 - 04 - 12)[2012 - 02 - 01]ht-tp://law. lawtime. cn/d681797686891_1_p1. html。

该办法面向社会公众提供电子认证服务应使用商用密码作了具体的规定，对电子认证服务提供者申请"国家密码管理机构同意使用密码的证明文件"的条件和程序予以了明确，同时还对电子认证服务系统的运行和技术改造等问题作出了相应规定。2009 年 10 月 28 日，国家密码管理局根据国务院关于清理规章的统一部署修订并重新颁布了《电子认证密码管理办法》。

2005 年 5 月，中国人民银行、发展改革委、财政部、商务部、公安部、原信息产业部、税务总局、银监会和外汇局等九部委联合发布了《关于促进银行卡产业发展的若干意见》，意见全面系统地提出了促进银行卡产业发展的具体政策措施，明确了银行卡行业发展的指导思想、原则、目标和工作重点。

2006 年 2 月，原信息产业部发布《互联网电子邮件服务管理办法》。本《办法》对垃圾邮件的界定予以了明确，制定了互联网电子邮件服务管理的基本措施，并针对垃圾邮件建立了举报机制和处罚措施。

2007 年 3 月，国家商务部发布了《关于网上交易的指导意见（暂行）》，提醒交易者，交易各方在交易前要尽可能多地了解对方的真实身份、信用状况、履约能力等信息；注意支付安全，保存网上交易记录，以作为纠纷处理时的证据。同时，《意见》指出，作为网上交易的服务提供者，应特别注意保存网上交易的各类记录和资料，采取相应的技术手段保证上述资料的完整性、准确性和安全性。

2009 年 11 月 30 日，商务部发布了《关于加快流通领域电子商务发展的意见》，《意见》提出，要从多个方面鼓励支持流通领域电子商务发展，到"十二五"期末，力争网络购物交易额占我国社会消费品零售总额的比重提高到 5% 以上。

2011 年 10 月，商务部发布《商务部"十二五"电子商务发展指导意见》，这是商务部首次发布关于指导促进电子商务发展的中长期政策规划文件。《意见》提出，到 2015 年，我国规模以上企业应用电子商务比率要达 80% 以上；应用电子商务完成进出口贸易额要占我国当年进出口贸易总额的 10% 以上；网络零售额要相当于社会消费品零售总额的 9% 以上。

2012 年 3 月 27 日，工业和信息化部发布《电子商务"十二五"发展规划》，确定"十二五"期间电子商务发展的具体目标为交易额翻两番，突破 18 万亿元。企业间电子商务交易规模超过 15 万亿元。网络零售交易额突破 3 万亿元，占社会消费品零售总额的比例超过 9%。重点任务是：提高大型企业电子商务水平;推动中小企业普及电子商务;促进重点行业电子商务发展;推动网络零售规模化发展;提高政府采购电子商务水平;促进跨境电子商务协同发展;持续推进移动电子商务发展;促进电子商务支撑体系协调发展;提高电子商务的安全保障和技术支撑能力等。采取的政策措施是:加强组织保障;建立健全电子商务诚信发展环境;提高电子商务的公共服务和市场监管水平;加大对电子商务违法行为的打击力度;完善权益保护机制;加强电子商务法律法规和标准规范建设;完善多元化的电子商务投融资机制;加强电子商务统计监测工作;加快电子商务人才培养;加强国际合作。

四、我国调整电子商务的行业性或地方性规范

（一）行业协会电子商务规范

2005 年 4 月 18 日,中国电子商务协会政策法律委员会组织有关企业起草了《网上交易平台服务自律规范》并正式对外发布,以行业规范的形式对网络交易平台进行规范。规范明确了网络交易平台的地位问题,认为它首先是一种信息通道,直接参与网上交易应承担相应的法律责任,同时规范还对消费者隐私权的保护问题作了重点关注,要求网上交易平台必须谨慎对待、合理使用其掌握的消费者信息。①

（二）部分地方电子商务规范

为了加强对电子商务行为的规范,部分地方也大量制定电子商务规范,其中具有代表性的是广东、北京、上海制定的地方性电子商务规范。

2003 年 2 月 1 日,《广东省电子交易条例》②颁布实施。这是我国首部电子商务的地方立法。该条例的主要内容包括,确立电子签名的法律地位;规范认证机构的管理以及规范电子交易服务提供商的管理。该条例通过确立电子签名的法律地位,解决了电子数据的法律有效性和法律取证问题;同时通过对电子签名、认证机构、电子交易服务提供商的规范较好地解决了电子交易中的信息安全问题。但令人遗憾的是,这部立法 2010 年 6 月被《广东省人民代表大会常务委员会关于废止部分地方性法规的决定》所废除。

2007 年 9 月 14 日,北京市人民代表大会常务委员会通过《北京市信息

---

① 参见《网上交易平台服务自律规范》,2005 年 4 月由中国电子商务协会政策法律委员会发布。

② 参见《广东省电子交易条例》,2003 年 2 月由广东省人民政府颁布。

化促进条例》(以下简称《条例》)①。该条例共 8 章 49 条,根据该条例,利用互联网从事经营活动的单位和个人应当依法取得营业执照,并在网站主页面上公开经营主体信息、已取得相应许可或者备案的证明、服务规则和服务流程等相应信息。与此同时,电子商务服务提供商则应当对利用其网站从事经营活动的经营主体的身份信息、合法经营凭证和反映交易信用状况的材料进行核查,对相关信息做好数据备份,并建立投诉受理机制,对利用其网站所从事的经营活动进行监督。为贯彻落实该《条例》,2008 年 8 月,北京市工商行政管理局颁布实施《关于贯彻落实 < 北京市信息化促进条例 > 加强电子商务监督管理的意见》。②

2008 年 11 月 26 日,上海市人大常委会通过了《上海市促进电子商务发展规定》(以下简称《规定》)③,这是我国第一部专门关于电子商务发展规定的地方性法规。《规定》对"电子商务"所下的定义是"通过互联网进行销售商品、提供服务等的经营活动"。规定从事电子商务的企业应当根据国家有关规定取得相关证照。当前,将以 B2B(商家对商家)、B2C(商家对个人)形式的网站经营者为重点监管对象,而对 C2C(个人对个人)形式的一般销售者采用自愿办照的原则,对 C2C 形式的规模较大销售者,则逐步引导,规范其经营行为。

第二节　我国电子商务立法存在的问题及解决思路

我国正在逐步完善与电子商务有关的立法,并取得了一定的成果,为电子商务的发展提供了一定的法律基础。但是,我们也不能忽视,我国的电子商务立法还存在很多的问题,完整的系统性的电子商务法律体系还没有形成,这些问题如不及时解决,将会对我国电子商务的进一步发展造成障碍。

---

① 参见《北京市信息化促进条例》[EB/OL].(2007 – 11 – 12)[2011 – 12 – 01] http://www.gov.cn/ziliao/flfg/2007 – 11/12/content_802903.htm.

② 参见《关于贯彻落实 < 北京市信息化促进条例 > 加强电子商务监督管理的意见》[EB/OL].(2008 – 09 – 05)[2011 – 12 – 14]http://eb.mofcom.gov.cn/aarticle/ab/c/200809/20080905807392.html

③ 参见《上海市促进电子商务发展规定》[EB/OL].(2009 – 03 – 06)[2011 – 12 – 14] http://eb.mofcom.gov.cn/aarticle/ab/c/200903/20090306079989.html.

一、我国电子商务立法存在的问题

1.立法所涵盖的范围过于狭窄。从立法涉及的范围来看,我国电子商务立法大多只涉及电子商务发展的一些边缘化的问题,如基础设施建设、信息服务的提供、行政管理、信息安全等。除电子签名外,对于电子商务运行中最为核心的问题,如电子交易、电子合同、消费者权益保护等问题,却基本没有涉及或者涉及过少。这样的立法根本无法满足我国电子商务发展的现实需要。

2.立法层次较低。当前我国电子商务立法属于法律层次的非常少,大多数的立法都属于立法层次较低的行政法规、部门规章等,这就使电子商务法律规范效力不足,难以产生强有力的监管效果。此外,各政府部门立法往往从本部门的利益出发,部门之间缺乏统一的协调,部分问题获得多个部门的关注,出现重复立法,浪费立法资源;部分问题又无人关注,长期缺少法律规范,造成法律真空。这种立法现状显然无法适应快速发展的电子商务。

3.缺乏统一的电子商务立法。我国并未出台统一的电子商务基本法,当前的电子商务立法主要属于查漏补缺型的立法,即电子商务中某一个环节或者某一种行为需要由法规做出规范时,相关部门就出台法规予以规定。受技术创新的驱动,电子商务发展变化的速度远远超过其他领域,目前的这种立法模式始终滞后于电子商务的发展,无法起到法律所应有的指引和规范的作用。此外,各部门分头立法的格局难以避免部门立法之间的冲突。理想状态中的电子商务法应当是一部电子商务基本法,该法处于电子商务法律体系中的最高位阶,能够从宏观层面上对电子商务中的电子交易、电子签名、电子认证、消费者权益保护等基本问题加以规制,并能够统领和协调其他电子商务法律规则。自联合国国际贸易法委员会于1996年发布《电子商务示范法》以来,已有70多个国家和地区制定了电子商务基本法,但我国在这方面的立法工作进展缓慢。

4.我国电子商务立法缺乏可操作性。目前一些电子商务法律法规还只是概念上的规定,缺乏可操作性。如,原信息产业部发布的《互联网电子邮件服务管理办法》对于未经许可的电子邮件的规定只是简单地写上"未经许可的电子邮件不得发出",这样的规定太过原则,根本就不具有可操作性。国外成熟的立法都会针对具体情形作出不同的规定。如,这种许可是明示的还是默示的,未采取过滤软件等措施应否算作默示的许可,许可应是针对某一类广告还是某一个具体的广告,许可后又拒绝应如何处理。此外,有些立法逻辑不严密,容易造成适用上的不便。如《电子签名法》第 13 条要求"当事人也可以选择使用符合其约定的可靠条件的电子签名"。这一规定并不要求该电子签名必须具备可靠电子签名的四个要件,在实际运用中可能会造成混乱,也可能会造成判断可靠电子签名标准的不统一。

二、我国电子商务立法中存在问题的原因

1.电子商务快速发展的特性使立法不易。这是全球电子商务立法中存在的共性问题。电子商务产业作为全球最为活跃、发展最快、技术更新最快、技术与产业结合最紧密及最受投资者青睐的产业之一,在"摩尔定律"、"贝尔定律"等不断扬弃的规则的带领下,一路狂奔而来,又扬尘而去,留下很多有待逐一解决的难题及法律上的疑惑和尴尬。[①] 立法者在很多情况下是左右为难,对于一些新的法律问题,往往是立法也不是,不立法也不是,因为,当一部新法或原有法律中的新规定经过漫长的立法周期终于出台的时候,人们可能会发现这些规定已经过时了,因为它所立足的产业环境已经有了较大的变化。比如,我们的著作权法几经周折终于在 2001 年年底完成了修订,该修订版中很重要的一条就是增设了"信息网络传播权"[②]的规定。但是如果我们对这一规定进行分析的话就会发现这一规定可能很难适用于手机短信息的传播,因为这种传播方式不符合"在其个人选定的时间和地点获得作品",[③]对于一个蓬勃发展的新兴产业而言,这一规范的不足成为此次修法的遗憾。

2.立法缺少统一协调与规划。目前我国电子商务立法主要以部门规章和地方法规为主,存在着政出多门、多头管理的现象,部门间的规章缺乏应有的协调,地方间的法规也缺少必要的配合,使企业无所适从。造成这种局面的主要原因在于电子商务立法上缺乏统一的协调与规划。

3.立法的指导思想产生偏差。目前我国电子商务立法主要还是从有利

---

① 阿拉木斯. 我国电子商务立法的难点[J]. 中国创业投资与高科技,2004(4).
② 即以有线或者无线方式向公众提供作品,使公众可以在其个人选定的时间和地点获得作品的权利。
③ 阿拉木斯. 我国电子商务立法的难点[J]. 中国创业投资与高科技,2004(4).

于行政管理和加强网络管制的角度进行规定,现有法规所规定的内容大部分是规定通信企业、商业企业、网站及用户在电子商务中应当做什么或不应当做什么,如果违反规定要承担什么行政或刑事责任。而现行的电子商务立法中很少给予电子商务主体授权性规范,较少对具体的电子交易制度进行规范,很少从直接鼓励和促进电子商务发展的方面去建立相关的法律制度,不易于民间电子商务规则的建立和完善。这样的立法显然不符合国际电子商务立法的潮流,应尽早予以改变。

4.惯有的漠视消费者权益。对个体权益的长期漠视,导致保护消费者权益相关立法长期缺位。电子商务发达国家如美国、澳大利亚、新加坡、韩国,在电子商务立法中无不把消费者利益放在首位,优先制定保护消费者的立法。而我国的政策确是保障企业的利益为先,这就导致关乎消费者权益的电子商务立法长期缺位。毫无疑问,这种消费者权益长期得不到保障的局面将严重影响消费者从事电子商务活动的信心并对我国电子商务的发展产生不利影响。

三、国际电子商务立法的若干启示

世界各国和地区,无论是美国、欧盟、新加坡等电子商务发达国家,还是阿曼、卡塔尔、卢旺达等电子商务欠发达国家,都把推进电子商务作为增强国家竞争力、赢得全球资源配置优势的战略举措,并为此制定了具有针对性的立法,通过法律制度的完善来保障和促进电子商务的发展。近年来,我国的电子商务发展迅速,但是,电子商务立法明显滞后。目前我国电子商务立法主要有《电子签名法》、《合同法》的相关规定以及大量的部委规章、地方立法,存在效力层级不高、体系不清、内容不全、可操作性不强等问题,无法对电子商务实践中存在的突出问题进行有效的规范和引导。如果不及时完善电子商务相关法律法规,势必严重制约中国电子商务的健康发展。因此,我国应当借鉴国际成功经验,结合本国实践,尽快制定和完善电子商务相关立法。

1.制定电子商务基本法,从宏观上构建电子商务法律框架。从全球范围来看,制定电子商务法可供选择的模式主要有两种,一种是制定综合性的电子商务基本法;一种是制定单行法。目前,世界上大多数国家(据笔者不完全统计,世界上共有70多个国家和地区)制定了综合性电子商务法,综合性立法已成为世界各国电子商务立法的主要模式。综合性立法从宏观着手,注重构建统一的电子商务法律体系,能够保持法律体制的连贯性和统一性,因而更适合于电子商务实践。我国应该借鉴国际经验,制定电子商务基本法,从宏观上明确电子商务立法的思路和原则,使电子商务立法能够反映并服务于电子商务迅速发展的现实。我国的电子商务基本法应该包括立法原则、交易主体、电子合同、电子签名及认证、电子支付、网上商业行为、消费者权益保护、个人信息的保护、争议解决等电子商务法的基本内容。

2. 借鉴国际先进立法经验,完善现有电子商务规则。电子商务的全球化特性,成为21世纪经济全球化的重要推动力量,同时也促进了电子商务法律的全球化。我国在制定电子商务基本法时,应充分借鉴国际电子商务立法的先进经验,注重与国际电子商务法律的兼容和统一。我国的《合同法》和《电子签名法》虽然对数据电文原件的形式条件、发出和收到数据电文时间和地点的确定、电子签名的法律地位等问题进行了规定,但其中很多规则因电子商务发展而显得不合时宜,如发出和收到数据电文时间和地点的确定,这些规则应当根据国际成熟经验予以修改。联合国《国际合同使用电子通信公约》中新增加的对要约邀请、自动电文系统的运用、电子通信中的错误等规定,目前已经获得了相当一部分国家的认可,这些规则都是我国现行电子商务法律中所没有的,但这些规则对于我国电子商务的进一步发展以及走向国际市场而言是不可或缺的,我们应该大胆地将这些规则纳入我国的电子商务法律体系之中,弥补现有电子商务法的缺漏。

3. 立足本国现实,借鉴国际先进立法技术,建构完备的电子商务法律体系。美国、加拿大、新加坡等发达国家在电子商务的立法过程中,非常注重结合本国的实际情况,运用先进的立法技术,构筑了其国内完善的电子商务法律体系。因此,我国在电子商务立法问题上,既不能不加选择地全盘接受新加坡等先进国家的立法成果和经验,因为这可能产生"水土不服"的问题,也不能过度依赖国内的法律体系和规则,而对国际先进立法经验熟视无睹。我们应该根据我国电子商务发展的实际情况和具体国情,大力借鉴发达国家的先进立法技术,在引进消化吸收的基础上实现本土化,形成具有我国特色的完备的电子商务法体系。为此,我们一方面要根据我国电子商务现实环境,在借鉴发达国家成熟经验的基础上,制定符合现阶段电子商务发展的法律规范;另一方面要根据我国电子商务发展中存在的问题,对电子合同、电子交易安全、消费者保护、电子商务诚信、打击违法犯罪等亟须解决的问题制定具有操作性的规范。此外,因为电子商务不可能与现实完全脱节,电子商务的很多环节仍需由传统法律调整,因此电子商务立法还要注重与现有法律体系的协调。

第三节　我国电子商务基本法的建构

一、我国电子商务基本法的立法思路

我国制定电子商务基本法的思路应当是:在借鉴国际经验、立足国情、充分利用现有法律体系的基础上,以保护消费者的利益为核心,充分调动民间组织的力量。具体应做到:

1. 依照国际惯例,与国际接轨。电子商务是一种不受时空限制的商务运作新模式,相对于传统商务活动对统一性规则具有更高的需求。联合国国际贸易法委员会制订的《电子商务示范法》、《电子签字示范法》和《国际合同使用电子通信公约》率先在全球范围内确立了一些国际性的基本原则。从其他国家立法实践看,他们在开展电子商务立法时都采纳了这些国际性的基本原则。因此,我国电子商务立法也应当尽量与这些原则条款保持一致,并吸收其他国际组织、国家与地区电子商务立法方面相对比较成熟的经验。这样既可以少走弯路,也有利于减少与其他国家司法实践中的摩擦与冲突。

2. 结合我国实际情况,体现自身特色。西方一些发达国家的交易习惯,信用制度等本身可以较快地与电子商务适应,而我国是发展中国家,基础设施落后,管理水平、信息化水平低下,同时还存在信用卡使用不普遍、网络建设参差不齐、送货系统不完善、上网成本高、企业信息化水平低下等发展电子商务上的诸多问题。不能照搬国外的电子商务立法,必须立足于我国的国情,制定具有本国特色的电子商务基本法。

3. 充分利用现有的法律体系。虽然电子商务对传统法律体系的挑战涉及各个领域,是全方面的,但并不需要进行全方位的立法。在一般情况下,现有的法律体系也能适用于网络世界,并不会因为其虚拟化而有所不同。

对现有法律可以覆盖但目前还没有涵盖的内容,也可以通过修改法律或发布司法解释的方式争取解决。

4.鼓励交易。促进交易是任意性规范的法理基础之一,在电子商务中应尊重当事人的意思自治,在司法实践中应坚持私法自治原则,鼓励当事人在商务活动中自由的表达自己的意志。这种立场有利于促进电子商务参加人积极探索电子商务发展的新模式和新途径,并使之成为推动电子商务贸易不断发展的动力。

5.保护消费者的利益。电子商务是在网络环境中开展,虚拟的交易环境、无形的交易过程、无纸的交易手段不仅会使消费者利益受到损害,而且会导致消费者对应用电子商务丧失信心。有鉴以此,各国际组织、国家和地区都把保障交易安全,增加消费者信心作为普及与发展电子商务首要问题。保护网上消费者的权益除了适用传统的消费者保护法外,还要针对网上交易的特点对消费者实施特殊保护。因此,除了制定专门的针对网上消费者权益保护的特殊法外,还应在网上交易的各个环节的规定中注重保护消费者的利益。①

6.重视行业协会和企业的作用。在国际上,行业外协会和企业一直是推动电子商务立法完善的重要力量。我们应当充分重视行业协会和企业在电子商务立法中的作用,积极引导行业协会和企业从事电子商务立法工作,利用其熟悉电子商务具体操作的优势,为制定电子商务基本法提供支持。

二、我国电子商务立法的指导原则

电子商务法属于商法的范畴,商法存在的重要基础就在于为交易安全提供保障。因此,电子商务立法的目的首先是保障电子商务交易的安全。具体来说,电子商务立法应当为电子商务的发展提供一整套长期稳定、权责分明、统一协调、适宜运用的行为规则,使电子商务参加人可以在公平、公正、公开、安全的的环境下自由地开展电子交易;其次,电子商务立法在制定强制性规范的同时,也应当充分考虑当事人意思自治,鼓励电子商务实务领域探索新的规则。基于此,笔者认为我国电子商务立法应遵循以下五项基本原则:

---

① 刘德良.论我国电子商务立法的指导思想和基本原则[J].武汉理工大学学报:社会科学版,2001,14(4):320-322.

1.意思自治原则。当事人意思自治原则(party autonomy)是现代民商事法律最为重要的一项基本原则,即民事行为的当事人可以在法律许可的范围内以自己的意思行使民事法律行为。这一原则在电子商务法中主要体现在:第一,在当事人有选择电子数据形式进行商务活动的自由,即当事人是利用网络与电子数据形式进行商业活动还是采取传统的方式由当事人自己决定;第二,当事人选择以电子方式进行商业活动时可以对于其中法律所许可的内容或者技术在法律上的意义根据自己的意思进行约定,这种约定对于双方当事人有约束力;第三,交易出现纠纷时可以采用双方当事人同意的方式解决。

2.中立原则。电子商务法的基本目标,无外乎就是要在电子商务领域,建立公平的交易规则,这是商法中交易安全原则在电子商务法上的必然反映。电子商务既是一种新的交易方式,同时又已经形成了一个新兴的产业,这一产业中各种新技术、新媒介不断涌现,为了鼓励创新和促进技术发展,对于这些新技术、新媒介,法律理应一视同仁、同等对待,不应从法律上歧视任何一种或强调某一种特定技术或媒介的采用。中立原则包括技术中立、媒介中立、实施中立和同等保护。具体而言,法律应当对电子商务中运用的各种技术手段一视同仁,不得限定或禁止使用某种技术,也不得对特定技术在法律效力上予以区别对待;应当对采用电子媒介(或其他媒介)的交易与纸质媒介同等对待;应当在电子商务法的实施中对本国电子商务活动和跨国电子商务活动一视同仁。

3.功能等同原则。传统纸质文件与电子文件、传统合同与电子合同、传统签名与电子签名之间是否具备同等的法律效应,一直是电子商务立法的一个争论点。电子文件与电子签名不像书面文件和手写签名一样,形式单一固定,同样是电子文件和电子签名,因采取的技术方式不同,在表现形式上,稳定性、可靠性、真实性上可能会有较大的不同,也就导致了其法律效力也不应该在同一水平上。而功能等同原则可以较好地解决这一问题,其基本模式主要有:(1)唯有符合一定条件的电子文件和电子签名才具有书面文件、签名等同的法律效力;(2)不同模式和特征的电子文件与电子签名以其可靠性、稳定性、正确性为标准对应不同的法律效力;(3)达到相应要求的电子文件和电子签名即可具备与书面文件、签名等同的法律效力,不受具体的技术解决方案内容影响。随着电子商务的不断发展和各国对电子商务的理解逐步加深,功能等同原则已逐渐成为各国电子商务立法中消除法律上因虚拟环境产生不公平待遇的最重要的法律方法。

4. 保障交易安全原则。商法的基本功能是保障商事交易安全,电子商务安全对于电子商务交易者信心具有极大地影响,是确保电子商务繁荣发展的必不可少的要件。与传统商务活动相比较,电子商务由于其虚拟性,数字化等特点不仅面临着传统商法环境下的交易风险,也面临着网络环境所特有的风险,因而其对安全性具有更高的要求。安全性原则要求与电子商务有关的交易信息在传输、存储、交换等整个过程不被丢失、泄露、窃听、拦截、改变等,要求网络和信息应保持可靠性、可用性、保密性、完整性、可控性和不可抵赖性。① 在电子商务法中,从对数据电文法律效力的承认,再到反映电子商务技术性特点的操作性规范,都贯穿了安全原则和理念。

5. 合理分配技术风险原则。电子商务法的目的,不仅要解决应用于商务中信息技术的合法性问题,还必须解决应用信息技术后商事交易当事人之间权利义务和责任的分配问题。② 如在与另一方当事人之间通过自动电文系统往来的电子通信中,一方当事人发生输入错误,但是该自动电文系统并未给该当事人提供更正错误的机会,那么当事人之间应如何分配责任;以及在电子交易活动过程中由于信息技术的局限性、信息系统的风险、系统设计漏洞或病毒感染所产生的风险责任应如何分担等。运用传统侵权法归责原则无法有效解决这些问题。因此,根据技术性规范的特点,科学、合理地分配交易主体之间的权利和义务,对技术风险公平合理地分配,是实现电子商务法律价值追求的保障,是电子商务法的重要内容。

三、我国电子商务基本法的具体设计

对于我国电子商务基本法的建构,笔者认为,我国电子商务基本法应至少包括下述八个方面的内容。

1. 电子商务主体及其市场准入。现实中的企业(个人)或网上虚拟的企业(个人)是电子商务的主体,它们利用互联网络开展各类商务活动,因此,有关电子商务主体的市场准入、身份认证、开展业务条件、法律监管、法律责任是开展电子商务必需解决的法律问题。这需要建立专门的法律制度加以规范。

---

① 杨义. 网络信息安全与保密[M]. 北京:北京邮电大学出版社,1999:2 - 5.

② 孙占利. 论电子商务法的基本原则:以全球电子商务立法为视角[J]. 现代法学,2008,30(3):114 - 122.

2. 电子合同。电子合同是网络环境下当事人为实现一定目的而订立的明确相互之间权利义务关系的协议，是电子商务的基础。然而，电子合同的数字化、电子化使得传统合同法律的规范作用显得苍白无力、捉襟见肘，因此，完善电子合同的成立、生效、履行等问题的相关法律制度对于当事人而言具有非常重要的意义。电子合同规范的内容应当包括电子方式的要约与承诺、合同成立及生效时间与地点、通过自动电文系统订立的合同对当事人是否有约束力等问题。

3. 电子签名和认证。电子签名和认证是电子商务安全的重要基石，各国无不将其作为立法的重点。电子签名和认证制度的内容应当包括：电子签名效力、电子签名的归属、电子签名的使用、电子签名认证机构的市场准入、发行认证证书的管理等。目前，我国虽然已通过了《电子签名法》，对相关的问题已经作了规定，但仍有必要将之纳入电子商务基本法。因为，一方面《电子签名法》的有些规定仍需进一步完善，另一方面将电子签名制度纳入电子商务基本法中有利于形成完整的法律体系。电子商务基本法从宏观把握，《电子签名法》从细处着手，两部法律各有侧重。

4. 电子支付。电子支付是电子商务交易中的核心部分，电子支付的安全性和可靠性问题直接影响到电子商务的发展。[①] 随着互联网的普及，电子商务当事人通过电子手段进行货款的支付与结算，大大提高了交易的效率。电子支付的推广应用，不仅要求对新型支付法律关系中当事人各方的权利义务做出规定，而且还必须针对电子货币、电子钱包、网上银行建立起新的法律制度。电子支付应当包括：电子货币的使用、电子支付风险的承担以及电子支付当事人之间的权益和义务。

5. 网上商业行为。广告、拍卖、证券等特殊商事领域，传统商法都作了特别的规范和调整。但是，当这些商务活动在互联网上开展时，传统的基于地域因素的管理规则根本无法再适用。如法国禁止烟草广告，但互联网的无国界性，使万宝路香烟广告可以轻松的通过互联网在法国被公众所知晓。因此，建立规范网络广告、网上拍卖、网上证券交易等特殊商事行为的法律制度，已经成为当务之急。与此同时，网络环境中，大量的不法商业行为、不正当商业行为、侵犯他人商业利益的行为都需要特别予以关注。

---

① 周忠海等合著. 电子商务法新论[M]. 台北:神州图书出版有限公司,2002:21.

6. 消费者权益保护。电子商务不仅涉及传统有形货物的交易,也涉及信息产品贸易与服务的交易,交易标的非常广泛且还在不断蔓延。如何规范网络商家的信用披露制度、保障消费者隐私权和知情权、保障网上销售产品质量和售后服务等都已经成为法律需要迫切解决的新问题。这些问题的解决需要对现有消费者权益保护法进行修订或者另行制定适合网上消费特点的法律制度。消费者权益保护的主要内容包括:消费者权益保护的基本原则、消费者的范围、消费者权益的界定、电子商务经营者的义务等。

7. 个人信息的保护。个人信息保护是网络时代人格权法的核心问题。在电子商务的开展中,个人信息的保护已经备受关注。网络环境为收集、分析、利用客户个人资料提供了便利,为防止商家滥用个人资料,保护消费者的隐私权,需要针对个人资料的保护制定专门立法规范商家对个人资料的征集与利用。个人信息保护的主要内容包括个人信息的界定,个人信息权,个人信息的收集、处理、利用和跨国传输。

8. 争议解决。作为一种商务活动,电子商务不可避免地会产生各种各样的争议和纠纷。目前,在法律适用、管辖权、争议解决方式等方面电子商务仍然适用传统法律。但是电子商务环境和手段的特殊性对传统法律规则带来了诸多的挑战,如传统法律是以"合同履行地原则"确定合同管辖权,但对于在互联网上履行的电子合同如何确定履行地,对该原则提出了挑战。电子商务纠纷解决的主要内容应当包括:电子商务争议的和解、调解、仲裁和诉讼,以及网络管辖权和数据电文证据规则等。

附录一 联合国国际合同使用电子通信公约

本公约各缔约国，

重申相信平等互利基础上的国际贸易是促进各国之间友好关系的一个重要因素，

注意到电子通信的使用增多提高了商业活动的效率，加强了贸易联系，并为过去相距遥远的当事人和市场提供了新的准入机会，从而对促进国内、国际贸易和经济发展发挥着极其重要的作用，

考虑到国际合同中使用电子通信的法律效力不确定性所产生的种种问题构成了对国际贸易的障碍，

深信采用统一规则消除对国际合同使用电子通信的障碍，包括消除现有国际贸易法文书在执行上可能产生的障碍，将加强国际合同的法律确定性和商业上的可预见性，有助于各国获得现代贸易途径，

认为统一规则应当尊重当事人在其所选择的手段符合相关法律规则的目的的限度内选择适当媒介和技术的自由，同时顾及不偏重任何技术和功能等同的原则，

希望以法律制度、社会制度和经济制度不同的国家所能接受的方式对消除电子通信使用中的法律障碍提供一个共同解决办法，

兹商定如下：

第一章 适用范围

第1条 适用范围

1. 本公约适用于与营业地位于不同国家的当事人之间订立或履行合同有关的电子通信的使用。

2. 当事人营业地位于不同国家，但这一事实只要未从合同或当事人之

间的任何交往中或当事人在订立合同之前任何时候或订立合同之时披露的资料中显示出来,即不予以考虑。

3. 在确定本公约是否适用时,既不考虑当事人的国籍,也不考虑当事人和合同的民事或商务性质。

第 2 条 不适用情形

1. 本公约不适用于与下列情形有关的电子通信:

(a) 为个人、家人或家庭目的订立的合同;

(b)(i)受管制交易所的交易;(ii)外汇交易;(iii)银行间支付系统、银行间支付协议或者与证券或其他金融资产或票据有关的清算和结算系统;(iv)对中间人持有的证券或其他金融资产或票据的担保权的转让、出售、出借或持有或回购协议。

2. 本公约不适用于汇票、本票、运单、提单、仓单或任何可使持单人或受益人有权要求交付货物或支付一笔款额的可转让单证或票据。

第 3 条 当事人意思自治

当事人可以排除本公约的适用,亦可减损或更改其中任何一项规定的效力。

第二章 总则

第 4 条 定义

在本公约中:

(a)"通信"系指当事人在一项合同的订立或履行中被要求作出或选择作出的包括要约和对要约的承诺在内的任何陈述、声明、要求、通知或请求;

(b)"电子通信"系指当事人以数据电文方式发出的任何通信;

(c)"数据电文"系指经由电子手段、电磁手段、光学手段或类似手段生成、发送、接收或存储的信息,这些手段包括但不限于电子数据交换、电子邮件、电报、电传或传真;

(d)电子通信的"发件人"系指亲自或由他人代表而发送或生成了可能随后备存的电子通信的当事人,但不包括作为中间人处理该电子通信的当事人;

(e)电子通信的"收件人"系指发件人意图中的接收该电子通信的当事

人,但不包括作为中间人处理该电子通信的当事人;

(f)"信息系统"系指生成、发送、接收、存储或用其他方法处理数据电文的系统;

(g)"自动电文系统"系指一种计算机程序或者一种电子手段或其他自动手段,用以引发一个行动或者全部或部分地对数据电文或执行生成答复,而无须每次在该系统引发行动或生成答复时由自然人进行复查或干预;

(h)"营业地"系指当事人为了从事一项经济活动,但并非从某一处所临时提供货物或服务而保持一非短暂性营业所的任何地点。

第5条 解释

1. 在解释本公约时,应当考虑到其国际性以及促进其适用上的统一和在国际贸易中遵守诚信的必要性。

2. 涉及本公约所管辖事项的问题,未在本公约中明确解决的,应当按照本公约所依据的一般原则加以解决,在无此种原则时,应当按照国际私法规则指定的适用法律加以解决。

第6条 当事人的所在地

1. 就本公约而言,当事人的营业地推定为其所指明的所在地,除非另一方当事人证明该指明其所在地的当事人在该所在地无营业地。

2. 当事人未指明营业地并且拥有不止一个营业地的,就本公约而言,与有关合同关系最密切的营业地为其营业地,但须考虑到双方当事人在合同订立之前任何时候或合同订立之时所知道或所设想的情况。

3. 自然人无营业地的,以其惯常居所为准。

4. 一所在地并不仅因以下两点之一而成为营业地:(a)系一方当事人订立合同所用信息系统的支持设备和技术的所在地;

(b)系其他当事人可以进入该信息系统的地方。

5. 仅凭一方当事人使用与某一特定国家相关联的域名或电子信箱地址,不能推定其营业地位于该国。

第7条 对提供情况的要求

本公约中的规定概不影响适用任何可能要求当事人披露其身份、营业地或其他情况的法律规则,也不免除当事人就此作出不准确、不完整或虚假说明的法律后果。

第三章 国际合同使用电子通信

第8条 对电子通信的法律承认

1. 对于一项通信或一项合同,不得仅以其为电子通信形式为由而否定其效力或可执行性。

2. 本公约中的规定概不要求当事人使用或接受电子通信,但可以根据当事人的作为推断其是否同意使用或接受电子通信。

第9条 形式要求

1. 本公约中的规定概不要求一项通信或一项合同以任何特定形式作出、订立或证明。

2. 凡法律要求一项通信或一项合同应当采用书面形式的,或规定了不采用书面形式的后果的,如果一项电子通信所含信息可以调取以备日后查用,即满足了该项要求。

3. 凡法律要求一项通信或一项合同应当由当事人签字的,或法律规定了没有签字的后果的,对于一项电子通信而言,在下列情况下,即满足了该项要求:

(a) 使用了一种方法来鉴别该当事人的身份和表明该当事人对电子通信所含信息的意图;而且

(b) 所使用的这种方法:

(i) 从各种情况来看,包括根据任何相关的约定,对于生成或传递电子通信所要达到的目的既是适当的,也是可靠的;或者

(ii) 其本身或结合进一步证据事实上被证明已履行以上第(a)项中所说明的功能。

4. 凡法律要求一项通信或一项合同应当以原件形式提供或保留的,或规定了缺少原件的后果的,对于一项电子通信而言,在下列情况下,即满足了该项要求:

(a) 该电子通信所含信息的完整性自其初次以最终形式——电子通信或其他形式——生成之时起即有可靠保障;而且

(b) 要求提供电子通信所含信息的,该信息能够被显示给要求提供该信息的人。

5. 在第4款第(a)项中:

（a）评价完整性的标准应当是，除附加任何签注以及正常通信、存储和显示过程中出现的任何改动之外，信息是否仍然完整而且未被更改；而且

（b）所要求的可靠性标准应当根据生成信息的目的和所有相关情况加以评估。

第10条　发出和收到电子通信的时间和地点

1. 电子通信的发出时间是其离开发件人或代表发件人发送电子通信的当事人控制范围之内的信息系统的时间，或者，如果电子通信尚未离开发件人或代表发件人发送电子通信的当事人控制范围之内的信息系统，则为电子通信被收到的时间。

2. 电子通信的收到时间是其能够由收件人在该收件人指定的电子地址检索的时间。电子通信在收件人的另一电子地址的收到时间是其能够由该收件人在该地址检索并且该收件人了解到该电子通信已发送到该地址的时间。当电子通信抵达收件人的电子地址时，即应推定收件人能够检索该电子通信。

3. 电子通信将发件人设有营业地的地点视为其发出地点，将收件人设有营业地的地点视为其收到地点，营业地根据第6条确定。

4. 即使支持电子地址的信息系统的所在地可能不同于根据本条第3款而认定的电子通信的收到地点，本条第2款依然适用。

第11条　要约邀请

通过一项或多项电子通信提出的订立合同提议，凡不是向一个或多个特定当事人提出，而是可供使用信息系统的当事人一般查询的，包括使用交互式应用程序通过这类信息系统发出订单的提议，应当视做要约邀请，但明确指明提议的当事人打算在提议获承诺时受其约束的除外。

第12条　自动电文系统在合同订立中的使用

通过自动电文系统与自然人之间的交互动作或者通过若干自动电文系统之间的交互动作订立的合同，不得仅仅因为无自然人复查或干预这些系统进行的每一动作或由此产生的合同而被否定效力或可执行性。

第13条　合同条款的备查

一方当事人通过交换电子通信的方式谈判部分或全部合同条款的，本公约中的规定概不影响适用任何可能要求其以某种特定方式向另一方当事人提供含有合同条款的电子通信的法律规则，也不免除一方当事人未能这

样做的法律后果。

第 14 条　电子通信中的错误

1. 一自然人在与另一方当事人的自动电文系统往来的电子通信中发生输入错误,而该自动电文系统未给该人提供更正错误的机会,在下列情况下,该人或其所代表的当事人有权撤回电子通信中发生输入错误的部分:

(a)该自然人或其所代表的当事人在发现错误后尽可能立即将该错误通知另一方当事人,并指出其在电子通信中发生了错误;而且

(b)该自然人或其所代表的当事人既没有使用可能从另一方当事人收到的任何货物或服务所产生的任何重大利益或价值,也没有从中受益。

2. 本条中的规定概不影响适用任何可能就除了第 1 款中所提到的错误之外的任何错误的后果作出规定的法律规则。

第四章　最后条款

第 15 条　保存人

兹指定联合国秘书长为本公约保存人。

第 16 条　签署、批准、接受或认可

1. 本公约自 2006 年 1 月 16 日至 2008 年 1 月 16 日在纽约联合国总部开放供各国签署。

2. 本公约须经签署国批准、接受或认可。

3. 自开放供签署之日,本公约对所有未签署国开放供加入。

4. 批准书、接受书、认可书和加入书应送交联合国秘书长保存。

第 17 条　区域经济一体化组织的参与

1. 由主权国家组成并对本公约管辖的某些事项拥有管辖权的区域经济一体化组织同样可以签署、批准、接受、认可或加入本公约。在此情况下,区域经济一体化组织享有的权利和负有的义务应与缔约国相同,但仅限于本组织对本公约管辖的事项具有管辖权的范围。当本公约须考虑缔约国的数目时,除一区域经济一体化组织中已成为本公约缔约国的成员国之外,该组织不应算作一个缔约国。

2. 区域经济一体化组织在签署、批准、接受、认可或加入时应向保存人提出一项声明,指明对本公约所管辖的哪些事项的管辖权已由其成员国转移给本组织。根据本款提出的声明中所指明的管辖权分配如发生任何变

化,包括管辖权的新的转移,区域经济一体化组织应迅速通知保存人。

3. 在情况需要时,本公约中对"一缔约国"或"各缔约国"的任何提及均同等适用于区域经济一体化组织。

4. 对于任何区域经济一体化组织的规则,凡适用于其各自营业地位于根据第 21 条作出的声明所列出的任何此种组织的成员国的当事人的,在与本公约发生冲突时,本公约不得优先。

第 18 条 对本国领土单位的效力

1. 一缔约国拥有两个或多个领土单位,各领土单位对本公约所涉事项适用不同法律制度的,该国得在签署、批准、接受、认可或加入时声明本公约适用于本国的全部领土单位或仅适用于其中的一个或数个领土单位,并且可以随时提出另一声明来修改其所做的声明。

2. 此种声明应通知保存人,并且明确指明适用本公约的领土单位。

3. 由于按本条规定作出一项声明,本公约适用于缔约国的一个或数个领土单位但不是全部领土单位,而且一方当事人的营业地位于该国之内的,为本公约之目的,除非该营业地位于本公约适用的领土单位内,否则该营业地视为不在缔约国内。

4. 一缔约国未根据本条第 1 款作出声明,本公约适用于该国的所有领土单位。

第 19 条 关于适用范围的声明

1. 任何缔约国均可根据第 21 条声明本国仅在下述情况下适用本公约:

(a) 第 1 条第 1 款中提及的国家是本公约的缔约国;或者

(b) 当事人约定适用本公约。

2. 任何缔约国均可将其在根据第 21 条所作的声明中指明的事项排除在本公约的适用范围之外。

第 20 条 根据其他国际公约进行的通信往来

1. 本公约的规定适用于与订立或履行本公约缔约国已加入或可能加入的下列任何国际公约所适用的合同有关的电子通信的使用:

《承认及执行外国仲裁裁决公约》(1958 年 6 月 10 日,纽约);

《国际货物销售时效期限公约》(1974 年 6 月 14 日,纽约)及其议定书(1980 年 4 月 11 日,维也纳);

《联合国国际货物销售合同公约》(1980 年 4 月 11 日,维也纳);

《联合国国际贸易运输港站经营人赔偿责任公约》(1991 年 4 月 19 日,维也纳);

《联合国独立担保和备用信用证公约》(1995 年 12 月 11 日,纽约);

《联合国国际贸易应收款转让公约》(2001 年 12 月 12 日,纽约)。

2. 本公约的规定还适用于与订立或履行本公约一缔约国已加入或可能加入但未在本条第 1 款中具体提及的另一国际公约、条约或协定所适用的合同有关的电子通信,除非该国已根据第 21 条声明其将不受本款的约束。

3. 根据本条第 2 款作出声明的国家也可声明,对于与订立或履行该国已加入或可能加入的已指明的国际公约、条约或协定所适用的任何合同有关的电子通信的使用,本国仍将适用本公约的规定。

4. 任何国家均可声明,对于与订立或履行该国已加入或可能加入的而且在该国的声明中指明的任何国际公约、条约或协定,包括本条第 1 款提及的任何公约所适用的合同有关的电子通信的使用,本国将不适用本公约的规定,即使该国尚未通过根据第 21 条作出声明的方式排除本条第 2 款的适用亦如此。

第 21 条 声明的程序和效力

1. 任何时候均可根据第 17 条第 4 款、第 19 条第 1 和第 2 款以及第 20 条第 2、第 3 和第 4 款作出声明。在签署时作出的声明须在批准、接受或认可时加以确认。

2. 声明及其确认,应以书面形式提出,并应正式通知保存人。

3. 声明在本公约对有关国家开始生效时同时生效。但是,保存人于此种生效后收到正式通知的声明,应于保存人收到该项声明之日起满 6 个月后的下一个月第 1 日生效。

4. 根据本公约的规定作出声明的任何国家,可以在任何时候以书面形式正式通知保存人更改或撤回该项声明。此种更改或撤回于保存人收到通知之日起满 6 个月后的下一个月第 1 日生效。

第 22 条 保留

不得对本公约提出保留。

第 23 条 生效

1. 本公约于第三件批准书、接受书、认可书或加入书交存之日起满 6 个月后的下一个月第 1 日生效。

2. 一国在第三件批准书、接受书、认可书或加入书交存之后才批准、接受、认可或加入本公约的,本公约于该国交存其批准书、接受书、认可书或加入书之日起满 6 个月后的下一个月第 1 日对该国生效。

第 24 条　适用时间

本公约和任何声明仅适用于在本公约或该声明对每一缔约国生效或产生效力之日后所进行的电子通信。

第 25 条　退约

1. 缔约国得以书面形式正式通知保存人,宣布其退出本公约。

2. 退约于保存人收到通知之日起满 12 个月后的下一个月第 1 日起生效。凡通知内订明退约的生效需更长期限的,退约于保存人收到通知后该段更长期限届满时生效。

2005 年 11 月 23 日订于纽约,正本一份,其阿拉伯文本、中文本、英文本、法文本、俄文本和西班牙文本具有同等效力。

下列署名全权代表,经各自政府正式授权,在本公约上签字,以昭信守。

附录二 欧盟2009年电子货币机构业务开业、经营与审慎监管指令

根据《建立欧共体条约》,特别是其中第47(2)条和第95条,

考虑到委员会的提议,

考虑到欧洲经济和社会委员会的意见,

考虑到欧洲中央银行的意见,

根据条约第251条规定的程序,

鉴于:

(1)针对新兴的预付电子支付产品,欧洲议会和欧盟理事会2000年9月18日通过了《关于电子货币机构业务开办、经营与审慎监管的指令》(Directive 2000/46/EC),目的是推动内部市场建立一个明确的法律框架,同时保证适当水平的审慎性监管。

(2)在对Directive 2000/46/EC进行审查时,委员会强调指令的某些条款已经阻碍了电子货币服务领域真正单一市场的形成,影响了这些受用户欢迎服务的发展。

(3)欧洲议会和欧盟委员会2007年11月13日通过的《支付服务指令》(Directive 2007/64/EC)为支付服务建立了一套具有现代性和协调性的法律框架,包括协调对新型支付服务提供者即支付机构审慎监管要求的国内条款。

(4)为了消除市场准入的壁垒,促进电子货币发行企业的开业和经营,需要重新审视调整电子货币机构的规则,以确保所有支付服务提供者在一个公平的竞争环境下开业和经营。

(5)本指令的适用限于发行电子货币的支付服务提供者。对于某些针对实际需求而设计,且只能以有限的方式使用的存储货币价值的预付工具,本指令不适用,因为这些预付工具要么只允许电子货币持有者在电子货

发行者的经营场所或与其有协议关系的服务提供者的有限网络内购买商品或服务,要么只能用于获得有限范围的商品或服务。如果一项支付工具只能用于在一家特定商店或连锁店购买货物或服务;或只能用于购买有限的商品或服务(销售点的地理位置在所不论),该项支付工具应该视为在有线网络使用。这些支付工具包括购物卡、汽油卡、会员卡、公交卡、餐券或服务券(如幼儿托管代金券,或用于社会或服务计划的代金券,这些券作为员工某些家务活动如清洁、烫衣服或园艺的补贴),这些服务券往往受具体的税收或劳动法调整,其设计既满足了社会法的目的,也促进了其使用。当某一特定目的的支付工具成为一般目的的支付工具,就不能再适用指令豁免的范围。用于在指定商家消费的支付工具不能得到指令豁免,因为这些支付工具是典型的为服务提供者网络而设计的,目前这类网络正在不断成长。

(6)本指令对用于购买电子产品或服务的货币价值也不适用,因为在这些商品或服务中,经营者根据商品或服务的性质通过访问、搜索或分销工具的形式增加了其内在价值,并且规定这些商品或服务只能通过数字设备(如移动电话或计算机)使用,而且电信、数字或信息技术经营者并不只充当支付服务用户和商品与服务提供商之间的中介。因为这种情形下,手机或其他数字网络用户直接向网络经营者支付,网络用户与货物或服务提供商之间既不是直接的支付关系也不是直接的债权债务关系。

(7)为了确保技术中立,必须对电子货币提出作一个明确的定义。该定义应该涵盖支付服务提供者发行可用于支付目的的预付储值换取资金的所有情形,因为这些预付储值能够作为支付手段被第三人接受。

(8)电子货币的定义既应当涵盖持有人通过电子货币支付工具持有的电子货币,也应该涵盖储存在网络服务器上,持有人通过一个特定账户管理的电子货币。该定义应该足够宽汸以避免妨碍技术创新,不仅要覆盖目前市场上所有的电子货币产品,而且要覆盖那些以后开发的产品。

(9)电子货币机构审慎监管体系的审查应当与这些机构面临的风险紧密结合。该体系也应当与 Directive 2007/64/EC 中支付机构的审慎监管体系相一致。为此,Directive 2007/64/EC 的相关条款除与本指令规定相冲突外原则上应适用于电子货币机构。Directive 2007/64/EC 中的“支付机构”应理解为包括电子货币机构;“支付服务”应理解为包括支付服务行为和发行电子货币行为;“支付服务用户”应理解为包括支付服务用户和电子货币持有者;"本指令"应理解为包括本指令和 Directive 2007/64/EC。Directive 2007/64/EC 第二编应理解为包括 Directive 2007/64/EC 第二编和本指令第二编;Directive 2007/64/EC 第 6 条应理解为包括 Directive 2007/64/EC 第 6 条和本指令第 4 条; Directive 2007/64/EC 第 7(1)条应理解为包括本指令第 5(1)条;Directive 2007/64/EC 第 7(2)条应理解为包括本指令第 5(6)条;Directive 2007/64/EC 第 8 条应理解为包括本指令第 5(2) – (5)条;Directive 2007/64/EC 第 9 条应理解为包括本指令第 7 条;Directive 2007/64/EC 第 16(1)条应理解为包括本指令第 6(1)(c)至(e)条;以及 Directive 2007/64/EC 第 26 条应理解为包括本指令第 9 条。

(10)应该认识到,电子货币机构可以根据各自商业模式的要求,通过其自然人代表或法人代表供应电子货币,包括向公众出售或转售电子货币产品,提供向消费者供应电子货币的方式、供应消费者请求赎回电子货币或补充电子货币产品的方式。电子货币机构不得通过代理机构发行电子货币,但满足了 Directive 2007/64/EC 第 17 条规定的条件仍可通过代理机构提供该指令附件中所列的支付服务。

(11)需要对初始资本金和持续资本金作出要求,以确保消费者得到适当程度的保护以及电子货币机构的稳健和审慎运行。考虑到电子货币的特殊性,其持续资本金的计算应采用不同的方式。完全的监管自由裁量权应确保所有面临同样风险的支付服务提供者受到同等的对待,并根据电子货币机构具体业务情况采用不同的计算方法。此外,应当规定电子货币机构其他业务资金与电子货币持有人资金应分开。电子货币机构应当遵守有效的反洗钱和反恐怖融资规则。

(12)支付系统的经营并不限于某些特定的机构。但是,有必要认识到,和支付机构一样,电子货币机构同样也可以经营支付系统。

(13)发行电子货币并不构成欧盟 2006 年《信用机构业务开办与经营指令》(Directive 2006/48/EC)规定的吸收存款行为,因为电子货币作为硬币和纸币的替代品只用于支付,通常数量有限不会成为储蓄手段。电子货币机构不得将为发行电子货币的目的所收取或持有的资金用于提供信贷。此外,电子货币发行商不得向持有人支付利息或其他利益,除非这些利益与电子货币持有人持有电子货币的时间长短无关。授予或维持电子货币机构许可证的条件应包括:这些机构具有在其电子货币发行相关的业务中面临的经营和金融风险相适应的审慎要求,这些审慎要求与电子货币机构从事的任何其他商业行为无关。

(14) 但是,有必要在发行电子货币的电子货币机构和信贷机构之间维持公平的竞争环境,以确保为电子货币持有人提供服务的不同机构之间的公平竞争。由于对电子货币机构的审慎监管体系,比信用机构的更严格,特别是关于电子货币持有人资金的保障方面,因此有必要对此进行平衡。考虑到资金保障的至关重要性,发生实质性的变化时,电子货币机构应提前向主管当局通知,如保障方法的改变,保障资金存放的信用机构的变更,为保障资金提供保险或担保的保险公司或信用机构发生变更。

(15) 各成员国调整总部位于共同体外电子货币机构的分支机构的规则应当类似。这些规则不应比那些总部位于其他成员国的电子货币机构的分支机构更宽松。共同体可以就规则的适用与第三国缔结协议,规定总部位于共同体之外与共同体内的电子货币机构的分支机构享有同等待遇。总部位于共同体之外的电子货币机构分支机构不应享受条约第 43 条规定的成员国应有的设立自由(已经成立的除外),也不应享受条约第 49 条第 2 款规定的提供服务的自由。

(16) 鉴于某些机构只发行数量有限的电子货币,应当允许成员国对其豁免本指令某些条款的适用。享受豁免待遇的机构不享有本指令规定的设立自由或提供服务自由,也不得作为支付系统的成员间接行使这些权利。但是,应当对所有提供电子货币服务的机构的具体情况进行登记是有必要的,包括那些享受豁免待遇的机构。为此目的,成员国应当使这些机构登记为电子货币机构。

(17) 为审慎监管之目的,成员国应确保只有以下机构可以发行电子货币:获得许可或根据本指令享受豁免待遇的电子货币机构;根据 Directive 2006/48/EC 获得许可的信用机构;根据国内法有权发行电子货币的邮政转账机构;Directive 2006/48/EC 第 2 条所指的机构;不行使金融管理权或其他公共权力的欧州中央银行和各成员国中央银行;行使公共管理机构职能的成员国及其地区或地方当局。

(18) 电子货币应该可以被赎回以保持电子货币持有者的信心。赎回并不意味着作为发行电子货币所获取的资金应该视为 Directive 2006/48/EC 所规定的存款或其他可偿付资金。持有人任何时候都可以以面值赎回电子货币,发行机构不得设置赎回的最低门槛。一般而言,赎回不应收取费用。但是,本指令规定的某些情形,可以按成本收取合理的费用,这些收费不损及国内税收或社会事务立法或任何共同体或国内立法的相关义务,如打击洗钱和打击恐怖融资规则,任何以冻结资金为目的的行为,或任何与阻止和调查刑事犯罪相关的具体措施。

(19)应当为电子货币持有人提供解决争端的法庭外投诉和救济程序。因此,在不影响本指令规定的情况下,Directive 2007/64/EC 第四编第 5 章原则上适用于本指令。Directive 2007/64/EC 中的"支付服务提供者"应理解为包括电子货币发行人;"支付服务用户"应理解为包括电子货币持有人;援引本指令第三编应理解为包括 Directive 2007/64/EC 第三编和第四编。

(20)应当根据《欧盟理事会关于欧盟委员会行使被赋予的实施权力的程序的第 1999/468/EC 决定》(1999 年 6 月 28 日),采取实施本指令所必须的各项措施。

(21)特别是,为考虑通货膨胀或技术和市场发展,委员会应有权采取执行规定,确保根据本指令享受的豁免在各成员国的统一适用。由于这些措施的范围较全面,旨在对本指令作出非实质性修正,因而必须符合 Decision 1999/468/EC 第 5a 条规定的监管与审查程序。

(22)为审查本指令的有效运行,委员会应当在指令转化为成员国国内法的最后期限 3 年后提出一份报告。成员国应向委员会提供关于执行本指令部分条款的信息。

(23)为了法律的确定性,成员国作出的转化安排应确保遵守转化 Directive 2000/46/EC 的国内法的电子货币机构能够在特定时间内继续在有关成员国开业。对于根据 Directive 2000/46/EC 第 8 条享受豁免待遇的电子货币机构而言,这段时间应当更长。

(24)本指令提出了新的电子货币定义,发行电子货币可以豁免 Directive 2007/64/EC 第 34 条和 53 条所规定要求的适用。因此,欧洲议会和欧盟理事会 2005 年《关于阻止将金融系统用于洗钱与恐怖融资目的的指令》(Directive 2005/60/EC)规定的简化客户尽职审查制度应作相应的修改。

(25)根据 2006 年指令,电子货币机构被视为信贷机构,尽管他们既不从公众接受存款,也不对其收取的公众资金进行放贷。考虑到本指令提出的体系,修改 2006 年制定中信贷机构的定义是适宜的,以确保电子货币机构不被视为信贷机构。但是,除了根据共同体银行领域的立法适用于他们的互相承认和综合性审慎监管体制,信贷机构可以继续发行电子货币并在共同体范围内执行这些行为。但是,为了维持公平竞争环境,信贷机构也应当能够通过符合本指令而不是 2006 年指令规定的审慎监管体系的分支机构来执行这些行为。

(26)本指令取代 Directive 2000/46/EC 的所有相应规定。因此,2000 年指令被废止。

(27)鉴于在成员国层面难以有效实现本指令的目标,因为目前不同成员国的法律体系中存在不同的规则,这些规则需要"统一化",而在共同体这个层级上能够较好的实现这个目标,因此共同体可以根据《条约》第 5 条规定的从属性原则采取相关措施。根据《条约》第 5 条设定的比例原则,本指令适可而止,仅作出实现上述目标的必要规定。

(28)根据《关于更好的立法的机构间协议》第 34 条,应鼓励成员国为自身或共同体利益尽可能的起草自己的说明本指令与转化措施之间关联性的时间表,并使之公开。

采纳本指令:

第一编　范围和定义

第 1 条　调整范围

1. 本指令制订了从事发行电子货币行为的规则,为此目的,成员国应承认下列电子货币发行商。

(a) Directive 2006/48/EC 第 4 条第 1 款规定的信用机构,包括该指令第 4 条第 3 款所指的符合成员国国内法的分支机构,如果根据该指令第 38 条的规定,该分支机构位丁共同体内但总部位为共同体外;

(b) 本指令第 2 条第 1 款规定的电子货币机构,包括符合本指令第 8 条和成员国国内法的分支机构,如果该分支机构位于共同体内但总部位于共同体外;

(c) 根据成员国国内法有权发行电子货币的邮局转账机构;

(d) 不以货币管理当局或其他公共当局行事的欧洲中央银行和成员国中央银行;

(e) 以公共管理当局名义行事的成员国及其地区或地方当局。

2. 本指令第二部分制定电子货币机构开业、经营和审慎监管规则。

3. 成员国可以免除 Directive 2006/48/EC 第 2 条提及的机构(成员国央行和邮局储蓄机构除外)适用本指令第二部分的全部或部分条款。

4. 本指令不适用于 Directive 2007/64/EC 第 3 条(k)款豁免的货币储存工具。

5. 本指令不适用于 Directive 2007/64/EC 第 3 条第(1)款豁免的用于支付交易的货币价值。

第 2 条　定义

本指令应适用以下定义:

1. "电子货币机构"是指根据本指令第二部分已获得发行电子货币授权的法人。

2. "电子货币"是指电子货币发行商通过收取货币资金,发行的用于 Directive 2007/64/EC 第 4 条第 5 款所指的支付交易目的、且能够被其他自然人或法人接受的电子的(或电磁的)货币价值,它表现为持有人对发行人所享有的一种请求权。

3. "电子货币发行商"是指本指令第 1 条第(1)款所指的机构,根据本指令第 1 条第(3)款获得豁免的机构以及根据本指令第 9 条获得豁免的机构。

4. "平均未偿还电子货币"是指系争电子货币近 6 个月来每日结束时金融负债的平均总额,从每个月的第一天计算适用于该整月。

第二编　电子货币机构业务开业、经营与审慎监管要求

第 3 条　一般审慎规则

1. 在无损及本指令的情况下,Directive 2007/64/EC 第 5 条、第 10 - 15 条、第 17(7)和第 18 ~ 25 条的规定原则上应适用于电子货币机构。

2. 电子货币机构因发行电子货币而收取的货币资金的保障措施发生实质性变化应当提前告知主管机关。

3. 任何自然人或法人决定,直接或间接收购或出售 Directive 2006/48/EC 第 4 条第 11 点所指的电子货币机构的合格股份,或者直接或间接增加或减少这些合格股份资本的比例或这些股份的表决权,达到、超过或低于 20%、30%、50%,或因此该电子货币机构成为其分支机构或不再是其分支机

构,应当在作出收购、出售、增加或减少资本前将其意图通知主管机关。

计划收购者应当向主管机关提交表明计划持有规模的信息,以及 Directive 2006/48/EC 第 19 a(4)条规定的相关信息。

上述自然人或法人实施可能损害该电子货币机构审慎和稳健的管理的行为,主管机关有权表示反对,或采取适当的措施结束这种状况。这些措施可以包括禁令、对董事或管理人员制裁,或终止存在问题的股东或成员行使其持有股份的投票权。

对于未事前提供本款规定重要信息义务的自然人或法人,也可采用类似的措施。

主管当局提出反对后仍进行收购股份的,无论是否采取了其他的制裁措施,主管当局有权规定暂停这些收购股份的投票权。

成员国可以豁免或允许其主管机关豁免根据本款关于电子货币机构执行第 6(1)(e)条所列的一个或多个行为的全部或部分义务。

4. 成员国应当允许电子货币机构通过代表其行事的自然人或法人分销或赎回电子货币。电子货币机构希望在另一成员国通过代理人分销电子货币的,应当符合 Directive 2007/64/EC 第 25 条规定的程序。

5. 尽管有前款之规定,电子货币机构不得通过代理机构发行电子货币。只有满足 Directive 2007/64/EC 第 17 条规定的条件,电子货币机构方可通过代理机构提供本指令第 6(1)(e)条提及的支付服务。

第 4 条　初始资本金

成员国应当要求电子货币机构在获得和准时持有不低于 35 万欧元的初始资本,电子货币机构持有的初始资本金包括 Directive 2006/48/EC 第 57 (a)、(b)规定的项目。

第 5 条　自有资金

1. 电子货币机构的自有资金,与 Directive 2006/48/EC 第 57 至 61 条、第 63 条、第 64 条和第 66 条规定的一致,不得低于本条第 2 至 5 款或本指令第 4 条要求的金额,取较高者。

2. 对于第 6 条第 1 款第 a 项规定的与发行电子货币无关的行为,电子货币机构的自有资本要求应根据 Directive 2007/64/EC 第 8 条第 1 款和第 2 款规定的三种方法(即方法 A、方法 B 和方法 C)计算。

对于发行电子货币的行为,电子货币机构自有资金的要求应当根据本条第 3 款规定的方法 D 计算。

电子货币机构应当使其自有资本随时维持在上述金额以上。

3. 方法 D:电子货币机构从事发行电子货币行为的,其自有资金应当不少于其平均未偿付电子货币额的 2%。

4. 当一家电子货币机构从事本法第 6 条第 1 款第 a 项规定的与发行电子货币无关的行为时,或任何第 6 条第 1 款第 b 至 e 项规定的行为且未偿付电子货币金额事先未知时,管理当局应允许电子货币机构根据其预计发行电子货币的具有代表性的部分来计算其自有资本要求,前提是这些具有代表性的部分可以根据历史数据合理的估计并得到主管当局的认可。如果电子货币机构经营时间较短,其自有资本要求应当根据其商业计划(包括主管当局对该计划的任何调整)预计的未偿付电子货币来计算。

5. 根据对电子货币机构的风险管理程序、风险损失数据库和内部控制机制的评价,主管当局可以要求电子货币机构持有自有资金的数额达到根据本条第 2 款相关方法计算的资金额的 20%,或允许电子货币机构持有自有资金数额达到 20% 但低于根据本条 2 款计算的数额。

6. 下列情形下,成员国应当采取必要的措施阻止自有资金的多重使用。

(a)电子货币机构与另一电子货币机构、信用机构、支付机构、投资公司、资产管理公司,保险或再保险企业属于同一集团;

(b)电子货币机构从事发行电子货币以外的行为。

7. 当 Directive 2006/48/EC 第 69 条规定的条件得到满足,成员国或其主管当局可选择豁免电子货币机构适用本条第 2 款和第 3 款,包括对符合 Directive 2006/48/EC 的总信用机构的综合监管。

第 6 条　行为

1. 除发行电子货币外,电子货币机构有权从事以下任何一种行为。

(a)提供 Directive 2007/64/EC 附件所列的支付服务;

(b)满足 Directive 2007/64/EC 第 16 条第 3 款和第 5 款规定的条件时,可以从事该指令附件第 4 点、第 5 点和第 7 点规定的与支付服务相关的提供信贷行为;

(c)提供与发行电子货币相关的经营服务和与之密切相关的配套服务,或提供本款(a)项提及的支付服务;

(d)在不影响 Directive 2007/64/EC 第 28 条的情形下,经营该指令第 4

条第 6 款规定的支付系统;

(e)根据共同体和成员国国内法的规定,从事发行电子货币之外的商业行为。

根据第 7 条第 1 款规定发行电子货币所收取或持有的款项不得用以从事第 1 款第 b 项提及的提供信贷行为。

2.电子货币机构不得从事 Directive 2006/48/EC 第 5 条规定的向公众吸收存款或其他应偿还资金的行为。

3.电子货币机构从电子货币持有人手中取得的任何资金应该毫不迟延的兑换成电子货币,这些资金不构成 Directive 2006/48/EC 第 5 条规定的向公众吸收存款或其他应偿还资金。

4.Directive 2007/64/EC 第 16 条第 2 款和第 4 款应适用于本条第 1 款第 a 项提及与发行电子货币无关的行为所收取的资金。

第 7 条　保障要求

1.根据 Directive 2007/64/EC 第 9 条第 1 款和第 2 款,成员国应当要求电子货币机构保障其通过发行电子货币而获得资金的安全。通过支付工具以支付形式收取的资金,进入电子货币机构的支付账户或根据 Directive 2007/64/EC 规定的执行时间要求(在适用的情况下)以其他方式被电子货币机构控制之前,不需要采取保障措施。无论如何,这些资金应当在 Directive 2007/64/EC 第 4 条第 27 款规定的发行电子货币之后 5 个工作日内得到保障。

2.为前款之目的,安全、低风险的资产是指欧洲议会和欧盟理事会 2006 年《投资公司和信贷机构资本充足指令》(Directive 2006/49/EC)附件 I 第 14 点中表 1 规定的资产项目,这些项目的特定风险资本收费不高于 1.6% ,但是该附件 15 点规定的其他合格资产项目除外。

为前款之目的,安全、低风险资产也包括承担可转让证券集体投资的单位,其投资仅限于本款前项规定的资产。

在特殊的情况下,并且有足够的理由时,管理当局可以对本款前项规定的资产进行安全、成熟度、价值和其他风险因子的评估,并且为本条第 1 款之目的,确定这些资产是否构成安全、低风险资产。

3.Directive 2007/64/EC 第 9 条应当适用于本指令第 6 条第 1 款第 a 项规定的电子货币机构与发行电子货币行为无关的行为。

4. 为本条第 1 款和第 3 款之目的,成员国或其管理当局可以根据国内立法决定,电子货币机构保障资金所使用的方法。

第 8 条 与第三国的关系

1. 对于总部设在共同体外的电子货币机构的分支机构,成员国不得在开业、经营方面提供优于总部位于共同体的电子货币机构的待遇。

2. 如果获得核准的电子货币机构的分支机构其总部位于共同体外,主管当局应当通知委员会。

3. 不损及本条第 1 款的情况下,共同体可以,通过与一个或多个第三国达成协议,同意总部在共同体之外的电子货币机构的分支机构受到共同体的同等对待。

第 9 条 可选择性豁免

1. 成员国可以豁免或允许其管理机关豁免本指令第 3、4、5、7 条规定的程序和条件的部分或全部,除了 Directive 2007/64/EC 第 20、22、23 和 24 外,允许法人登记为电子货币机构,如果以下条件得到满足:

(a) 全部商业行为产生的平均未偿付电子货币不超过成员国设定的限额,无论如何,这一数额不超过 500 万欧元;

(b) 负责管理和经营业务的人没有从事洗钱、恐怖融资或其他金融犯罪。

当电子货币机构执行第 6(1)(a) 条提及的与发行电子货币无关的任何行为,或第 6(1)(b) 到 (e) 条提及的任何行为,且未偿付电子货币数额事先不清楚,管理当局应当允许电子货币机构适用第 1 款 (a) 项,以具有代表性的部分来估计用于发行电子货币的部分,如果这一具有代表性的部分能够根据历史数据合理的估计,且能够得到主管当局的同意。当电子货币机构没有足够的运营期,应当根据其商业计划中计划未偿付电子货币来确定,主管机关要求该计划作出的任何调整除外。

除了对支付工具的最大储存数量或消费者储存电子货币的支付账户的额外要求外,成员国也可以根据本条对给予可选择性豁免作出规定。

只有满足 Directive 2007/64/EC 规定的条件,根据本款注册的法人可以根据本条提供与电子货币发行无关的支付服务。

2. 根据第 1 款注册的法人的总部应当在其实际从事业务的成员国。

3. 根据第 1 款注册的法人应当视为电子货币机构。但是 Directive 2007/

64/EC 第 10(9)条和 25 条不适用。

4.成员国可以规定根据第 1 款注册的法人仅可从事第 6(1)条所列的行为。

5.第 1 款所指的法人应当:

(a)通知主管当局与第 1 款指定的条件相关的任何改变。

(b)最少一年一次,在主管当局指定的日期,报告平均未偿付电子货币。

6.第 1、2、4 款规定的条件不再满足,成员国应当采取必要的步骤确保法人在 30 个历日内根据第 3 条获得核准。根据第 10 条,任何在该期间未获得核准的人应被禁止发行电子货币。

7.成员国应当确保其主管机关具有足够的授权去查证本条规定的要求一直被遵守。

8.本条不适用与 Directive 2005/60/EC 或国内反洗钱规则相关的规定。

9.当成员国从第 1 段规定的豁免中收益,应在 2011 年 4 月 30 日之前通知委员会,随后的变化成员国应立即通知委员会。此外,成员国应当每年向委员会改制相关法人的数量,以及第 1 款所指的截止 12 月 31 日的未偿付电子货币的数额。

第三编　电子货币的发行和赎回

第 10 条　禁止发行电子货币

在不损及第 18 条的情况下,成员国应当禁止电子货币发行商以外的自然人或法人发行电子货币。

第 11 条　发行和赎回

1.成员国应当确保电子货币发行商以收取货币的票面价值发行电子货币。

2.成员国应确保,电子货币发行商应当应电子货币持有人的要求随时以货币价值赎回其所持电子货币。

3.电子货币发行商与电子货币持有人之间的合同应当明白无误的规定包括相关费用在内的赎回条件,并在合同或要约生效前将这些条件通知电子货币持有人。

4.只有在本条第 3 款规定在合同中规定或在下列情况下,赎回才可以收费。

（a）合同终止之前要求赎回的；

（b）合同规定了一个终止日期，电子货币持有人在该日期之前终止合同；或

（c）在合同终止一年之后才要求赎回的。

任何此类费用的收取应当与电子货币发行人因赎回而发生的实际成本相称。

5. 在合同结束之前提出赎回要求的，电子货币持有人可要求全部赎回或部分赎回电子货币。

6. 电子货币持有人在合同终止日期一年或一年以后提出赎回的：

（a）其持有电子货币的总价值应当被赎回；

（b）当电子货币机构从事第 6 条第 1 款第 e 项所列的一项或多项行为且事先不知道用于电子货币的资金比例时，电子货币持有人要求的所有资金应当被赎回。

7. 尽管有本条第 4、第 5 和第 6 款的规定，除消费者之外接受电子货币者之赎回权应受其与电子货币发行商之间所缔结合同的约束。

第 12 条　禁止支付利息

成员国应当禁止对电子货币持有人支付与其持有电子货币时间长短相关的利息或其他利益。

第 13 条　法庭外投诉和争端解决救济程序

不损及本指令的情况下，与本编规定的电子货币发行商相关的义务原则上应适用 Directive 2007/64/EC 第四编第 5 章的规定。

第四编　最终条款和执行措施

第 14 条　执行措施

1. 考虑到通货膨胀或技术和市场的发展，委员会可以采取必要的措施对本指令进行修改。这些措施——用于修改本指令非实质性要件——的采用应当符合本指令第 15 条第 2 款规定的监管与审查程序。

2. 委员会应当采取措施确保本指令第 1 条第 4 款和第 5 款所规定的豁免在适用上的一致性。这些措施——用于修改本指令非实质性要件——的采用应当符合本指令第 15 条第 2 款规定的监管与审查程序。

第 15 条　委员会程序

1. 根据 Directive 2007/64/EC 第 85 条设立的支付委员会协助委员会开

展工作。

2. 鉴于 1999/468/EC 号决议第 8 条的规定,适用本款时,应一并适用该决议 5a 条第(1) 至 (4) 款和第 7 条的规定。

第 16 条 统一化

1. 在不损害第 1 条第 3 款 ,第 3 条第 3 款第 6 项,第 5 条第 7 款 ,第 7 条第 4 款 ,第 9 条和第 18 条第 2 款的效力之前提下和本指令规定的统一化范围内,各成员国不得维持或采用与本指令这些条款不符的规定。

2. 为避免损害电子货币持有人的利益,各成员国应确保电子货币发行商不违背实施本指令或与本指令相对应的国内法条款,指令另有明文规定的除外。

第 17 条 审查

2012 年 11 月,委员会将向欧洲议会、理事会、欧洲经济社会委员会和欧洲中央银行提交本指令执行和影响的报告,特别是针对电子货币机构的审慎要求,同时,根据情况提出修改建议。

第 18 条 过渡条款

1. 对于依照其总部所在地成员国转化 Directive 2000/46/EC 的国内法开业的电子货币机构,成员国应当准许其于 2011 年 4 月 30 日之前在该成员国,或者符合 Directive 2000/46/EC 规定的相互承认安排的另一成员国继续开业,而无需获得本指令第 3 条或本指令第二编的其他相关条款要求的授权。

成员国应当要求电子货币机构在 2011 年 10 月 30 日之前向主管机关提交所有相关信息,以便评估:该电子货币机构是否符合本指令规定的要求;如果不满足这些要求,需要采取哪些措施以确保这些要求得到遵守或撤回授权是否适当。

符合要求的电子货币机构应当得到授权,进行登记,并需满足第二篇的要求。凡在 2011 年 10 月 30 日之前未能满足本指令规定要求的电子货币机构应禁止发行电子货币。

2. 如果主管当局有证据显示,电子货币机构已满足本指令第 3、4、5 条规定的要求,成员国可以规定,该电子货币机构自动获得授权,并依照本指令第 3 条进行登记。主管当局应当在授予授权之前通知该电子货币机构。

3. 对于依照其总部所在地成员国转化 Directive 2000/46/EC 第 8 条的国

内法开业的电子货币机构,成员国应当准许其于 2012 年 4 月 30 日之前在该成员国继续开业,而无需获得本指令第 3 条或本指令第二编的其他相关条款要求的授权。在这段时间内,既未获得授权也未获得本指令第 9 条规定的豁免的,应禁止发行电子货币。

第 19 条　对 Directive 2005/60/EC 的修正

Directive 2005/60/EC 修正如下:

1. 第 3 条第 2 款第 a 项修改如下:

"(a)从事 Directive 2006/48/EC 附件第 2 至 12 项、14 项和 15 项规定的一项或多项业务,包括货币兑换处业务的企业为信用机构之外的企业。"

2. 第 15 条第 5 款第 d 项修改如下:

"(d)根据欧洲议会和欧盟理事会 2009 年《电子货币机构业务开业、经营与审慎监管指令》第 2 条第 2 项所界定的电子货币,如果不能充值,其最大电子储存金额不超过 250 欧元;如果可以充值,其一年内最大交易金额不超过 2500 欧元,依照 Directive 2009/110/EC 应持有人要求赎回金额在 1000 欧元或以上的除外。对于国内支付交易,成员国或其主管当局可以将 250 欧元的上限提升至 500 欧元。"

第 20 条　对 Directive 2006/48/EC 的修正

1. 第 4 条修改为:

(a)第 1 项修改为:

"1.'信用机构'是指一公司,其业务是从公众吸收存款或其他可偿还资金并以其名义贷款;"

(b)第 5 项修改为:

"'金融机构'是指除信用机构之外的企业,其主要经营活动是获得股权或是从事附件 1 中第 2 至 12 项和 15 项所列经营活动";

2. 附件 1 增加一项:

"15. 发行电子货币"。

第 21 条　废除 Directive 2000/46/EC

除本指令第 18 条第 1 款和第 3 款的规定外,Directive 2000/46/EC 自 2011 年 4 月 30 日起废除。

任何对该废除指令的援引,须解释为对本指令的援引。

第 22 条　转化

(1) 各成员国应当于 2011 年 4 月 30 日之前通过并颁布为遵守本指令

所必需的法律、法规与行政规章,并及时向委员会通报。

成员国应在2011年4月30日之前完成法律、法规与行政规章。

成员国通过这些法律、法规与行政规章时,应包含援引本指令的内容,或在官方正式公布时附以该援引。援引的具体方式由各成员国确定。

(2)成员国应当向委员会报告其在本指令所覆盖的范围颁布国内法的主要内容。

第23条 生效

本指令应当自其公布于《欧盟官方公报》后的第20日开始生效。

第24条 适用对象

本指令的适用对象为各成员国。

附录三　新加坡 2010 年电子交易法

(2010 年 5 月 19 日通过,2010 年 7 月 1 日施行)

第一部分　序言

1. 简称和生效

本法可引述为《2010 年电子交易法》。本法按照部长规定的日期在政府公报上公布后,开始生效。

2. 术语的解释

(1)在本法中,除非上下文另有要求——

"收件人",与电子通信相关,是指发件人意图中的接收该电子通信的当事人,但不包括作为中间人处理该电子通信的当事人;

"授权官员",与根据本法执行任何权力或履行任何职责相关,是指根据本法第 27 节授权的执行权力和履行职责的人;

"自动电文系统"是指一种计算机程序或者一种电子手段或其他自动手段,用以引发一个行动或者全部或部分地对数据电文或执行生成答复,而无须每次在该系统引发行动或生成答复时由自然人进行复查或干预;

"通信"包括当事人在一项合同的订立或履行中被要求作出或选择作出的任何陈述、声明、要求、通知、请求、要约或承诺;

"管理人"是指根据第 27 节第(1)款所委任的认证机构管理人,包括根据第 27 节第(3)款所委任的认证机构副管理人或助理管理人;

"电子"是指具有电子、数字、电磁、无线、光学、电磁或类似功能的技术;

"电子通信"是指当事人以数据电文形式发出的任何通信;

"电子记录"是指某一信息系统中或从某一信息系统传送到另一信息系统的过程中经由电子手段生成、传递、接受或储存的记录;

"信息"包括数据、文本、图像、声音、代码、计算机程序、软件和数据库;

"信息系统"是指生成、发送、接收、储存或用其他方法处理数据电文的系统;

"发件人",与电子通信相关,是指亲自或由他人代表发送或生成可随后备存的电子通信的当事人,但不包括作为中间人处理该电子通信的当事人;

"公共机构"是指政府部门,国家机关或根据公法成立的公共机关;

"记录"是指能够记载、储存或者以其他方式固定在有形载体上或储存在电子或其他媒体上,并能以可读方式还原的信息。

"法律规定"包括成文法;

"可靠电子记录"是指根据本法第 17 节第(1)款或其他项条款视为可靠电子记录的电子记录;

"可靠电子签名"是指根据本法第 18 节或其他条款视为可靠电子签名的电子签名;

"安全程序"是指为满足下列目的而采取的程序——

(a) 确认某一电子记录归属于特定某人;

(b) 从某一特定时间点开始,检测出电子记录在传递、接收和储存过程中的错误或篡改之处;

它可能需要使用算法、代码、文字或数字的甄别、加密、应答或承认程序或者类似的安全设施。

"签字"或"签名"和其语法上的变化是指使用一种方法(电子的或其他的)识别某人并表明该人与包含在一项记录中的信息相关的意图;

"指定安全程序"是指附件二中规定的安全程序;

"指定安全程序提供者"是指提供指定安全程序的人。

(2)在本法中,与当事人相关的"营业地"是指——

(a)当事人为了从事一项经济活动,但并非从某一处所临时提供货物或服务而保持一非短暂性营业所的任何地点;或

(b)如果当事人是没有营业地的自然人,以其惯常居所地为准。

(3)为本节第(2)款的目的——

(a)如果当事人指明了营业地,该指明的所在地推定为其营业地,除非另一方当事人证明该当事人在其指明的所在地无营业地;

(b)如果当事人未指明营业地并且拥有不止一个营业地的,那么与有关

合同关系最密切的营业地为其营业地,但须考虑到双方当事人在合同订立之前任何时候或合同订立之时所知道或所设想的情况;

(c)一所在地并不仅因以下原因而成为营业地——

(i)是一方当事人订立合同所用信息系统的支持设备和技术的所在地;或

(ii)是其他当事人可以进入该信息系统的地方;和

(d)仅凭一方当事人使用与某一特定国家相关联的域名或电子信箱地址,不能推定其营业地位于该国。

(4)当一项电子通信与任何合同无关时,本节第(3)款中所提及的合同应当视为相关交易。

3. 目的和解释

本法应当按照商业的合理性进行解释,并实现以下目的:

(a)通过可靠的电子记录便利电子信息的交流;

(b)便利电子商务,消除电子交易中因书面形式、签字要求产生的不确定性,并促进保障实施电子商务所必须的法律和商业设施的发展;

(c)便利向公共机构进行文件的电子备案,并通过可靠电子记录的方式促进公共机构提供高效服务;

(d)减少伪造电子记录、故意或非故意的更改记录以及在电子商务和其他电子交易中欺诈的发生;

(e)帮助建立关于电子记录的确定性与完整性的统一的规则、规定和标准;

(f)促进公众建立对电子记录和电子商务的完整性与可靠性的信心,通过使用电子签字给予相应的任何形式的电子媒介以确定性和完整性,推动电子商务的发展;和

(g)履行联合国大会 2005 年 11 月 23 日通过的《联合国国际合同使用电子通信公约》,并使新加坡与电子交易相关的法律,无论是否涉及营业地处于不同国家的当事人,与《公约》的规定保持一致。

4. 不适用的情形

(1)本法附件一第 2 栏列举的法律规定需要书面形式或签字的情形不适用于该附件第 1 栏列举的条款。

(2)部长可以在公报上发布命令对附件一进行修正。

5．当事人意思自治

（1）第二部分的内容不影响任何法律规定或义务要求当事人对通信和记录的形式进行约定或同意，并且（除非当事人另有协议或法律另有规定）这些协议或同意可从当事人的行为推断。

（2）第二部分不阻止当事人在合同或交易中——

（a）通过协议排除合同或交易中电子记录、电子通信或电子签名的使用；或

（b）通过协议对合同或交易的成立或认证规定其他的要求。

（3）不影响合同或交易当事人的任何其他权利和义务的情况下，当事人可以通过协议——

（a）排除第 6、11、12、13、14、15 或 16 节对合同的适用；或

（b）减损或更改全部或部分与合同或交易相关的条款的效力。

第二部分　电子记录、电子签名和合同

6．电子记录的法律承认

为了避免疑问，在此声明，不得仅仅以信息采用电子记录的形式为理由而否定其法律效力、有效性或可执行性。

7．书面要求

如果法律要求信息采用书面形式，或规定了未采用书面形式的后果，则若一项电子记录所含信息可以调取以备日后查用，即满足了该项要求。

8．签名要求

若一项法律要求有一个签字，或规定了未签字文件的后果，对于一项电子记录而言，在下列情况下，即满足了该项要求：

（a）使用了一种方法来鉴别该当事人的身份和表明该当事人对电子记录所含信息的意图；而且

（b）所使用的这种方法：

（i）从各种情况来看，包括根据任何相关的约定，对于生成或传递电子通信所要达到的目的既是适当的，也是可靠的；或者

（ii）其本身或结合进一步证据事实上被证明已履行以上第（a）项中所说明的功能。

9．电子记录的留存

（1）如法律要求任何文书、记录或信息必须留存，或规定了未留存的某

些后果,对于一项电子记录形式的文书、记录或信息而言,在下列情况下,即满足了该项要求:

(a)其中所含信息可以调取,以备日后查用;

(b)按其生成、发送或接收时的格式留存了该电子记录,或以可证明能使所生成、发送或接收的信息准确重现的格式留存了该电子记录;

(c)如果有,可据以查明电子记录的来源和目的地,以及任何关于该电文被发送或接收的日期信息和时间信息;以及

(d)具有监督权的公共机构规定了与这些电子记录留存相关的其他要求,这些要求已经得到满足。

(2)按第(1)款第(c)项规定留存任何文书、记录或信息的义务不延及任何只是为了使一项记录能够发送或被接收而必要且自动生成的信息。

(3)任何人均可通过使用任何其他人的服务来满足第(1)款所述的要求,但要满足第(1)款第(a)至(d)项所列的条件。

(4)本条的任何内容不适用于——

(a)任何明确规定以电子记录形式留存文书、记录和信息的法律规则;

(b)任何法律规定的任何文书、记录或信息的留存(或规定了未留存的后果),部长通过公告发布命令,排除本节与这些文书、记录或信息相关的规则。

10. 原件要求

(1)凡法律要求任何文书、记录或信息应当以原件形式提供或留存的,或规定了缺少原件的后果的,对于该文书、记录或信息而言,在下列情况下,即满足了该项要求:

(a)电子记录所含信息的完整性自该文书、记录或信息初次以其最终形式——不管作为书面文书或电子记录——生成之时起即有可靠保障;

(b)要求对某人提供文书、记录、信息的,该电子记录能够被显示给要求提供该信息的人;以及

(c)具有监督权的公共机构规定了与这些电子记录的提供或留存相关的其他要求,这些记录的提供或留存要求已经得到满足。

(2)为本条第1款(a)项的目的:

(a)评定完整性的标准应当是,除在通常传递、储存和显示中所引起的任何变动之外,有关信息是否保持完整,未经改变;以及

(b) 应根据生成信息的目的并参照所有相关情况来评定所要求的可靠性标准。

(3) 任何人均可通过使用任何其他人的服务来满足第(1)款所述的要求,但要满足第(1)款第(a)、(b)和(c)项所列的条件。

(4) 如果法律对任何文书、记录或信息原件的提供或留存(或规定了未提供或留存原件的后果)作出了规定,部长可以通过公告发布命令排除本节和与这些文书、记录或信息相关的规则的适用。

11. 合同的成立和生效

(1) 为了避免疑问在此声明,就合同的订立而言,一项要约以及对要约的承诺均可通过电子记录的手段表示。

(2) 如果使用了一项电子记录来订立合同,则不得仅仅以使用了电子记录为理由而否定该合同的有效性或可执行性。

12. 当事人之间的法律效力

就一项电子通信的发件人和收件人之间而言,不得仅仅以意图的声明或其他陈述采用了电子通信形式为理由而否定其法律效力、有效性或可执行性。

13. 发出和收到电子通信的时间和地点

(1) 电子通信的发出时间是——

(a) 其离开发件人或代表发件人发送电子通信的当事人控制范围之内的信息系统的时间,或

(b) 如果电子通信尚未离开发件人或代表发件人发送电子通信的当事人控制范围之内的信息系统,则为电子通信被收到的时间。

(2) 电子通信的收到时间是该电子通信能够由收件人在该收件人指定的电子地址检索的时间。

(3) 电子通信在收件人非指定的电子地址的收到时间是其能够由该收件人在该地址检索并且该收件人了解到该电子通信已发送到该地址的时间。

(4) 为第(3)款的目的,当电子通信抵达收件人的电子地址时,即应推定收件人能够检索该电子通信。

(5) 电子通信将发件人设有营业地的地点视为其发出地点,将收件人设有营业地的地点视为其收到地点。

(6)即使支持电子地址的信息系统的所在地可能不同于根据本节第(5)款而认定的电子通信的收到地点,本节第(2)、(3)、(4)款依然应当适用。

14. 要约邀请

通过一项或多项电子通信提出的订立合同的提议,凡不是向一个或多个特定当事人提出,而是可供使用信息系统的当事人一般查询的,包括使用交互式应用程序通过这类信息系统发出订单的提议,应当视做要约邀请,但明确指明提议的当事人打算在提议获承诺时受其约束的除外。

15. 自动电文系统在订立合同中的使用

通过自动电文系统与自然人之间的交互动作或者通过若干自动电文系统之间的交互动作订立的合同,不得仅仅因为无自然人复查或干预这些系统进行的每一动作或由此产生的合同而被否定效力或可执行性。

16. 电子通信中的错误

(1)一自然人在与另一方当事人的自动电文系统往来的电子通信中发生输入错误,而该自动电文系统未给该人提供更正错误的机会,该人或其所代表的当事人有权撤回电子通信中发生输入错误的部分。

(2)第(1)款不适用,除非该自然人或其所代表的当事人——

(a)在发现错误后尽可能立即将该错误通知另一方当事人,并指出其在电子通信中发生了错误;而且

(b)既没有使用可能从另一方当事人收到的任何货物或服务所产生的任何重大利益或价值,也没有从中受益。

(3)本节中的规定不应影响适用任何可能就除了第(1)、(2)款中所提到的错误之外的任何错误的后果作出规定的法律规则。

第三部分 可靠电子记录和签名

17. 可靠电子记录

(1)如果正确使用了当事人同意的某一规定的安全程序或商业上合理的安全程序,以便确定电子记录自特定时间后没有被篡改,这样的记录在该特定时间与确认时间之间可以被视为可靠电子记录。

(2)为本节和第18节的目的,判断某一安全程序在商业上是否属于合理,应取决于采用该程序的目的和使用该程序时的商业环境,包括——

(a)交易的性质;

(b)当事人的熟练程度;

(c)一方或所有当事人从事类似交易的数量;

(d)向任何一方提供但被拒绝的其他替代程序的可行性;

(e)替代程序的成本费用;

(f)类似交易所采用的通常程序。

18.可靠电子签名

(1)如果使用了当事人同意的规定安全程序或商业上合理的安全程序,在签署时能确认该电子签字——

(a)对使用人而言是独一无二的;

(b)能够鉴别使用人;

(c)在使用人的完全控制之下以某种方式生成;且

(d)与电子记录存在某种联系,如果记录被改动,电子签字也将是无效的。

满足如上要求的电子签字应被视为可靠电子签字。

(2)安全程序的商业合理性应当根据第17节第(2)款确定。

19. 与可靠电子记录和签名相关的推定

(1)在涉及可靠电子记录的任何程序中,除非有相反证据,应当推定该可靠电子记录自特定时间起处于安全状态,未经改动。

(2)在涉及可靠电子记录的任何程序中,除非有相反证据,可以推定——

(a)可靠电子签字是与其相关人的签字;

(b)随附可靠电子签字的人的意图在于签署或批准电子记录。

(3)当缺乏可靠电子记录或电子签字时,本部分不应当用以做出与电子记录或电子签字的真实性、完整性相关的任何推定。

第四部分 指定安全程序和指定安全程序提供者规则

20. 本部分的解释

(1)在本部分中,"指定人员"是指附件四指定的安全程序提供者的某类成员。

(2)为了避免疑问,提及本部分时应当包括对附件二、三、四的提及。

21.指定安全程序

(1)为本法的目的,部长可以通过发布在公报上的命令,对附件二进行修正以增加、删除或修改任何指定安全程序。

（2）附件三的规定应当适用于相应的指定安全程序。

（3）部长可以通过发布在公报上的命令，对附件三进行修正，从而对有关的任何指定安全程序作出规定，包括——

（a）规定电子签名视为可靠电子签名的条件；

（b）规定电子记录视为可靠电子记录的条件；

（c）规定与指定安全程序的使用相关的效果和义务，包括与使用该类程序相关的任何人的权利和义务，以及适用于与使用指定安全程序相关的推定、承担风险，可预测性信赖和责任限制的具体规则；和

（d）规定违反附件三的行为构成犯罪，并规定对任何此类违法行为可处以不超过20000元的罚款或不超过2年的监禁，或两者并处。

（4）部长可以通过发布在公报上的命令对附件四进行修正。

22. 指定程序和指定程序提供者规则

（1）部长可以为执行本部分制定规则，也可以在不损及这一综合性权力的情况下就下列全部或任一情形制定规则：

（a）安全程序提供者及其授权代表的管理、许可及认证；

（b）与可靠电子签名和电子记录的认证相关的一般安全基础设施的有效性和效力的维护，包括指定安全程序与其他任何相关安全程序之间的互通性的实施要求；

（c）确保与可靠电子签名的使用和电子记录的认证有关的一般安全基础设施遵守新加坡的国际义务；

（d）规定的形式和与适用本部分相关的费用。

（2）在不损及第（1）款普遍性的情况下，部长可以就指定安全程序提供者及其授权代表的管理、许可及认证制定规则，包括——

（a）规定指定安全程序提供者账目的保管；

（b）规定审计人员的任命和报酬，以及根据规定进行审计的费用；

（c）规定指定安全程序提供者电子系统的设立和规范，不论该系统是单独或是与其他指定安全服务提供者的系统相连接，并规定管理人认为合适时制定与变更与该系统的设立和规范相关的要求和条件；

（d）规定确保指定安全服务提供者提供的资源库品质和服务规定，包括规定资源库的标准、许可和认证；

(e)规定任何与指定安全程序提供者的认证标志及其使用；

(f)规定指定安全服务提供者根据本法对其客户进行注册、许可或认证的义务和责任；

(g)规定对指定安全程序提供者及其授权代表的行为进行调查，以及因该调查导致的成本和费用的补偿。

(3) 在不损及第(1)款普遍性的情况下，部长可以就指定安全程序提供者或指定安全程序或任何与其相关的流程和记录的跨境承认需满足的要求制定规则，这些要求包括——

(a)指定安全程序提供者的相关互用性安排；

(b)安全程序提供者是否满足根据本法适用于指定安全程序提供者注册、认证或许可的要求；

(c)指定安全程序、流程或记录是否满足根据本法适用于指定安全程序、流程或记录的要求(视具体情形而定)；

(d)根据本法注册、认证或许可的指定安全程序提供者对其提供的流程或记录担保；

(e) 根据新加坡境外某一注册、认证或许可体制(视具体情形而定)——

(i)该指定安全程序提供者已经过注册、认证或许可；

(ii)该流程已经过指定；或

(iii)该记录已经过注册，

(f) 根据新加坡签订的双边或多边协议指定安全程序提供者、指定安全程序、流程或记录已经被承认。

(4)根据本条制定的条例可以规定违反某一具体的规定构成犯罪并可规定处以不超过 50000 元的罚款或不超过 12 个月的监禁，或两者并处。

23.管理人可发布遵守的指令

(1)管理人可以书面通知的形式，命令指定人员或该指定人员的高级职员、雇员或授权的代表——

(a)采取通知中所规定的措施或停止通知中所规定的行为，如果这些措施或行为对于确保本部分被遵守是必要的；或

(b)与任何其他指定人员或公共机构合作，如果管理人认为在发生突发公共事件的情况下有必要这么做。

(2)任何人不遵守根据第(1)款发布的通知中的命令,应视为构成犯罪,并应处以不超过 50000 元的罚款,或不超过 12 个月的监禁,或二者并处。

(3)如果对于第(1)款第(b)项中公共性突发事件的存在产生疑问,部长签发并送达指定人员的证书将是该事实的决定性证据。

24. 调查的权力

(1)管理人或授权官员可就指定人员或该指定人员的高级职员、雇员或授权的代表的行为是否遵守本部分的情况进行调查。

(2)为了第(1)款的目的,管理人可以书面形式要求指定人员或该指定人员的高级职员、雇员或授权的代表进一步接受根据本节规定的调查或对其遵守本部分的规定做出保证,包括要求提供由指定人员保存的记录、账户、数据和文书,并允许管理人或授权官员对这些记录、账户、数据和文书进行检查或复印。

第五部分 公共机构电子记录和电子签名的使用

25. 接受文书的电子存档和签发

(1)尽管与成文法规定相反,任何公共机构依据成文法履行下列职能时,可以通过电子记录或电子格式履行——

(a)接受文书的存档,或者获得任何形式的信息;

(b)要求文书的制作或留存;

(c)要求文书、记录或信息以原件形式提供或留存;

(d)签发任何许可、执照或批准;或

(e)要求通过任何支付方式和途径支付任何手续费、收费或其他费用。

(2)当公共机构决定通过电子记录或电子格式履行上述第(1)款的职能时,这些公共机构可以规定——

(a)电子记录应当以何种形式和格式进行存档、制作、保存、签发或提供;

(b)如果电子记录需要签署,应使用何种电子签字(如果可行的话,包括要求发端人使用指定类型的可靠电子签字);

(c)签字应当以何种方式和格式附随于电子记录,以及认证机构对文书存档人员所应符合的身份的要求或标准;

(d)以这些合适的控制程序来确保电子记录或支付的充分的完整性、安

全性与保密性;

(e)电子记录或支付具有目前相应的特定纸质文本属性的任何其他要求。

(3)为了避免疑问,除第(2)款的规定外,尽管与任何成文法相反,任何人可根据成文法要求——

(a)向公共机构登记备案任何文书或提供任何形式的信息;

(b)为公共机构制作或留存任何文书;

(c)使用规定的格式向公共机构申请或告知,或与公共机构从事交易;

(d)向公共机构以原件形式提供或留存任何文书、记录或信息;

(e)从公共机构取得执照、许可证或其他许可,公共机构为该目的规定的电子记录满足了该要求,并——

(i)就第(a)、(c)、(d)款提及的要求而言,以公共机构规定的方式传递或留存(视具体情形而定);或

(ii)就第(b)款提及的要求而言,以公共机构规定的方式制作或留存(视具体情形而定);或

(iii)就第(b)款提及的要求而言,由公共机构签发。

(4)除第 9 节和第 10 节另有规定外,本法不得要求任何公共机构接受或签发任何电子记录形式的文书或信息,或接受任何电子形式的支付。

第六部分　网络提供者的责任

26.网络提供者的责任

(1)除第(2)款另有规定外,如果网络服务提供者仅仅提供接触的渠道,他不应当因第三方的电子记录材料而承担任何民事或刑事责任,包括下列行为所导致的责任——

(a)制作、出版、传播或发表这种材料或基于材料所作的声明;

(b)材料所包含或与之相关的侵权行为。

(2)本节不应影响——

(a)任何合同义务;

(b)网络服务提供者根据许可证的义务或在成文法中的法定义务;

(c)成文法或法庭要求的解除、禁止或拒绝接触任何材料的义务;

(d)版权法规定的网络服务提供者责任——

（i）侵犯包含在任何作品或其他客体中的版权；

（ii）擅自使用未过保护期的表演。

（3）本节中

"表演"和"保护期"与版权法第七部分意义相同；

"提供接触"，与第三方材料有关，是指提供必要的技术手段使第三方材料借此进入，包括为提供这种接触而自动或暂时地储存第三方材料。

"第三方"，与网络服务提供人有关，是指提供者不能实施有效控制的人。

第七部分　一般规定

27. 管理人和其他官员的委任

（1）为了本法的目的，部长可以委任一位认证机构的管理人。

（2）管理人应当根据部长的任何一般或特殊指令履行义务，并可实施本法或其他成文法赋予的权力。

（3）如果管理人认为需要有人协助他履行职责或执行本法的权力，管理人可以在与部长商量后以指名或指定职位的方式任命若干认证机构的副管理人、助理管理人和其他官员。

（4）管理人可以授权根据第（3）款任命的官员行使本法赋予的权力或委予的职责（本节规定的授权的权力除外），但这种授权需要服从管理人规定的条件和限制。

（5）根据本法行使任何执行权时，授权官员经要求应当向其执行对象出示管理人的授权。

（6）管理人根据第（3）款任命的官员和授权官员应当视为刑法典（Cap. 224）中的公务员。

28. 保密义务

（1）任何根据本法规定履行职责或行使权力过程中获得信息的人不得泄露该信息，除非——

（a）经过该信息提供人的同意，或该秘密信息属于第三人时，经过第三人的同意；

（b）为了本法的实施和执行；

（c）为了协助公职人员或其他法定机构根据成文法调查或起诉违法行

为；或

（d）按照法庭的要求或成文法的规定。

（2）本节中，相关人员泄露的信息包括同意任何人接触其根据本法规定履行职责或行使权力过程中获得的任何电子记录、账簿、注册、通信、信息、文件或其他资料。

（3）任何人违反第（1）款规定的行为构成犯罪，应被处以不超过 10000 元的罚款，或不超过 12 个月的监禁，或二者并处。

29. 接触计算机和数据

（1）管理人或授权官员有权在任何时候——

（a）接触、监督和检查任何计算机系统及其附属设备的运行或资料，如果他有合理理由怀疑这些系统及附属设备或资料正在或已经被用于本法规定的任何违法行为；

（b）使用或要求使用任何计算机系统查找此计算机系统内所存储或可获得的任何数据；或

（2）为了第（1）款的目的，管理人或授权官员有权要求——

（a）管理人或授权官员有合理理由怀疑其或代表其使用或已经使用该计算机的有关人员；或

（b）任何负责运行、计算机、设施或资料的人员或与运行、计算机、设施或资料有关的其他人员，

向其提供合理的技术和其他帮助。

（3）任何人——

（a）阻碍合法行使第（1）款第（a）项的权力；或

（b）不遵守第（1）款第（b）项的要求，

应被认为有罪，并应被处以不超过 20000 元的罚款，或不超过 12 个月的监禁，或二者并处。

30. 文件的提供

为执行本法的目的，管理人或授权官员有权行使以下一项或全部职能：

（a）要求违反本法的人提供其身份证件；

（b）为确定本法是否被遵守，从事必要的调查。

31. 对授权官员的妨碍

任何人阻挠、妨碍、攻击或干扰管理人及授权官员依照本法行使其职能

的行为构成犯罪。

32.法人及其他实体违法

(1)法人从事本法规定的违法行为,并经证明该违法行为——

(a)经一位高级职员同意或默许;或

(b)由于其疏忽造成。

该高级职员和该法人构成犯罪,应依此被起诉并受到处罚。

(2)当法人的事务由其成员负责,且该成员是法人的董事,第(1)款应适用于该成员与管理职能有关的作为或不作为。

(3)合伙实体从事本法规定的违法行为,并经证明该违法行为——

(a)经一位合伙人同意或默许;或

(b)由于其疏忽造成。

该合伙人和该合伙构成犯罪,应依此被起诉并受到处罚。

(4)非法人团体(不是合伙)从事本法规定的违法行为,并经证明该违法行为——

(a)经该非法人团体的高级职员或其管理机构成员同意或默许;或

(b)由于该高级职员或该管理机构成员的疏忽造成。

该高级职员或该管理机构成员和该非法人团体构成犯罪,应依此被起诉并受到处罚。

(5)本节中——

"法人"包括有限责任合伙;

"高级职员"

(a)对于法人而言,是指法人的董事、合伙人、管理委员会成员、首席执行官、经理、秘书或其他类似职位的人,也包括以上述身份处理事务的任何人;

(b)对于非法人社团(不是合伙)而言,是指非法人团体的主席、秘书或委员会成员,或担任任何类似于主席、秘书或委员会成员的职位的人,也包括以上述身份处理事务的任何人;

"合伙"包括以合伙人身份处理事务的任何人。

(6)部长认为合适时可以制定规则,对本节做出部分修改后适用于根据新加坡境外法成立和认可的法人和非法人团体。

33.一般处罚

任何违反本法构成犯罪的人,应被处以不超过20000元的罚款,或不超过 6 个月的监禁,或二者并处,本法对处罚有明确规定的除外。

34. 公诉人的认可

对于违反本法的任何指控,除非得到公诉人的认可,否则不能成立。

35. 法院管辖

尽管与《刑事程序法》(Cap. 68)有不同的规定,地区法院具有审理所有违法本法行为的管辖权,并有权对违反本法的行为施以处罚或惩处。

36. 违法行为不予起诉

(1)管理人可以在其自由裁量权范围内对可不予起诉的任何违反本法的行为不予起诉,而对该从事违法行为的嫌疑人处以罚款,罚款金额不超过——

(a)对该犯罪行为规定的最高罚款的一半;或

(b)5000 元,

两者以低者为准。

(2)部长可以制定规则,规定违法行为的不予起诉的情形。

37. 豁免权

如果部长认为条件和情况合适,他可以在公告上发布命令,对任何人或任何一类人予以本法的部分或全部规定的豁免权。

38. 条例

部长可以制定规则,对任何本法(除第 22 节外)所要求或实施本法(除第 22 节外)规定通常所需要规定的事项予以规定。

39. 废止和过渡条款

(1)废止 1998 年电子交易法(本节以下简称废止法)。

(2)除第(3)款另有规定外,本法适用于本法生效之日或之后所有从事与电子记录相关的行为或交易,包括电子记录的生成、签署或通信。

(3)在紧接本法生效之前,如果——

(a)根据废止法第 8 节,一项电子签名符合法律规定的要求,即要求有一项签名,或规定了一项文书未签署的后果;

(b)根据废止法第 9 节,一项电子记录符合法律规定的某些文书、记录或信息的留存要求;或

(c)根据废止法第 15 节,一项电子记录视为已经发送或接收。

根据具体情况,本法的规定不影响这些电子签名或电子记录的地位。

附件一

第 4 节

不适用本法的情形

第一栏		第二栏
条款		事项
1	第二部分	制定或执行遗嘱
2	第二部分	流通票据、所有权文书、汇票、本票、运单、提单、仓单或任何可使持单人或受益人有权要求交付货物或支付一笔款额的可转让单证或票据
3	第二部分	商业凭据的做成、履行或执行,信托声明或授权声明,推定和导致的信托例外
4	第二部分	任何销售或其他处置不动产或不动产利益的合同
5	第二部分	不动产的让与,或不动产利益的移转

附件二

第 2、20 和 21 节

指定安全程序是指:

1. 附件三规定的电子签名。

附件三

第 20、21 和附件 2 第 1 段

电子签名

第一部分　总则

1. 解释

(1)在本附件中,除非上下文另有所指——

"获得许可的认证机构"是指根据第 22 节的规定从管理人处获得许可的认证机构;

"非对称加密系统"是指能产生一对可靠钥匙的系统,包括一个用以生成数字签字的私人钥匙和一个用以确认数字签字的公用钥匙；

"证书"是指为支持数字签字所签发的记录,意在确认持有特定配对钥匙人的身份和其他重大事项；

"认证机构"是指签发证书的人；

"认证操作说明"是指由认证机构所发布的说明,明确其在签发证书中采用的做法；

"匹配"是指与某一公用钥匙或私人钥匙相关,表明属于同一配对钥匙；

"数字签字"是指通过非对称加密系统和散列功能来变换电子记录的一种电子签字,以使一个拥有初始的未变换的电子记录和签字者公用钥匙的人能够精确地确认——

(a)该改变是否由使用与签字者公用钥匙相匹配的私人钥匙产生的；及

(b)原始电子记录是否因改变而被警示；

"散列功能"是指将一组比特序列映射或变换成另一组的短小算法,能产生如下的散列结果——

(a)输入同样的一项记录进行运算时每次都会产生相同的散列结果；

(b)运算产生的散列结果从计算原理上说不可能推论或还原成一项记录；

(c)从计算原理上说,使用该算法两个不同的记录不可能产生相同的散列结果。

"配对钥匙"是指在非对称加密系统中,一个私人钥匙和与之有数学关系的公用钥匙,且公用钥匙能确认用私人钥匙产生的数字签字。

"使用期",与证书有关,是指从认证机构签发的证书上所载明的日期和时间起算(如果证书载明从延后的日期起算,按此延后日期),结束于到期日期和时间(以证书所载为准),或被提前撤销或中止的日期或时间。

"私人钥匙"指配对钥匙中用以产生数字签字的钥匙；

"公用钥匙"指配对钥匙中用以确认数字签字的钥匙；

"承认的证书"是指根据第 22 节第(3)款规定被承认的证书；

"承认的认证机构"是指根据第 22 节第(3)款规定被承认的认证机构；

"储存系统"是指储存和还原证书或者与证书相关信息的系统；

"撤销",与证书相关,是指从某一特定时间起,永久结束证书的使用期；

"订户"指在向其所签发的证书中列名或认可的人,他持有与证书列明的公用钥匙相配的私人钥匙；

"中止"，与证书相关，是指从某一特定时间起，暂时中止一项证书的使用期；

"可信任系统"是指符合下列条件的计算机硬件、软件和程序——

（a）能合理避免侵入和滥用；

（b）在可行性、可信赖度和正确操作方面达到合理的程度；

（c）能合理地满足设计功能；以及

（d）附带有广为接收的安全程序；

"有效证书"指由认证机构签发的证书，其上所列名的订户已获得接受；

"确认数字签字"与某一特定数字签字、记录和公用钥匙有关，能够准确地确定：

（a）使用私人钥匙产生的数字签字与证书列名的公用钥匙相匹配；以及

（b）自数字签字产生以后，记录未被篡改。

（2）管理人依照本法规定签发证书及其证明的数字签名时，管理人视为获得认可的认证机构。

2. 附带数字签字的可靠电子记录

如果数字签字依据本附件第3条是可靠的电子签字，那么以它签署的电子记录的那部分应当被视为可靠电子记录。

3. 可靠数字签字

在使用数字签字签署电子记录的任何部分时，如果满足下列条件，数字签字应被视为可靠电子签字——

（a）数字签字是在有效证书的使用期内产生，而且经过证书上所列的公用钥匙的确认；

（b）由于下述原因证书被视为值得信任，证书中的公用钥匙确定某人的身份——

（i）证书是由按第22节运作的认证机构所签发；

（ii）证书是由承认的认证机构所签发；

（iii）证书是由部长批准的公共机构所签发；这些机构是在部长依照规则要求或规定的条件下行使认证机构的职能；

（iv）当事人明示同意在他们（发端人和收件人）之间使用数字签字作为安全程序，而且数字签字能通过发端人的公用钥匙得到准确确认。

4. 与证书有关的推定

除非存在相反证据,否则可以推定,如果订户接受了证书,由获得许可或承认的认证机构签发的证书或获得承认的证书上所列的信息是正确无误的(未经确认的订户信息除外)。

5. 不可靠的数字签字

除非法律或合同另有规定,如考虑到在如下因素的情况下对数字签字的依赖是不合理的,则依赖电子记录数字签署方式的人承担作为已签署电子记录的签字或证明的该数字签字无效的风险:

(1)依赖人所知晓或已经注意到的事实,包括证书上列明的所有事实或以提及方式纳入的事实;

(2)如果知晓,电子记录数字签署的价值或重要性;

(3)依赖于电子记录数字签署方式的人与订户之间的交易过程,以及除数字签字之外任何可获得的可靠或不可靠的标记;

(4)任何贸易惯例,特别是通过可信任系统或其他电子手段进行的贸易。

6. 证书的可预测依赖

可以预计到,依赖于数字签字的人同样会对包含可确定数字签字的公用钥匙的有效证书产生依赖。

7. 公布证书的前提

如果某人知晓下列事实,他不能公布证书或以其他方式使其认识的人对证书产生依赖或对证书提及的验证公用钥匙的数字签字产生依赖——

(a)证书上所列的认证机构并未签发此证书;

(b)证书上所列的订户并未接受此证书;

(c)证书已被撤销或中止,除非这种公布的目的在于确认撤销或中止以前生成的数字签字。

8. 带欺诈或非法目的的公布

任何人为了欺诈或非法目的而故意生成、公布或以其他方式取得证书的,构成犯罪,应处以不超过 20000 元的罚款或不超过两年的监禁,或两者并处。

9. 错误与未授权请求

为了获得、撤销或中止一份证书而向认证机构故意虚假陈述其身份或授权的,构成犯罪,应处以不超过 10000 元的罚款,或不超过六个月的监禁,或两者并处。

10. 建议信赖限制

(1)获得许可或承认的认证机构在向订户签发证书时,应当在证书中指出该证书的建议依赖限额。

(2)获得许可或承认的认证机构如果认为合适,可以对于不同的证书规定不同的依赖限额。

11. 获得许可认证机构的责任限制

除非获得许可的认证机构放弃适用本条,否则它——

(a)不应当承担任何由于订户依赖虚假或伪造的数字签字所造成的损失,如果在虚假或伪造的数字签字方面该获得许可或承认的认证机构已经遵守了本法的规定;

(b)如果损失由下列原因引起,不应当承担超过证书中规定的建议依赖限额——

(i)损失系由依赖证书对任何事实的误述引起,而这些是认证机构需要确认的;或

(ii)在签发证书时未能遵守第 14、15 节的规定。

第二部分　认证机构的义务

12. 可信任系统

认证机构在提供服务时必须使用可信任的系统。

13. 披露

(1)认证机构应当披露——

(a)其包含与私人钥匙相配的公用钥匙的证书,此私人钥匙系认证机构用来以数字方式签署另一份证书(本条指认证机构证书)之用;

(b)任何有关的认证操作说明;

(c)其认证机构证书的中止和撤销通知;及

(d)任何其他能实质上消极地影响证书可信度或机构提供服务能力的事实。

(2)如发生实质地并消极地影响认证机构的可信任系统或证书的情况,认证机构应当——

(a)合理地努力通知任何已知受到或预测将受到影响的人;或

(b)按照其认证操作说明中处理此类事件而规定的程序行事。

14.证书的发行

(1)只有在满足下列条件的情况下,认证机构才可以把证书发放给潜在的订户——

(a)认证机构已收到了来自潜在的订户要求发放证书的请求;和

(b)认证机构——

(i)如有认证操作说明的话,已与该认证操作说明中规定的所有办法与程序相符合,包括潜在的订户的识别程序,或

(ii)如没有认证操作说明的话,已符合第(2)款规定的条件。

(2)当没有认证操作说明时,认证机构应当自己或者通过授权的代理确认——

(a)潜在的订户是列名于将发放的证书上的人;

(b)如果潜在的订户是通过一个或多个代理进行的,订户授权了代理机构保管其私人钥匙并申请发放列明相应公共钥匙的证书;

(c)将发放的证书中的信息是准确的;

(d)潜在订户正当地持有与列于证书中的公共钥匙相匹配的私人钥匙;

(e)潜在订户持有的私人钥匙能够产生数字签名;以及

(f)列于证书中的公共钥匙能够证实一项附属于签字订户持有的私人钥匙的数字签名。

15.发放证书的陈述

(1)通过发放证书,一个认证机构向任何合理地信赖证书或信赖被列于证书中的公共钥匙证实的数字签名的人表明,认证机构已经按照证书中任何可适用的认证操作说明发放了证书,或信赖人已经注意到该说明。

(2)如果没有此认证操作说明,认证机构表明它已经确认——

(a)认证机构在发放证书中已遵守了本法规定的全部的适用要求,且列于证书上的订户已接受了证书,如果认证机构已公布证书或以其他方式使信赖人获得证书;

(b)在证书上列明身份的订户持有与列于证书中的公共钥匙相匹配的私人钥匙;

(c)订户的公共钥匙和私人钥匙组成了有效的配对钥匙;

(d)证书中的全部信息是精确的,除非认证机构在证书或包含在证书中的说明之中宣布了特定的信息未经确认;和

(e)认证机构不知晓包含于证书中任何重要事实将会对第(a)至(d)项的陈述的可靠性产生相反的影响。

(3)当某一可适用的认证操作说明以提及方式包含在证书之中,或者信赖人已注意到该说明,只要陈述和认证操作说明不发生冲突,第(2)款就应当适用。

16. 证书的中止

除非认证机构和订户另有协议,当认证机构收到中止证书的请求时,如果它可以合理地相信请求人就是下列人,应尽快中止该证书——

(a)证书上列明的订户;

(b)经过订户的正当授权代其行为的人;

(c)在无法找到订户的情形下,以订户名义行为的人。

17. 证书的撤销

认证机构应当撤销它签发的证书——

(a)在收到订户所发出的撤销证书请求后,如果它能够确认请求人就是订户或是订户的代理人且经过撤销证书的授权;

(b)在收到经确认的订户的死亡证书后,或有其他的证据可以确认订户已经死亡;或

(c)当出示证明订户解散的文书,或有其他的证据可以确认订户已经解散或不再存续。

18. 未征得订户同意的撤销

(1)如果认证机构能够确认如下事实,无论证书中列明的订户是否同意,它都应当撤销证书——

(a)证书中陈述的重大事实是虚假的;

(b)签发证书的条件未满足;

(c)认证机构的私人钥匙或可信任系统失密,足以实质性地影响证书的可靠性;

(d)个人订户死亡;或

(e)订户已经解散、歇业或不再存续。

(2)除了前款第(d)项或(e)项的情况之外,一旦撤销生效,认证机构应

当立即通知被撤销证书的订户。

19. 中止通知

（1）一旦认证机构中止了某份证书，它应当立即在被中止的证书中规定用于此目的的储存系统中公布一份签署过的中止通知。

（2）如果规定了一个或更多的储存系统，认证机构应当在所有此种储存系统中公布中止通知。

20. 撤销通知

（1）一旦认证机构撤销了某份证书，它应当立即在被撤销的证书中规定用于此目的的储存系统中公布一份签署过的撤销通知。

（2）如果规定了一个或更多的储存系统，认证机构应当在所有此种储存系统中公布撤销通知。

第三部分　订户的义务

21. 生成配对钥匙

（1）如订户生成配对钥匙中的公用钥匙是在认证机构签发的且订户已接受的证书中列明的，订户应当使用可信任系统来生成配对钥匙。

（2）本条不适用于使用认证机构批准的系统来生成配对钥匙的订户。

22. 证书的取得

订户为取得证书向认证机构所作的重大陈述，包括订户已知的在证书中陈述的全部信息，都应当正确完善，并竭其所能，无论这种陈述是否被认证机构所确认。

23. 证书的接受

（1）证书应当视为已被订户接受，如果该订户——

（a）公布或授权公布证书——

（i）对某人或更多的人；或者

（ii）在某一储存系统，

公布或授权公布证书；或者

（b）在知晓或已注意到证书内容的情况下，以其他方式证明接受了证书。

（2）订户在接受本人或认证机构签发的证书后，必须向所有合理依赖于证书信息内容的人保证——

(a)订户正当地持有与证书列明的公用钥匙相配的私人钥匙;

(b)订户向认证机构所作的全部陈述和证书中列明的信息材料都是真实的;及

(c)证书上就订户所知范围内的信息都是真实的。

24. 私人钥匙的控制

(1)订户在接受认证机构签发的证书后,承担着对私人钥匙进行合理照管以保持控制的义务和防止将其披露给未授权人来生成订户的数字签字的义务。

(2)此种义务应当持续于证书的使用期和中止期。

25. 中止和撤销的提起

一旦与证书列明的公用钥匙相配的私人钥匙失密,已接受该证书的订户应尽早向签发证书的认证机构申请中止或撤销证书。

附件四

第 20 节和 21 节

指定人员

指定人员是指:

1. 附件三第一条界定的认证机构。

参考文献

一、外文文献

1. Siegfried Fina. European Union e – commerce law ：consolidated legislation[M]. Stanford：Stanford Law Books,2008.

2. Amelia H. Boss,Wolfgang Kilian. The UN Convention on the Use of Electronic Communications in International Contracts[M]. New York：Kluwer Law International,2008.

3. Ronald J. Mann,Jane K. Winn. Electronic Commerce[M]. New York：Aspen Law & Business,2004.

4. Alan Davidson. The Law of Electronic Commerce[M]. London：Cambridge University Press,2009.

5. Steven A. Hetcher. Norms in a Wired World[M]. London：Cambridge University Press,2004.

6. Soumitra Dutta,Irene Mia. The Global Information Technology Report 2010 – 2011 – Transformations 2. 0[M]. Geneva：World Economic Forum, 2011.

7. Amelia H. Boss. The Evolution of Commercial Law Norms：Lessons to be Learned from Electronic Commerce[J]. Brooklyn Journal of International Law, 2009,34(3)：673 – 708.

8. Amelia H. Boss. Electronic Commerce and the Symbiotic Relationship Between International and Domestic Law Reform[J]. Tulane Law Review,1998, 72(6)：1931 – 1984.

9. Jennifer A. Puplava. Use and Enforceability of Electronic Contracting：The State of Uniform Legislation Attempting to Regulate E – Commerce Transac-

tions[J]. Michigan State Journal of International Law,2007,16:153 – 181.

10. Jane K. Winn,Brian H. Bix. Diverging Perspectives on Electronic Contracting in the US and EU[J]. Cleveland State Law Review, 2006,54:175 – 190.

11. Paul Przemyslaw Polanski. The Internationalization of Internet Law[J]. Ius Gentium:Comparative Perspectives on Law and Justice,2008,2:191 –210.

12. Justin Hughes. Of World Music and Sovereign States,Professors and the Formation of Legal Norms[J]. Loyola University Chicago Law Journal,2003,35:155 –203.

13. Amelia H. Boss,Jane Kauffman Winn. The Emerging Law of International Electronic Commerce[J]. The Business Lawyer,1997,52(4):1469 –1491.

14. Henry D. Gabriel. The Fear of the Unknown:the Need to Provide Special Procedural Protectins in International Electronic Commerce[J]. Loyola Law Review,2004,50(3):307 –331.

15. Jane K. Winn,Jens Haubold. Electronic Promises:Contract Law Reform and E – Commerce in a Comparative Perspective[J]. European Law Review,2002,27(5):567 –588.

16. Alysia Davies. The Development of Laws on Electronic Documents and E – Commerce Transactions[EB/OL]. (2008 –12 –20)[2011 –08 –23].

http://www. parl. gc. ca/Content/LOP/ResearchPublications/prb0012- e. htm.

17. Tanya Drummond. New Zealand Update:Electronic Transactions Act [J]. Australian and New Zealand Institute of Insurance and Finance Journal, 2004,27(1):39.

18. Wigley&Company. Electronic Transaction Act 2002:An Opportunity to Streamline Public Sector Processes[EB/OL]. (2003 –11 –13)[2011 –07 – 29].

http://www. wigley. co. nz/assets/_ Attachments/ElectronicTransactions-Act2002. pdf.

19. Hlengiwe ZondoKabini. Application of the Electronic Communications

and Transactions Act to Online Merchants From Other Jurisdictions[J]. North-western Journal of Technology and Intellectual Property, 2003, 1(1):77－83.

20. Aida Opoku Mensah, Assefa Bahta, Sizo Mhlanga. E－commerce challenges in Africa: issues, constraints, opportunities[EB/OL]. (2010－11－04) [2011－09－26]. http://www. uneca. org/aisi/docs/PolicyBriefs/E－commerce%20challenges%20in%20Africa. pdf.

21. Nawar AbdelHameed. E－Signature and the Digital Economy in Egypt [EB/OL]. (2005－11－21)[2011－08－09]. http://ssrn. com/abstract ＝926584.

22. Jane K. Winn, Mariana C. Silveira. Secured Transactions and Electronic Commerce Law: Diverging Perspectives in North and South America[J]. Michigan State Journal of International Law, 2007, 16:239－269.

23. Ken Chia, Koh See Khiang, etc. Update of the Electronic Transactions Act[EB/OL]. (2010－07－01)[2011－05－29]. http://www. lawgazette. com. sg/2010－07/feature3. htm.

24. IDA&AGC. Joint IDA－AGC Review of Electronic Transactions Act: Proposed Amendments 2009[EB/OL]. (2009－06－30)[2011－07－29]. http://www. ida. gov. sg/doc/Policies%20and%20Regulation/Policies_and_Regulation_Level2/20060424112136/ETA_RR(30June09). pdf.

25. Harun Reksodiputro. The law on electronic transactions and information － a general outline[EB/OL]. (2008－07－20)[2011－07－29]. http://www. asialaw. com/Article/2004303/Channel/17441/The－law－on－electronic －transactions－and－information－a－general－outline. html.

26. Stephen E. Blythe. Fine－Tuning the E－commerce Law of the United Arab Emirates: Achieving the Most Secure Cyber Transactions in the Middle East [J]. International Journal of Business and Social Science, 2010, 1(1):163 －172.

27. Amelia H. Boss. Electronic Commerce:Globalization of Domestic Law or Domestication of Globalized Law? [EB/OL]. (2005－07－24)[2011－07－29].

http://www. aals. ore/2005midyear/commercial/Amy Boss Outline. pdf.

28. Amelia H. Boss. The Uniform Electronic Transactions Act in a Global Environment[J]. Idaho Law Review,2001,37(2):275 -352.

29. Charles H. Martin. The Electronic Contracts Convention, the CISG, and New Sources of E - Commerce Law[J]. Tulane Journal of International and Comparative Law,2008,16:467 -503.

30. Brian Chia,Woo Wei Kwang. Malaysia's Personal Data Protection Act 2010[EB/OL]. (2010 -09 -26)[2011 -08 -02]. http://www. bnai. com/ Malaysia2010/default. aspx.

31. Izwan Iskandar Ishak. Going the Dot Com Way[EB/OL]. (2007 - 10 -08)[2011 -09 -22].

http://www. cybersecurity. my/data/content _ files/13/253. pdf?. diff = 1191963958.

32. Ana Hadzieva. Macedonian Law on Electronic Commerce[J]. Emer-ging Macedonia, 2008,(2):22.

33. S Coward. Move to conduct business online [EB/OL]. (2007 - 12 - 31)[2011 -11 -12].

http://www. caribbeanpressreleases. com/articles/2505/1/E - Transactions - Act - 2007 - Launched - in - Jamaica/Page1. html. http://www. mmt. gov. jm/eta - page. htm.

34. Tricia Gaye Watson. The Electronic Transactions Act - Doing Business the "E - Way"[EB/OL]. (2008 -03 -26)[2011 -11 -12].

http://www. myersfletcher. com/newsletter - issues/item/the - electronic - transaction. html.

35. Myers, Fletcher , Gordon. The Electronic Transactions Act[EB/OL]. (2008 -02 -02)[2011 -11 -12]. http://www. myersfletcher. com/pdf/The% 20Electronic% 20Transaction% 20 Act. pdf.

36. Rahul Kakkar. Elec Sigs Italian system[EB/OL]. (2004 - 02 - 27) [2011 -10 -10].

http://www. twobirds. com/English/News/Articles/Pages/Elec_Sigs_Italian_ system. aspx.

二、中文文献

（一）中文著作

1. 冯震宇. 企业 e 化电子商务与法律风险［M］. 台北：元照出版社，2002.

2. 赖文志，刘承愚，严雅伦. 网路事业经营必读［M］. 台北：元照出版社，2001.

3. 杜怡静. IT 社会关于消费者保护之课题［M］. 台北：元照出版社，2006.

4. 赵立平. 电子商务概论［M］. 上海：复旦大学出版社，2000.

5. 才书训，王雷震. 电子商务概论［M］. 北京：科学出版社，2009.

6. 苏丽琴. 电子商务法［M］. 北京：电子工业出版社，2010.

7. 李祖明. 电子商务法教程［M］. 北京：对外经济贸易大学出版社，2009.

8. 李瑞. 电子商务法［M］. 北京：北京大学出版社，2008.

9. 李双元，王海浪. 电子商务法若干问题研究［M］. 北京：北京大学出版社，2004.

10. 王贵国，蒋新苗. 国际 IT 法律问题研究［M］. 北京：中国方正出版社，2003.

11. 齐爱民. 电子商务法原论［M］. 武汉：武汉大学出版社，2010.

12. 张楚. 电子商务法［M］. 北京：中国人民大学出版社，2001.

13. 齐爱民，万暄，张素华. 电子合同的民法原理［M］. 武汉：武汉大学出版社，2002.

14. 杨义. 网络信息安全与保密［M］. 北京：北京邮电大学出版社，1999.

15. WTO 秘书处. 电子商务与 WTO 的作用［M］. 原外经贸部 WTO 司译，北京：法律出版社，2002.

16. 何其生. 统一合同法的新发展：《国际合同使用电子通信公约》评述［M］. 北京：北京大学出版社，2007.

17. 蒋志培. 网络与电子商务法［M］. 北京：法律出版社，2001.

18. 郭懿美. 电子商务法律与实务［M］. 北京：科学出版社，2004.

19. 梁守德. 全球化中的新趋势与新探索[M]. 北京:中央编译出版社,2003.

20. [美]约纳森·罗森诺. 网络法—关于因特网的法律[M]. 张皋彤等译,北京:中国政法大学出版社,2003.

21. [美]莱斯格. 代码2.0 网络空间中的法律[M]. 李旭,沈伟伟译,北京:清华大学出版社,2009.

22. 尚明,阿拉木斯. 电子商务国际公约与我国电子商务立法[M]. 北京:法律出版社,2009.

23. 高富平. 电子合同与电子签名法研究报告[M]. 北京:北京大学出版社,2005.

24. 白红平. 全球化进程中的电子商务若干法律问题研究[M]. 北京:法律出版社,2008.

25. 何其生. 电子商务的国际私法问题[M]. 北京:法律出版社,2004.

26. 林瑞珠. 电子商务与电子交易法专论[M]. 台北:元照出版有限公司,2008.

27. 郭懿美,蔡庆辉. 电子商务法[M]. 厦门:厦门大学出版社,2008.

28. 宋君远,顾东晓. 电子商务法原理与案例教程[M]. 北京:对外经济贸易大学出版社,2009.

29. [美]简·考夫蔓·温,本杰明·赖特. 电子商务法[M]. 张楚,董涛,洪永文译,北京:北京邮电大学出版社,2002.

30. 杨坚争. 电子商务基础与运用[M]. 西安:西安电子科技大学出版社,2004.

31. 方美琪. 电子商务概论[M]. 北京:清华大学出版社,2002.

32. 孙占利. 电子订约法研究[M]. 北京:法律出版社,2008.

33. 徐冬根. 国际私法趋势论[M]. 北京:北京大学出版社,2004.

34. 刘品新. 美国电子证据规则[M]. 北京:中国检察出版社,2004.

35. 孙参运,李东主. 新编电子商务概论[M]. 开封:河南大学出版社,2008.

36. 陈健. 电子支付法研究[M]. 北京:中国政法大学出版社,2006.

37. 李适时. 各国电子商务法[M]. 北京:中国法制出版社,2003.

38. [匈]米哈伊·菲彻尔. 版权法与因特网法(上、下)[M]. 郭寿康等译,北京:中国大百科全书出版社,2009.

39. 朱景文. 比较法社会学的框架和方法—法制化、本土化和全球化[M]. 北京:中国人民出版社,2001.

40. 石佳友. 民法法典化的方法论问题研究[M]. 北京:法律出版社,2007.

41. 朱炳元. 全球化与中国国家利益[M]. 北京:人民出版社,2004.

42. 高富平. 网络对社会的挑战与立法政策选择电子商务立法研究报告[M]. 北京:法律出版社,2004.

43. 吴伟光. 电子商务法[M]. 北京:清华大学出版社,2004.

44. [英]施米托夫. 国际贸易法文选[M]. 赵秀文译,北京:中国大百科全书出版社,1993.

45. 高富平. 中欧电子合同立法比较研究[M]. 北京:法律出版社,2009.

46. 李双元. 市场经济与当代国际私法趋同化问题研究[M]. 武汉:武汉大学出版社,1994.

47. 周忠海等. 电子商务法新论[M]. 台北:神州图书出版有限公司,2002.

(二)中文论文

1. 刘德良. 论我国电子商务立法的指导思想和基本原则[J]. 武汉理工大学学报:社会科学版,2001,14(4):320-322.

2. 何松明,刘满达. 电子商务立法三题[J]. 中国法学,2002,105(1):73-80.

3. 孙占利. 论电子商务法的基本原则:以全球电子商务立法为视角[J]. 现代法学,2008,30(3):114-122.

4. 周汉华. 电子政务法研究[J]. 法学研究,2007,(3):3-19.

5. 简·温. 全球电子商务法的比较[J]. 北京邮电大学学报:社会科学版,2001,3(2):6-10.

6. 孙占利. WTO电子商务议题工作评介[J]. 世界贸易组织动态与研究,2005,(9):32-36.

7. 余素梅. 欧盟电子货币机构监管指令述评[J]. 法学评论,2005,130(2):128-133.

8. 杨娟,彭韵程. 欧盟电子货币机构审慎监管的经验及对我国的启示[J]. 华北金融,2010,(10):48-50.

9. 任晓玲. 个人数据保护立法推动技术创新——欧盟拟修订《数据保护指令》[J]. 中国发明与专利,2011,(1):1.

10. 刘颖,何其生. 国际合同使用电子通信公约对我国电子商务立法的启示[J]. 暨南学报:哲学社会科学版,2009,141(4):67-79.

11. 陈巧艳,许苏嘉. 法国电子签名认证立法述评[J]. 情报杂志,2003,(3):93-95.

12. 电子政务法研究课题组. 国外电子政府立法总结与分析报告[J]. 电子政务,2009,(9):69-98.

13. 傅明. 全球电子商务立法的特点及其统一化的必要性与可行性[J]. 国际商务研究,2002,(6):48-55.

14. 谢晖. 法律全球化与全球化的法理[J]. 山东公安专科学校学报,2002,63(3):11-15.

15. 周永坤. 全球化与法学思维方式的革命[J]. 法学,1999,(11):9-14.

16. 宋歌. 当前国内关于"法律全球化"问题研究述评[J]. 社会科学,2004(3):69-72.

17. 徐冬根. 论欧、美国际私法法典化的不同进路及其法哲学思想[J]. 河南省政法管理干部学院学报,2004,84(3):60-64.

18. 郭玉军. 经济全球化与法律协调化、统一化[J]. 武汉大学学报:社会科学版,2001,54(2):155-161.

19. 宋锡祥. 论日本电子签名法及对我国的启示[J]. 政治与法律,2003,126(5):151-155.

20. 纪凡凯. 印度互联网管理立法及其对我国的启示[J]. 经营管理者,2011,(6):254-255.

21. 张力军. APEC电子商务活动:协调、合作与发展[J]. 国际经济合作,2003,(11):14-16.

22. 沈根荣. 国际电子商务立法的发展进程及特点[J]. 国际商务研究,2000,(2):37-41.

23. 刘胜军. 欧盟电子货币监管制度最新发展及其启示[J]. 金融与经

济,2010,(3):64 – 65,88.

24. 张楚,黄韬. 借鉴德国电子签名法[EB/OL]. (2004 – 07 – 29)[2011 – 06 – 29]. http://wenku. baidu. com/view/6fdca9c2aa00b52acfc7ca1d. html.

25. 李顺德. 电子商务立法与知识产权保护[EB/OL]. (2006 – 11 – 24)[2011 – 11 – 05]. http://www. iolaw. org. cn/showArticle. asp? id = 178.

26. 崔聪聪. 日本电子记录债权法研究[D]. 重庆:重庆大学,2010.

27. 傅明. 全球电子商务法统一化问题研究[D]. 厦门:厦门大学,2001.

三、参考网站

1. 联合国国际贸易法委员会官方网站:http://www. uncitral. org.

2. 欧盟官方网站:http://www. eu. int.

3. WTO 官方网站:http://www. wto. org.

4. 国际商会官方网站:http://www. iccwbo. org.

5. 经合组织官方网站:www. oecd. org.

6. 亚太经合组织官方网站:www. apec. org.